ROMANISTISCHE BEITRÄGE ZUR RECHTSGESCHICHTE

BEGRÜNDET VON

L. MITTEIS, J. PARTSCH, E. RABEL

UNTER MITWIRKUNG VON

P. KOSCHAKER, O. LENEL, F. PRINGSHEIM, F. SCHULZ, H. SIBER, L. WENGER, M. WLASSAK, F. v. WOESS

HERAUSGEGEBEN VON

E. RABEL UND E. LEVY

VIERTES HEFT

BERLIN UND LEIPZIG 1930

WALTER DE GRUYTER & CO.

VORMALS G. J. GÖSCHEN'SCHE VERLAGSHANDLUNG – J. GUTTENTAG, VERLAGSBUCHHANDLUNG – GEORG REIMER – KARL J. TRÜBNER – VEIT & COMP.

JUSTA CAUSA TRADITIONIS

EINE UNTERSUCHUNG ÜBER DEN ERWERB DES EIGENTUMS NACH RÖMISCHEM RECHT

VON

DR. ARNOLD EHRHARDT
PRIVATDOZENT IN FREIBURG I. BR.

BERLIN UND LEIPZIG 1930
WALTER DE GRUYTER & CO.
VORMALS G. J. GÖSCHEN'SCHE VERLAGSHANDLUNG — J. GUTTENTAG, VERLAGSBUCHHANDLUNG — GEORG REIMER — KARL J. TRÜBNER — VEIT & COMP.

Druck von Walter de Gruyter & Co., Berlin W 10

DEM ANDENKEN
AN
JOSEF PARTSCH

Vorrede.

Die vorliegende Arbeit ist von Josef Partsch, dessen Schüler zu sein ich während 4 Semestern das Glück hatte, im Herbst 1924 angeregt worden. Es war damals beabsichtigt, daß ich sie als Dissertation ausarbeiten sollte. Seither hat das Problem der causa traditionis mich immer erneut beschäftigt. Ein Teil der Untersuchung diente im Jahre 1926 als Dissertation, doch kann ich mich mit den dort gewonnenen, vorläufigen Ergebnissen nicht mehr identifizieren.

Daß die Arbeit, wenn auch in einer Form, die ihre schichtweise Entstehung nicht verbirgt, zum Abschluß gekommen ist, verdanke ich vor allem der dauernden Belehrung und Förderung durch Fritz Pringsheim, der mir immer wieder Mut gemacht hat, den spröden Stoff erneut zu durchdenken und zu gliedern. Großen Dank schulde ich auch Ernst Levy für mehrmalige scharfe und doch fördernde und ermutigende Kritik an ihm übersandten vorläufigen Entwürfen und ihm und Ernst Rabel für die Aufnahme der fertigen Untersuchung in die romanistischen Beiträge zur Rechtsgeschichte.

Zu danken habe ich endlich der Notgemeinschaft der deutschen Wissenschaft, die durch einen Zuschuß zu den Druckkosten das Erscheinen des Buches ermöglichte. Bei der Korrektur haben mich in freundlicher Weise mein Bruder, Herr cand. jur. Dulckeit und Herr Assessor Julius Wolff unterstützt.

Während der Drucklegung des Buches erschien „Das kausale Element im Tatbestand der klassischen Eigentumstradition" von Heinrich Lange. Soweit ich es übersehe, ergänzen diese Untersuchung und meine eigene Arbeit einander in mancher Beziehung. Sie noch einzuarbeiten war unmöglich. Wo sich die Ergebnisse widersprechen, wird eine zukünftige Kritik über Wert und Unwert der einzelnen Ansichten entscheiden.

Königsberg im August 1930.

Inhalt.

Erster Teil.

1. Kapitel.

I. Aufgabe. II. Die Übereignung nach geltendem deutschem Recht. III. Die Übereignung in anderen Kodifikationen. IV. Die Entwicklung der Übereignungslehre seit dem Mittelalter. V. Die Grundlagen der abstrakten traditio im corpus iuris. VI. Die Grundlagen der kausalen traditio im corpus iuris. VII. Die Grundlagen der Übereignung ohne traditio im corpus iuris.

I. In den letzten Jahren sind im In- und Auslande in einer Reihe teils rechtshistorischer[1]), teils dogmatischer[2]) Arbeiten Untersuchungen über die Frage der kausalen Verknüpfung der Übereignung im klassischen römischen und in den modernen Rechten angestellt worden.

Die Fragen, ob das klassische römische Recht die Übereignung abstrakt oder kausal gestaltet hat, und ob das geltende deutsche Recht gut daran getan hat, die Eigentumsübertragung von der causa unabhängig zu machen, stehen dabei in engem Zusammenhang. Beide Fragen sind heute noch nicht endgültig beantwortet. Klar ist nur geworden, wie die Entwicklung im 19. Jahrhundert lief. Man kennt den entscheidenden Einfluß, den Savigny auf die Ausbildung der Lehre von der abstrakten Übereignung hatte[3]); er hat diese alte, früher kaum genügend formulierte und meist bekämpfte und zurückgedrängte Lehre in der deutschen Theorie und Praxis zum Siege geführt[4]).

---

[1]) De Francisci, Il trasferimento della proprietà, Padua 1924; J. C. van Oven, Praeadvies over causa en levering, Haag 1924; Boyer, Recherches historiques sur la résolution des contrats, Paris 1924; Felgenträger, Savignys Einfluß auf die Übereignungslehre, Leipzig 1927, dazu Stoll, Arch. ziv. Pr. 128 (1928), S. 353, Gutzwiller, ZSS. 48, S. 743 f.; Bonfante, Corso II. 2, S. 180 ff.

[2]) Neuner, Rhein. Ztschr. 1926, S. 9 ff.; Hoeniger, JW. 1927, S. 627 ff.; Litten, Arch. f. Rechts- u. Wirtsch.-Philos. XVI, S. 493 ff., dazu Partsch, JW. 1924, S. 24; van Oven a. a. O. S. 80 ff.

[3]) Vgl. Felgenträger a. a. O. S. 24 ff.

[4]) Ausführliche Bibliographie bei Felgenträger a. a. O. S. 46 ff.

Wohl hat es an warnenden Stimmen nicht gefehlt, die diesen Sieg für eine Gefahr für die deutsche Rechtsentwicklung hielten [5]). Mit den Mitteln der alten, gemeinrechtlichen Schule hat Emil Strohal, mit der ersten Kraft der modernen, textkritischen Methode hat Fridolin Eisele jene Thesen bekämpft, die die deutsche Jurisprudenz mit seltener Einmütigkeit angenommen hatte, daß nämlich die traditio im Corp. iur. ein abstrakter Rechtsübertragungsvertrag sei, und daß dieser Konstruktion eine hervorragende praktische Brauchbarkeit eigne. Auch hat die italienische herrschende Lehre [6]) im Anschluß an Pernice [7]) und Schloßmann [8]) immer bestritten, daß die traditio ein Vertrag gewesen sei. Im wesentlichen hat Savignys Lehre in der Betrachtung des römischen Rechts, vollständig hat sie bei der Formung des deutschen BGB. gesiegt.

Die Aufgabe dieser Untersuchung ist es, auf rechtshistorischem Wege zu ergründen, wie das römische Recht bis zum Corpus iuris die Übereignung durch traditio gestaltete. Zuvor soll ein kurzer Blick über einige moderne Gesetzgebungen und die Entwicklung der Lehre bis zur Zeit der Glosse hinauf zeigen, daß es sich hier um eine ebenso wichtige wie verwickelte Lehre handelt.

Alle im folgenden zu betrachtenden Gesetzgebungen unterscheiden das Verpflichtungsgeschäft, durch das der Schuldner sich verpflichtet, eine Sache zu übereignen, und das Erfüllungsgeschäft, durch das der Schuldner sich jener Verpflichtung entledigt. An zwei Stellen gehen die Gesetzgebungen auseinander, nämlich darin, daß die einen die Übergabe der Sache zur Übereignung für notwendig erklären, die anderen nicht; ferner, daß die einen das Erfüllungsgeschäft, also die Übereignung, nur für wirksam erklären, wenn das Verpflichtungsgeschäft wirksam war, die anderen aber das Erfüllungsgeschäft vom Verpflichtungsgeschäft vollkommen trennen, so daß die Übereignung wirksam sein kann, auch wenn die Verpflichtung zur Übereignung unwirksam war. Man nennt diese die abstrakte, jene die kausal verknüpfte Übereignung.

Es ergeben sich mithin vier Systeme der Übereignung, die sich alle in den europäischen Rechtsordnungen, die vom römischen Recht beeinflußt

---

[5]) Emil Strohal, Die Gültigkeit des Titels, Graz 1891; ders. Iherings J. 27 (1889), S. 335 ff.; Eisele, Iherings J. 23 (1885), S. 1 ff.; Krückmann, Arch. f. bürg. R. 13, S. 1 ff.

[6]) Vgl. Jachia, Enciclopedia giuridica italiana Bd. XVI, II. s. v. „Traditio", der sich an Perozzi, Annali della università di Perugia 1876, Bonfante Lezioni 1906, S. 31, Ferrini Pand. § 307 anschließt.

[7]) Zeitschr. f. Handelsr. Bd. 25, S. 109.

[8]) Der Vertrag 1876, S. 94, 99 f.

sind, nachweisen lassen: Einmal abstrakte Übereignung mit und ohne Übergabe, ferner kausalverknüpfte Übereignung mit und ohne Übergabe.

Alle diese vier Systeme lassen sich auch in der europäischen Rechtsentwicklung seit der Glosse aufzeigen.

II. Abstrakte Übereignung mit und ohne notwendige traditio findet sich für Mobilien und Immobilien im geltenden deutschen Recht. §§ 873, 929 ff. BGB.

Neuner [9]) nimmt nun allerdings an, daß die Vorschrift des § 929 BGB. weder einen abstrakten dinglichen Vertrag, noch überhaupt einen dinglichen Vertrag enthalte; aber er selbst sagt [10]), daß zur Annahme eines besonderen dinglichen Vertrages, wenn nicht der Text des Gesetzes, so doch Gründe der Gesetzestechnik veranlassen könnten. Und diese Gründe bestehen allerdings, denn einmal aus der Einordnung des § 929 in das Sachenrecht, zugleich aber auch aus der parallelen Formulierung der §§ 873 und 929 folgt, daß die Einigung eine „dingliche" sein müsse. Aus dieser Parallelität folgt aber ferner, daß die Übereignung der Mobilien nach deutschem bürgerlichen Recht abstrakt erfolgen muß, denn daß die Übereignung von Immobilien abstrakt erfolge, wird auch von Neuner nicht bestritten, und wenn das BGB. für die Übereignung beweglicher und unbeweglicher Sachen verschiedene Grundsätze hätte aufstellen wollen, so hätte es dem einen deutlicheren Ausdruck geben müssen und die bezüglichen Vorschriften nicht so parallelisieren dürfen, wie es das getan hat. Neuners Auffassung des geltenden deutschen Rechts ist also, da seine Auslegung des § 929 BGB. unmöglich ist, nicht durchführbar; die praktische Brauchbarkeit der deutschen Regelung ist aber von ihm mit Recht bezweifelt worden. Daß die Durchführung des deutschen Systems bedenkliche Folgen hat, zeigt sich an den Konkursfolgen [11]), der Verschleierung wucherischer Geschäfte durch abstrakte Übereignung [12]), der abstrakten Übereignung im Falle kausalen Dissenses [13]), bei Irrtum über das Bestehen des kausalen Vertrages [14]) und an Geschäftsbeschränkte [15]).

Aber auch das Ziel, das mit der Fassung der §§ 873, 929 BGB. erreicht werden sollte, die Befreiung der Übereignung vom kausalen Zusammenhange und die Ordnung der causae, ist nicht erreicht. § 812 BGB., der das

[9]) a. a. O., S. 27 f.

[10]) a. a. O., S. 28.

[11]) Neuner, a. a. O., S. 29.

[12]) Neuner, a. a. O., S. 30 hält sie kaum für praktisch.

[13]) Neuner, S. 47 ff.

[14]) Neuner, S. 50 ff.

[15]) Neuner, S. 55 ff.

Nichtbestehen des rechtlichen Grundes einer Übereignung voraussetzt, läßt die Frage nach diesem „rechtlichen Grunde“ immer wieder aufwerfen, und diese Frage ist meist schwer zu beantworten. Es kann hier nicht versucht werden, eine theoretische Erörterung der causa-Lehre zu geben. Die zahlreichen Bearbeitungen, die sie, zumal seit der Einführung des BGB., gefunden hat[16]), beweisen deutlich genug, daß die Verlegung der causa von der Übereignung in die „Bereicherung“ uns von dem Probleme der causa nicht befreit hat.

III. Bestimmungen wie §§873, 929 BGB.[17]) finden sich so in keiner anderen Rechtsordnung. Wohl aber wird von der schweizerischen Judikatur angenommen, daß das Veräußerungsgeschäft beweglicher Sachen abstrakt sei[18]). Die Veräußerung unbeweglicher Sachen aber ist von einem gültigen Rechtsgrund abhängig, Art. 657, 965, 974 Abs. 2, 975 schw. Ziv. G.

Von den älteren deutschen Kodifikationen enthält auch das sächsische BGB. von 1863 in seinem § 253 das Prinzip der abstrakten Übereignung; diese Bestimmung erleidet aber im § 255 eine Ausnahme für den Fall der societas omnium bonorum, und der § 256 stellt das ganze Prinzip wieder in Frage, wenn er bestimmt:

> „Irrtum über die Art des Geschäftes hindert den Übergang des Eigentums nicht, wenn Übereinstimmung darüber vorhanden ist, daß Eigentum übergehen soll“.

Mit „Geschäft“ bezeichnet nämlich diese Vorschrift den einheitlichen Vorgang von Kausal- und Verfügungsgeschäft. Die sächsische Praxis hat aber an der rein abstrakten Übereignung trotzdem festgehalten[19]).

Eine ähnliche, die abstrakte Übereignung lehrende Vorschrift enthält auch der bayerische Codex Maximilianeus von 1756. II. 3. 7 Nr. 5[20]).

---

16) Eine Aufzählung der wichtigsten neueren Literatur über diese Frage enthält Deneke, Das causa-Problem des Zivilrechts, Diss. iur. Göttingen, 1928.

17) § 873 BGB. geht zurück auf §§ 1, 2 des preuß. Gesetzes über den Eigentumserwerb an Grundstücken von 1872. „Im Falle einer freiwilligen Veräußerung wird das Eigentum an einem Grundstück nur durch die auf Grund einer Auflassung erfolgte Eintragung des Eigentumsüberganges im Grundbuch erworben.“ „Die Auflassung erfolgt durch die .... Erklärungen des eingetragenen Eigentümers, daß er die Eintragung des neuen Erwerbers bewillige und des letzteren, daß er diese Eintragung beantrage“.

18) Vgl. C. Wieland, Das Sachenrecht des schw. Ziv. G. Zürich 1909, Art. 714 Anm. 3 b.

19) Vgl. Hoffmann-Kaden-Scheele, Das BGB. f. das Kgr. Sachsen, Leipzig 1883, I, S. 126 Anm. 1, 2, 4.

20) Vgl. Roth, Bayerisches Zivilrecht, 1872, Bd. II, § 136 Anm. 28.

Im holländischen Recht besteht wegen einer zweideutigen Vorschrift des Gesetzbuchs von 1838 Unsicherheit [21]).

Ebenso ist über die kausale Verknüpfung der Übereignung Streit in der Theorie und der Praxis [22]).

Das österreichische aBGB., dessen §§ 380, 425 auf dem Boden der Lehre vom titulus und modus [23]) beruhen, wird dennoch von Exner [24]) und Randa [25]) im Sinne eines abstrakten Vertrages ausgelegt [26]). Neuerdings wird diese Auslegung wieder verworfen [27]). Die Rechtslage ist dort also ähnlich wie in den Niederlanden.

Das preußische ALR. hat in den §§ 1, 2 I. 10; 2, I. 9; 132, 133 I. 2 einen Titel, d. h. ein vorgängiges, verbindliches Rechtsgeschäft für notwendig für die Übereignung erklärt [28]), und die höchstrichterliche Praxis hat an dieser Vorschrift festgehalten [29]), obwohl in der Wissenschaft der Gedanke aufgetaucht war, daß selbst hier die Konstruktion eines abstrakten dinglichen Geschäftes möglich sei. Im code civil endlich [30]) ist das System der kausalen Übereignung ohne traditio durchgedrungen.

IV. Die vier Systeme der Übereignung sind von der neueren Forschung in ihrer Entwicklung bis ins 16. Jahrhundert hinein zurückverfolgt worden. Franz Hofmann [31]) und Felgenträger [32]) haben auf diesem Gebiet die Linien der Entwicklung deutlich aufgezeigt. Die Scheidung „titulus und modus" —

---

[21]) Art. 639 verlangt zur Übereignung: „opdragt of levering tengevolge van eenen regtstitel van eigendomsovergang, afkomstig van dengenen die geregtigd was over den eigendom te beschikken". (Anweisung auf die Lieferung auf Grund eines Titels für den Eigentumsübergang, von seiten des über das Eigentum Verfügungsberechtigten.)

[22]) Vgl. van Oven, a. a. O. S. 81 ff.

[23]) Vgl. Felgenträger, a. a. O. S. 1 ff.; Franz Hofmann, Die Lehre vom titulus und modus adquirendi, Wien 1873, S. 3 ff.

[24]) Rechtserwerb durch Tradition, Wien 1867, S. 4 ff., 82.

[25]) Das Eigentumsrecht nach österr. R. I. Hälfte, 2. Aufl. 1893, S. 259, 291 f.

[26]) Hofmann, den Neuner a. a. O. S. 23 neben Exner und Randa zitiert, beschäftigt sich mit dem österr. R. auf den Seiten 80 bis zum Schluß der zitierten Arbeit nicht, sondern auf S. 34 f., ohne Neigung für den abstrakten Vertrag.

[27]) Rappaport, Festschr. z. Jahrh.-Feier des aBGB. 1911, Bd. II, S. 407; Ehrenzweig, System d. österr. allgem. Priv.-R. 6. Aufl. 1923, I, 2, S. 196, beide zitiert nach Neuner, a. a. O.

[28]) Vgl. Dernburg, Preuß. Privatrecht, 5. Aufl., Bd. I, S. 426.

[29]) Vgl. RG. JW. 1896, S. 211, Nr. 47.

[30]) Vgl. Zachariæ-Crome, Französ. Zivilrecht, 8. Aufl., 1894, §§ 190—193. Ohne besonderes Erfüllungsgeschäft kommt auch das franz. Recht nicht aus. Das zeigen die Vorschriften über die delivrance, art. 1604 ff. cc. und die transcription, Ges. v. 23. März 1855.

[31]) a. a. O. S. 3—42.

[32]) a. a. O. S. 1—24.

causa und traditio — taucht mit dieser Benennung zuerst bei Johann Apel in einer 1535 erschienenen Schrift [33]) auf. Sie verschwindet erst wieder im 19. Jahrhundert, etwa bei Voigt [34]), Ziebarth [35]) und K. H. von Groß [36]). Aber wie bereits Hofmann [37]) sagt, ist Apel nur „in gewissem Sinne" der Vater dieser Theorie, insofern er der Vater der Terminologie ist, denn einmal beschränkt er seine Unterscheidung auf den rechtsgeschäftlichen Erwerb, während seine Nachfolger jeden Eigentumserwerb unter diesen Gegensatz zwängen wollen, beeinflußt offenbar durch deutschrechtliche Gedanken [38]), insbesondere den Gedanken des ius ad rem. Andererseits findet sich die Bezeichnung „titulus" für ein der Tradition zeitlich vorausgehendes essentiale der Übereignung bereits im Brachylogus. Nur der Name „modus" für die traditio ist neueren, wohl scholastischen Ursprunges. Diese Strömung, der Hugo [39]) und Thibaut [40]) ein Ende bereiteten, ist nur ein Seitenarm der Theorie von der kausalen Verknüpfung der Übereignung [41]), nach der die traditio nur auf Grund vorhergehenden, kausalen obligatorischen Vertrages Eigentum übertrage.

Die engere Lehre von der Notwendigkeit einer iusta causa bei der Übereignung vertrat in Frankreich insbesondere Pothier [42]). Andererseits wird die Theorie der abstrakten Übereignung nicht nur von Savigny vertreten, sondern schon im 17. Jahrhundert von Donellus gelehrt [43]) im Anschluß an Duarenus, der den gleichen Standpunkt einnahm [44]). Frankreich also, das Land, das heute am entschiedensten die kausale Übereignung durchgeführt hat, hat im 17. und 18. [45]) Jahrhundert die bedeutendsten Vertreter gerade für die Lehre von der abstrakten Übereignung gestellt.

---

[33]) Methodica dialecticis ratio ad iurisprudentiam accommodate, zit. nach Hofmann a. a. O. S. 21.

[34]) Kondiktionen, S. 174 ff.

[35]) Obligation und Realexekution, 1866, S. 202.

[36]) Naturrecht, 6. Aufl., § 134; zit. sämtl. nach Hofmann a. a. O. S. 7, 41.

[37]) a. a. O. S. 23.

[38]) Vgl. Felgenträger a. a. O. S. 3 ff.; Hofmann a. a. O. S. 25 ff.

[39]) Vgl. insbes. zivil. Mag. I, S. 228, Kritik zu Höpfners Komm. d. Heineccius, 1791 — Felgenträger a. a. O. S. 21.

[40]) Versuche über einzelne Teile der Theorie des Rechtes, 1. Aufl. 1798, I, S. 325 f.; II, S. 40 — Felgenträger a. a. O. S. 20.

[41]) Die franz. Theorie hat die Lehre von „titulus und modus" nie übernommen, obgleich der Code civile die rein kausale Übereignung anordnet, vgl. Hofmann a. a. O. S. 7.

[42]) Vgl. Hofmann a. a. O. S. 7.

[43]) Vgl. Hofmann a. a. O. S. 60 ff.; Felgenträger a. a. O. S. 7 f.

[44]) Vgl. Hofmann a. a. O. S. 60 f.

[45]) Vgl. Branchu, Observationes decem II, Kap. XIX, Leyden, 1723; Felgenträger a. a. O. S. 39.

Diesen Anschauungen ist endlich diejenige des reinen Naturrechtes gegenüberzustellen, die eine Übereignung allein durch den kausalen Vertrag für zulässig erklärt. Diese Ansicht hat insbesondere in der Theorie des 18. Jahrhunderts ihren Ausdruck gefunden [46]). Auch sie läßt sich durch die Jahrhunderte zurückverfolgen, und wenn man auch im 17. Jahrhundert wohl nur wenig von ihr bemerkt, so ist sie in früherer Zeit deutlich nachweisbar [47]).

Eine ähnliche Spaltung zeigt sich bereits in der Glossatorenzeit und früher [48]). Auch hier wird der Gedanke der kausalen traditio verfochten und zwar gerade in den älteren Schriften. So verlangt z. B. der Brachylogus II. 8. 5 [49]) einen titulus traditioni praecedens; auch die exceptiones Petri [50]) und die summa Trecensis [51]) fordern ihn. Die gleichen Voraussetzungen verlangt auch das südfranzösische Gesetzbuch Lo codi 7. 23—25 [52]) für eine gültige Übereignung. Von den Glossatoren scheint insbesondere Placentinus [53]) der Lehre von der Notwendigkeit einer causa praecedens zu folgen. Zweifelhaft ist die Stellung des Accursius, der in seiner Glosse „non fieri" zu D. 12. 1. 18 pr. eine der kausalen traditio günstige Haltung einzunehmen scheint [54]).

Andererseits ist die Haltung der glossa ordinaria die, daß sie eine abstrakte Übereignung lehrt [55]). Dem entspricht auch die Haltung der frühen quaestiones de iuris subtilitatibus 23, 6—9 [56]). Eine entschiedene Haltung für diese Form der Übereignung endlich nimmt Azo ein, auf dessen Einfluß die Haltung der glossa ordinaria wohl mit zurückzuführen ist [57]).

---

[46]) Vgl. Felgenträger a. a. O. S. 17 ff. Bei Felgenträger kommt nicht deutlich zum Ausdruck, daß diese Lehre nicht nur aus den „Phantasien des Naturrechtes" entsprungen ist, sondern ebenfalls ihren Ursprung im Corp. iur. hat.

[47]) Vgl. Riccobono, ZSS. 33, S. 263 und daselbst Anm. 4.

[48]) Vgl. Biermann, traditio ficta, S. 33 ff.

[49]) Vgl. van Oven a. a. O., S. 65; editio Böcking (1829), S. 40.

[50]) Vgl. z. B. Buch III, Kap. 33 (Savigny, Gesch. [1] II, S. 355); Biermann a. a. O. S. 34; van Oven a. a. O. S. 66 Anm. 1.

[51]) van Oven a. a. O. S. 66 Anm. 1 (mir unzugänglich, da ungedruckt, vgl. Conrat, Geschichte, S. 614 f.)

[52]) van Oven a. a. O. S. 65; ed. Fitting (1906), S. 254 f.

[53]) summa institutionum zu II, 1; de vindicationibus tit. III und IV — van Oven a. a. O. S. 66 Anm. 2.

[54]) Vgl. Landsberg, Glosse des Accursius, S. 126 f. und das. Anm. 1; widersprechend van Oven a. a. O., S. 67 Anm. 2.

[55]) Freilich nur in dem Sinne, daß die causa putativa der causa vera gleichsteht. Van Oven a. a. O. S. 67 und das. Anm. 1.

[56]) Vgl. van Oven a. a. O. S. 64.

[57]) van Oven a. a. O. S. 67.

Azo [58]) aber erörtert andererseits, daß auch eine Übereignung ohne traditio möglich sei. Im Anschluß an D. 41. 2. 18 pr. [59]) erklärt er, daß eine schriftliche Übereignung im Kaufvertrage im Wege des sog. constitutum possessorium Eigentum übertrage. Auch auf den Sonderfall der retentio ususfructus für den Eigentumserwerb geht er in der Glosse „creditur" zu C. 8. 53. 28 ein [60]). Bei all diesen Erörterungen weist er darauf hin, daß für einen solchen Erwerb eine iusta causa vorhanden sein müsse [61]). Über die anderen Vertreter der Lehre von der unkörperlichen Übereignung ist die Biermannsche Arbeit zu vergleichen.

V. Im folgenden soll kurz gezeigt werden, daß das Corpus iuris allen vier Systemen der Übereignung ein — mehr oder minder breites — Fundament geboten hat. Von diesen vier verschiedenen Blickpunkten aus läßt sich die Schürzung des Knotens, den die Übereignungslehre des Corpus iuris bildet, ziemlich genau überblicken [62]).

Die Lehre von der abstrakten traditio ruht im Corpus iuris auf zwei Pfeilern, die im Zusammenhange besprochen zu werden verdienen: einmal auf einer Reihe von Quellenstellen, die in sich eine abstrakte traditio fordern, eine kausale Verknüpfung ausdrücklich ablehnen, und auf gewissen juristischen Konstruktionen, die den Bestand der abstrakten traditio genauer bezeichnen. Dem gegenüber steht die Lehre von der condictio, die ihrerseits sich aus dieser abstrakten traditio herzuleiten scheint. Beide Beweise für die abstrakte Lehre sind im folgenden kurz vorzuführen.

Als hauptsächlichste für abstrakte traditio sprechende Quellenstellen sind die folgenden zu nennen: D. 41. 1. 9 § 3; Inst. 2. 1. 40, in deren Paraphrasierung durch Theophilus die Abstraktheit der traditio besonders betont wird. Dort [63]) wird zur wirksamen Übereignung gefordert:

1. πρᾶγμα σωματικόν, die traditio; 2. δεσπότην εἶναι τὸν tradiτεύοντα; 3. ψυχὴ τοῦ βούλεσθαι ποιῆσαι δεσπότην τὸν λαμβάνοντα aber keine iusta causa.

Auch D. 44. 7. 55 scheint für abstrakte Übereignung zu sprechen, ebenso C. 2. 3. 20. Darauf, daß die Lehre in der Kompilation zwiespältig war, deutet die bekannte Antinomie zwischen D. 41. 1. 36 und D. 12. 1. 18

[58]) Über seine Vorgänger vgl. Biermann a. a. O. S. 36 ff.

[59]) Vgl. van Oven a. a. O. S. 69.

[60]) van Oven a. a. O. S. 70 Anm.

[61]) van Oven a. a. O. S. 70 Anm. 3.

[62]) Gegen Felgenträger a. a. O. S. 3 ist dabei darauf zu verweisen, daß „titulus" auch in der Kompilation schon die causa traditionis bezeichnet. Vgl. z. B. D. 20. 5. 2; C. 4, 38. 6; C. 4. 64. 4; Heumann-Seckel, s. v. titulus.

[63]) Editio Ferrini, S. 114 f.

pr., von denen die erste Stelle die abstrakte, die zweite die kausalverknüpfte Tradition fordert.

Konstruktive Grundlage für die Annahme der abstrakten Tradition ist ferner die Ersetzung der mancipatio durch die traditio, denn bei dieser Ersetzung der wahrscheinlich abstrakten mancipatio ist nirgends eine iusta causa hinzugefügt worden.

Auch die Denkform der Singularsukzession scheint für abstrakte Übereignung zu sprechen, denn wenn Rechtsnachfolge von Todes wegen und unter Lebenden in einen Begriff zusammengezwängt werden, so kann die Frage nach der causa überhaupt nicht entstehen [64]).

Als besonders stark gilt der Beweis für die Abstraktheit der Übereignung, der sich aus dem Kondiktionenrecht gewinnen läßt. Die condictio ist eine actio in personam, setzt also Eigentum beim Beklagten voraus. Sie wird zur Wiedererlangung des indebite solutum, des ob turpem vel iniustam causam und des sine causa Geleisteten angestrengt. Nicht einmal eine causa putativa setzt sie voraus, denn der Empfänger des indebitum kann bösgläubig sein [65]).

VI. Daß die abstrakte Übereignung im Corpus iuris nicht durchgedrungen ist, zeigt bereits die bekannte Antinomie D. 12. 1. 18 pr.—D. 41. 1. 36. Auch eine Reihe anderer Quellenstellen spricht für die kausale Verknüpfung der Tradition im Corpus iuris. Zu nennen ist hier vor allem D. 41. 1. 31 pr. Diese Stelle bietet das Gegenstück zu C. 2. 3. 20, denn während dort eine Übereignung nudis pactis abgelehnt wird, soll hier die nuda traditio zur Eigentumsübertragung unfähig sein, wenn keine iusta causa vorausgeht [66]). Die weiteren für die Erforderlichkeit der iusta causa sprechenden Texte sind von Strohal [67]) gesammelt worden, es genügt auf seine Arbeit und auf die unten [68]) folgende Besprechung dieser Stellen zu verweisen.

Für die kausalverknüpfte Übereignung spricht ferner die Analogie der Ersitzung, für die eine iusta causa erfordert wird [69]). Es ist nämlich un-

---

[64]) Zu verweisen ist für diese Lehre auf Longo, BJDR. 14, S. 127 ff., 224 ff.; 15, S. 283 ff.; de Francisci, Trasf. S. 4 ff. u. ö. D. 10. 1. 11; D. 15. 1. 21 § 2; D. 39. 3. 12; D. 44. 4. 4 § 29, vielleicht auch D. 39. 2. 24 § 1.

[65]) Vgl. D. 12. 6. 19 § 4; D. 12. 6. 20; D. 12. 6. 21; D. 12. 6. 26 § 4; D. 12. 6. 32 § 1; D. 12. 6. 37. Error des Gebers wird allerdings fast immer zu unterstellen sein, da bewußtes Leisten einer Nichtschuld praktisch nur als Schenkung vorkommt.

[66]) Vgl. hierzu Strempel, iusta causa, Wismar 1857, S. 7.

[67]) Iherings Jahrb. 27, S. 347 f.

[68]) Vgl. Kapitel 13.

[69]) Vgl. D. 41. 3. 27; C. 3. 32. 24; C. 7. 29. 4; C. 7. 33. 5.

wahrscheinlich, daß der veräußernde Nichteigentümer besser geschützt wird als der veräußernde Eigentümer. Das ist aber der Fall, wenn der Eigentümer auch bei Nichtbestehen der causa durch die traditio sein Eigentum verliert, während der Nichteigentümer die actio Publiciana trotz erfolgter traditio behält, wenn die causa unwirksam war [70]).

Ferner deutet auf die kausale Verknüpfung der traditio die Notwendigkeit der Kaufpreiszahlung für den Eigentumserwerb [71]). Die Frage nach der Kauf-causa macht notwendig, daß überhaupt nach der causa traditionis gefragt wird. Und so setzt sich das Prinzip der kausalen Übereignung wenigstens insoweit durch, als nachgewiesen werden muß, daß causa traditionis kein Kauf gewesen sei. Nach dem Muster des Kaufs gingen aber auch andere Geschäfte, wie Leist [72]) nachgewiesen hat, z. B. der Pfandzuschlag an den Gläubiger [73]), die Verpachtung mit aestimatio instrumenti [74]), die aestimatio dotis [75]).

Auch die abstrakte Natur der condictio steht der Annahme einer kausalen Übereignung nicht unbedingt im Wege, da eine Reihe von Kondiktionen, zumal die ob iniustam causam, sine causa und ex lege auch dem Eigentümer zustanden [76]).

VII. Schließlich sind die Stellen zu nennen, die einen Ersatz der traditio durch unkörperliche Erwerbsakte zulassen. Diese Stellen sind hinsichtlich des causa-Problems meist farblos, so daß sie je nachdem in das kausale oder abstrakte Übereignungssystem eingereiht werden können.

Für den Ursprung der Lehre vom unkörperlichen Erwerb unter Lebenden ist in der spätesten Zeit des gemeinen Rechtes eine Arbeit von Biermann [77]), die grundlegende Bedeutung hat, geschaffen worden, so daß an dieser Stelle

---

[70]) Das kann auch nicht mit Rücksicht auf den wahren Eigentümer bestimmt sein, denn dieser hat auf den Abschluß des obligatorischen Geschäfts durch den Nichteigentümer gar keinen Einfluß.

[71]) Vgl. Inst. 2. 1. 41; dazu die Paraphrase des Theophilus — ed. Ferrini, S. 116 — ὥστε οὖν ἀεὶ μὲν ἐξ ἑτέρας αἰτίας traditεύων δεσπότης μεταφέρει δεσποτείαν· ἐπὶ δὲ πράσεως οὐχ ἑτέρως εἰ μὴ λάβῃ τίμημα. D. 6. 1. 72; D. 14. 4. 5 § 18; D. 18. 1. 19; D. 18. 1. 53; D. 19. 1. 11 § 2; D. 40. 12. 38 § 2. Pringsheim, Kauf mit fremdem Geld; Appleton, Revue historique, Bd. 7, S. 11 ff., 173 ff.; Albertario, Rivista del dir. comm. Jahrg. 27 (1929) S. 233 ff.; Meylan, Studi Bonfante II, Boyer a. a. O.

[72]) Manzipation und Eigentumstradition, 1865, S. 236 ff.

[73]) D. 13. 7. 24 pr.; D. 20. 1. 16 § 9.

[74]) D. 19. 2. 3; D. 19. 2. 54 § 2.

[75]) D. 23. 3. 10 § 5.

[76]) Vgl. D. 25. 2. 6 § 5; D. 25. 2. 25; Bas. 23. 1, Scholion 3 (Hb. 2 S. 585) —; Baron, Condictio, S. 262 Anm. 19.

[77]) Traditio ficta, Stuttgart 1891.

nur kurz auf Biermanns Ergebnisse einzugehen ist. Daneben sind die Ausführungen Riccobonos [78]) zu berücksichtigen.

Riccobono [79]) scheidet zwei Gruppen von Fällen: in der ersten Gruppe sind die Fälle der unkörperlichen Übereignung unter Lebenden enthalten, die eine praesentia rei für notwendig beim unkörperlichen Eigentumserwerb erklären. Diese Gruppe ist neuerdings auch von Fritz Schulz [80]) untersucht worden. Die betreffenden Texte aber enthalten nichts weiter als die konsequente Entwicklung der Lehre von der körperlichen traditio, sprengen diese Konstruktion nicht und wären für sich ungeeignet, ein System der unkörperlichen Übereignung zu begründen.

Anders liegt es bei der zweiten Gruppe. Dort wird körperliche Anwesenheit der Sache zwar gelegentlich erwähnt, aber keineswegs gefordert; im Gegenteil, sie zu umgehen, ist der zuweilen sogar ausgesprochenermaßen erstrebte [81]) Zweck dieser Vorschrift. Unter den bei Riccobono aufgezählten Untergruppen ist nur eine schon im klassischen Recht verwurzelt, der Fall der traditio clavium, der aber, wie Schulz [82]) zeigt, damals noch ein Fall der Sachpräsenz war. Überhaupt ist die Scheidung in diese zwei Gruppen keine ganz reinliche. Das Besitzkonstitut, das Riccobono der ersten Gruppe zuteilt [83]), würde wohl eher in die zweite gehören, die traditio clavium ist zwischen beiden Gruppen geteilt.

Ferner steht außerhalb dieser Untersuchung die quasi traditio servitutum, die also hier übergangen werden kann. Die übrigen bei Riccobono aufgeführten Konstruktionen, also aus der Gruppe I das constitutum possessorium [84]), aus der Gruppe II die traditio instrumentorum [85]), die retentio usus-fructus [86]), die professio censualis [87]), die celebratio functionum [88]), die subscriptio instrumentorum [89]), die donatio und die venditio ecclesiis facta [90]), die com-

---

[78]) ZSS. 33, S. 259 ff.; 34, S. 159 ff.

[79]) ZSS. 33, S. 273.

[80]) Einführung, S. 63 ff.

[81]) Vgl. C. 8. 53. 28.

[82]) a. a. O. S. 68.

[83]) Auch textliche Gründe zwingen zu einer Einreihung des constitutum possessorium in Gruppe I nicht.

[84]) D. 6. 1. 77; D. 41. 2. 18 pr.; D. 41. 2. 19 pr. und 21 § 3; D. 41. 4. 6 pr.; D. 43. 26. 6 § 3 und 22 pr.

[85]) C. 8. 53. 1.

[86]) C. 8. 53. 28 und 35 § 5.

[87]) C. 8. 53. 7.

[88]) C. 8. 53. 4.

[89]) C. 8. 53. 10. und 20.

[90]) C. 1. 2. 23.

municatio rerum in societate omnium bonorum [91]) konnten als Grundlage einer Lehre der unkörperlichen Übereignung dienen und haben es getan, wie Biermann gezeigt hat. Daß dabei deutschrechtliche und naturrechtliche Vorstellungen mit wirksam waren, ist mit Biermann [92]) gegen Riccobono [93]) anzunehmen, denn die „falschen Interpretationon" der naturrechtlichen Schule beruhen wohl im wesentlichen auf diesen deutschrechtlichen Gedanken [94]).

Wichtig ist, zu erwähnen, daß alle vorgenannten Texte mehr der kausalen Übereignung zuzuneigen scheinen. Nur im Gebiet der sog. traditio brevi manu finden sich zwei Texte [95]), die für abstrakte Übereignung sprechen.

Das byzantinische Recht scheint schließlich zu der Regelung gelangt zu sein, daß prinzipiell abstrakt übereignet wurde, bei Kauf aber nur nach Kaufpreiszahlung. Das dürfte sich aus der Theophilus-Paraphrase und aus den Basilikenscholien ergeben. Das zeigt insbesondere das Basiliken-Scholion 3 zu Bas. 23. 1. 18 pr. [96]), wo der Byzantiner Nicaeus, ein freilich erst dem 12. Jahrhundert angehöriger Scholiast von D. 41. 1. 36 sagt

οὐ γάρ ἐστιν ἐνάντιον ἀλλ' ἐξ ἐκείνου καὶ τοῦ παρόντος συνάγεται ὅτι ἡ δεσποτεία ἀμάχως μεταφέρεται ἐπειδή καί ἄμφω περί τὸ παραδεδόμενον σῶμα παραινοῦσιν καὶ ἑκατέρων αἱ θελήσεις συντρέχουσιν εἴς τὴν τῆς δεσποτείας μετάθεσιν. Auch das darauffolgende, unbenannte Scholion sagt: ...... ἐνταῦθα δὲ οὐ γίνονται σὰ τὰ νομίσματα, εἰ μὴ δαπανηθῶσιν. ἢ οἶμαι τοῦτο κατὰ τὸ ἀκριβὲς εἴρηται τὸ δε τοῦ ν' βιβ. κατὰ τὸ φιλαγαθόν...

Es ist die Aufgabe der nachfolgenden Untersuchung, zu zeigen, wie das römische Recht die Übereignung durch traditio gestaltete, und wie sich das disparate Ergebnis der Betrachtung des Corpus iuris erklären läßt.

---

[91]) D. 17. 2. 1 § 1.

[92]) a. a. O., S. 46, 68, 263 für die traditio symbolica.

[93]) ZSS. 33, S. 263 Anm. 4.

[94]) Ob auch die Stellen, die eine sog. Vindikationszession enthalten, als unkörperliche Übereignung anzusehen sind, kann zweifelhaft sein und ist neuerdings bestritten worden. Vgl. Levy, ZSS. 42, S. 479 ff.; Ermisch, Entsteht aus § 255 BGB. Eigentum des Ersatzpflichtigen? Diss. iur. Göttingen 1928. Gewirkt haben die Stellen so, wie § 931 BGB. beweist. Es handelt sich hierbei im wesentlichen um folgende Texte: D. 6. 1. 46; D. 6. 2. 7 § 1; D. 12. 7. 2; D. 13. 6. 17 § 5; D. 13. 6. 21 pr.; D. 25. 2. 22 pr.; D. 27. 9. 3 § 2; D. 41. 3. 4 § 13; D. 41. 4. 1; D. 41. 4. 3; D. 47. 2. 85.

[95]) D. 41. 1. 9 § 5 und D. 41. 1. 21 § 1.

[96]) Hb. 2, S. 613 ff.

2. Kapitel.

I. Eigentum und Besitz. II. Die Doppelseitigkeit des in bonis. III. Traditio als bloße Übergabe in den Quellen. IV. Traditio als Übereignung in den Quellen. V. Traditio als besonderes Übereignungsgeschäft. VI. Gleichbleibende Bedeutung der faktischen Übergabe, Charakterisierung des Rechtserfolges der traditio durch außerhalb liegende Momente.

I. Im folgenden soll eine der wesentlichen Voraussetzungen besprochen werden, die zum Eigentumserwerb vermittels traditio nach klassischem römischen Recht erfordert wird, die iusta causa. Als Ausgangspunkt ist es notwendig, sich kurz das Wesen des klassischen römischen Eigentums und das Wesen der traditio zu vergegenwärtigen:

Das römische Eigentum scheint in vorklassischer Zeit noch nicht als ein „Recht" betrachtet worden zu sein. Das zeigt sich vor allem darin, daß in der vorklassischen Zeit häufig anstelle des Wortes dominium eine Aufzählung der Summe der Befugnisse des „Eigentümers" gesetzt wird [1]). Aber auch die Bedeutung des Wortes dominium geht — selbst im Sprachgebrauch der klassischen Quellen — über das Gebiet des Eigentumsrechts hinaus [2]).

Erst in erheblich jüngerer Zeit [3]) findet sich in dem Wort proprietas eine Bezeichnung für Eigentum, und im klassischen Recht erscheint das Eigentum als ein besonders charakterisiertes Herrschaftsverhältnis über Sachen. „La proprietà romana è la signoria eminente tra le varie signorie sulla cosa" [4]). Es ist das oberste vieler Herrschaftsverhältnisse über Sachen.

II. Es fragt sich, ob das klassische Eigentum auch konstruktiv abgesondert ist, ob es, wie die moderne Theorie [5]) sagt, im Gegensatz zu allen Arten des Besitzes ein „Recht" war. Diese Untersuchung ist deshalb wichtig, weil man in diesem Fall keinen Schluß von dem Erwerbe des bloßen Besitzes auf den Erwerb des Eigentums ziehen kann.

Einerseits nun zeigen sich deutliche Verbindungslinien zwischen dem römischen Eigentum und dem Besitz nach römischem Recht: Die Verbindung wird durch das „in bonis esse", das sog. publizianische Eigentum, hergestellt. So bedeutet das „in bonis esse" den Besitz an nur tradierten res mancipi. In diesem Sinne bezeichnet Gaius I. 54, II. 40 es als eine Abart des Eigentums. Dominium ex iure Quiritium und in bonis esse bilden das zwiefache römische Eigentum. Ganz ähnlich sprechen auch die beiden Texte D. 6. 2. 7 § 6 und § 8, in denen die actio Publiciana der rei vindicatio an die Seite gestellt wird. Aber diese beiden Texte führen wieder einen Schritt

---

1) Vgl. Seligsohn, Justa possessio, Diss. iur. Freiburg 1927. S. 6—22.

2) Vgl. Scialoja, Teoria della proprietà, I, Rom 1928, S. 255 f.

3) Vgl. Scialoja a. a. O. S. 256.

4) Bonfante, Corso II 2, S. 151.

5) Vgl. Joers, Röm. R., S. 91 Anm. 1.

weiter: die actio Publiciana steht nicht nur dem Erwerber von res mancipi per traditionem, sondern auch dem bonae fidei possessor fremder Sachen zu. Die bonae fidei possessio aber ist nur ein besonderer Fall des interdiktengeschützten Besitzes, fällt aus dem Gebiet des Eigentums hinaus. Es findet sich mithin keine deutliche Scheidung des Eigentums vom Besitz [6]).

Dagegen ist andererseits klar, daß die Geschäfte, auf Grund deren Eigentum ex iure Quiritium, publizianisches Eigentum und Usukapionsbesitz erworben werden, die gleichen sind. Die Ähnlichkeit der juristischen Konstruktion scheint also aus der Gleichheit der causae zu folgen.

III. Auch die traditio zeigt zwei verschiedene Seiten:

Als bloße Übergabe dient sie zum Erwerb eines jeden Sachherrschaftsverhältnisses, wenigstens an res nec mancipi. Sowohl die bloße Innehabung wie der Interdikten-geschützte Besitz, das bonitarische wie das zivile Eigentum entstehen an der Sache mit Hilfe der Übergabe [7]). Erst ein neben der Übergabe vorhandenes Geschäft begründet die Rechtslage der Sache. So ist bei der Innehabung neben der traditio ein depositum, commodatum oder Mietvertrag, so beim Besitz ein Pfandvertrag oder anderer Vertrag abgeschlossen [8]). Ein solcher gemeinsamer Entstehungsgrund — die traditio — rückt Eigentum und Besitz, aber auch Eigentum und andere dingliche Rechte nahe aneinander. Jede Innehabung, jede materielle Herrschaft über eine Sache kann, wie bereits betont, durch Übergabe erworben werden [9]).

Entsprechend dieser umfassenden Bedeutung der Übergabe findet sich auch das Wort „tradere" als Bezeichnung des Sachüberganges zur bloßen Innehabung, zum Besitz, zum Eigentum. So bedeutet tradere die Übergabe

---

[6]) Es wird trotzdem nicht verkannt, daß eine solche Scheidung gerade im klass. R. in Bildung begriffen ist. Die Bezeichnung ius proprietatis findet sich auch in klassischen Texten, und das Eigentum wird als ein Recht von den iura in re aliena abgegrenzt, wie Scialoja a. a. O., S. 302 zeigt. Aber andererseits betont Bonfante, scritti II, 421, ebenfalls mit Recht, daß erst Justinian das publizianische Eigentum als Recht ansieht, und das in bonis esse steht dem zivilen Eigentum so nahe, daß man auch dieses im klassischen Recht als faktisches Verhältnis auffassen kann. Es ist in Wahrheit janusähnlich. Hier ist nur wichtig, die Verwandtschaft des zivilen Eigentums mit dem Besitz zu betonen. Seine Verwandtschaft zu den iura in re kann beiseite gelassen werden.

[7]) Vgl. Bonfante, Corso II. 2. S. 151.

[8]) Beim Besitz ist daneben der Fall des Erwerbes durch eigenen, autoritativen Akt vorhanden. Seine Einordnung in das Schema der Sachherrschaftsverhältnisse bereitet daher vom Standpunkte derjenigen, insbesondere deutschen, Theorie, die in der traditio nicht den autoritativen Akt sondern ein zweiseitiges Rechtsgeschäft sieht, Schwierigkeiten.

[9]) Damit soll nicht behauptet werden, daß das Eigentum nicht auch ohne körperliche Übergabe erworben werden kann. Der Ansicht, die Riccobono mél. Girard S. 415 äußert, daß zu jedem Erwerb der Sachherrschaft eine traditio notwendig sei, wird nicht gefolgt. So wie hier formuliert auch Bonfante, corso II. 2., S. 151.

zur Aufbewahrung in D. 16. 3. 6; D. 16. 3. 31 § 1; D. 19. 2. 31; zur Leihe in D. 32. 47 pr.; D. 34. 2. 39 pr.; zur Miete in D. 19. 2. 31; zum precarium in D. 43. 24. 11 § 12; abstrakt zum Besitz in D. 41. 2. 1 § 20; D. 41. 2. 3 § 9; D.41. 2. 18 §1; D. 41. 3. 29; D.41. 3. 33 §6; D. 43. 5. 3 § 6; D.45. 1. 28; vi aut metu tradere in D. 4. 2. 9 §§ 5, 7; D. 4. 2. 14. § 3; D. 13. 7. 22 § 1; D. 22. 1. 38 § 6; Pauli sent. 1. 7 § 9. Ferner findet sich häufig auch für die Übergabe zum Nießbrauch, zu Pfande, custodiae, disciplinae causa usw. das Wort tradere. In einer Reihe von Stellen findet sich ferner tradere = herausgeben[10]). Gelegentlich heißt „tradere" auch an Behörden ausliefern u.ä. An drei Stellen, D. 7. 2. 3 § 1; D. 7. 2. 5; D. 45. 1. 126 § 1, findet sich proprietatem tradere[11]), doch dürfte es sich hier wohl um Interpolationen handeln. „Traditio" findet sich für bloße Besitzübergabe verhältnismäßig selten: In D. 6. 2. 11 § 1 ist es sicher itp.[12]), ebenso D. 7. 1. 25 § 7[13]) und D. 8. 3. 1 § 2[14]). Auch in D. 13. 7. 1 pr. dürfte „traditio" justinianisch sein[15]). Anders ist es aber in D. 8. 1. 20[16]); D. 41. 1. 37 pr.; D. 41. 1. 43 § 1; D. 41. 2. 51 und Gai. II. 28. Auch die traditio vacuae possessionis in D. 19. 1.3 § 2 ist echt. Possessionem tradere findet sich überhaupt sehr häufig, auch außerhalb des Gebietes der Übereignung von Grundstücken[17]). Gelegentlich findet sich auch „simpliciter tradere"[18]).

IV. Schon aus der Betonung der Besitzübergabe bei der Verwendung von „possessionem tradere" ergibt sich, daß die römischen Juristen neben der oben wiedergegebenen weiteren Bedeutung von „tradere" diesem Wort auch einen engeren, im Gebiete der Eigentumsübergabe liegenden Sinn geben. Etwa zwei Drittel aller Stellen, in denen tradere vorkommt, verstehen dieses Wort so, daß die Übergabe in der Absicht erfolgt, Eigentum zu übertragen[19]). Dabei ist vor allem darauf Gewicht zu legen, daß bei Gaius in den Inst. „tradere" in der Bedeutung der rechtsgeschäftlichen Über-

[10]) Vgl. D. 11. 4. 1 § 1; D. 24. 3. 64 § 10; D. 33. 4. 12; D. 36. 1. 11 § 2; D. 39. 4. 16 § 1; D. 46. 3. 81 § 1; D. 47. 2. 44 § 1; D. 47. 2. 52 § 12.

[11]) Von diesen ist die erste Stelle sicher itp., wie der Vergleich mit Vat. 80 lehrt, von der zweiten und dritten hat es Lenel, Gai. Nr. 162, Paul. Nr. 1294 wohl mit Recht behauptet.

[12]) Vgl. Beseler, Beitr. II. S. 6; III. S. 171.

[13]) Rabel, Haftung d. Verk. I., S. 63 Anm. 2.

[14]) Vgl. Peters, ZSS. 33, S. 597; Riccobono ZSS. 34, S. 209.

[15]) Vgl. de Francisci, Synallagma II., S. 488.

[16]) Vgl. Peters, ZSS. 33, S. 597.

[17]) Vgl. z. B. D. 2. 8. 15 § 2; D. 4. 2. 9 pr.; D. 4. 2. 21 § 2; D. 6. 1. 77; D. 19. 1. 13 § 21.

[18]) Paul. sent. 2. 17 § 2.

[19]) Die Übersicht über das gesamte Material verdanke ich Herrn Dr. E. Kießling, der mir den Artikel „tradere" des VJR. photographieren ließ.

gabe stets die Übergabe zu Eigentum meint [20]). Andererseits aber ist tradere sehr häufig anstelle von mancipare, besonders aber traditio anstelle von mancipatio itp. Es läßt sich in sämtlichen Stellen der Digesten, an denen traditio abstrakt als Übereignung steht, zeigen, daß sie ursprünglich von mancipatio handelten oder sonst verändert sind [21]).

Echt ist „traditio" als Übereignung in den Stellen, wo sie im Gegensatz zur mancipatio als Übereignungsart des ius gentium gebraucht wird, also in Gai. II. 65; II. 87; Ulpian 19 § 2. Von den Stellen, in denen traditio als kausale Übereignung gebraucht wird, bezieht sich ebenfalls ein großer Teil auf die mancipatio [22]).

V. In einigen Stellen, wo traditio und tradere die Übereignung be-

[20]) Vgl. Zanzucchi, Vocabolario, s. h. v.

[21]) Es sind die folgenden: D. 2. 14. 48; D. 6. 1. 20; D. 7. 1. 12 §§ 3, 5; D. 7. 8. 14 pr.; D. 7. 8. 20; D. 8. 2. 17 § 3; D. 8. 4. 6 § 2; D. 12. 1. 8 (Lenel, Pomponius 352); D. 17. 2. 2 (Riccobono ZSS. 34, S. 188); D. 19. 1. 8 § 1; D. 19. 1. 13 § 22; D. 26. 8. 9 pr.; D. 26. 8. 12; D. 29. 2. 45 § 4; D. 30. 86 § 2; D. 34. 5. 15 (de Medio BJDR. 13, S. 244); D. 35. 2. 30 pr.; D. 36. 1. 28 § 1; D. 39. 6. 42 pr. (Lenel, Papinian 702); D. 41. 1. 9 § 3 (?); D. 41. 1. 10. § 1 (Gradenwitz ZSS. 6, S. 61); D. 41. 1. 20 pr. (Lenel, Ulpian 2721); D. 41. 1. 33 § 2; D. 41. 1. 36; D. 41. 1. 37 pr. (Lenel, Julian 608); D. 41. 1. 37 § 3; D. 41. 1. 39; D. 41. 4. 7 § 8 (Lenel, Julian 608); D. 44. 7. 16; D. 45. 3. 6; D. 49. 15. 12 § 1 (Lenel, Tryphoninus 13); D. 49. 17. 14 § 1; D. 49. 17. 15 § 3; D. 50. 16. 169 (Lenel, Paulus 1700). Soweit kein besonderer Vermerk an der Stelle ist, enthält sie den Ausdruck „per traditionem accipere", der durch „mancipio accipere" zu ersetzen ist.

[22]) Sicher ist das bei den folgenden: D. 2. 14. 45 (Lenel, Hermog. 31); D. 2. 14. 48 (Lenel, Gai. 430); D. 7. 1. 25 § 1 (Gradenwitz ZSS. 6., S. 63); D. 8. 2. 35 (Lenel, Marcian 238); D. 8. 4. 6 pr. (Lenel, Ulpian 2704); D. 8. 4. 6 § 3a (Lenel); D. 8. 4. 8 (Lenel, Pomponius 530); D. 17. 1. 22 § 9 (Lenel, Paulus 487); D. 22. 1. 4 pr. (Lenel, Papinian 333); D. 24. 1. 49 (Lenel, Marcellus 90); D. 24. 1. 52 § 1 (Lenel, Papinian 184) D. 24. 1. 67 (Lenel, Labeo 206); D. 27. 10. 7 § 3 (Pernice, ZSS. 9, S. 212 cf. Krüger Suppl.); D. 27. 10. 17 (Lenel, Gai. 476); D. 30. 82 pr. (Lenel, Ulpian 475); D. 39. 2. 18 §§ 7—10 (Haymann ZSS. 40, S. 290 ff.); D. 39. 5. 35 § 1 (Lenel, Scaevola 126); D. 40. 7. 15 § 1 (Pernice, Labeo III. S. 20. Anm. 5); D. 41. 1. 31 pr. (de Francisci, trasferimento, S. 152); D. 43. 24. 11 § 9 (Haymann ZSS. 40. S. 287); D. 45. 1. 131 § 1 (Lenel, Scaevola 174). Bei weiteren drei Stellen, D. 19. 1. 13 § 18; D. 21. 1. 25 pr. und D. 28. 5. 38 § 5 ist, da es sich um Übereignung eines Sklaven handelt, anstelle von tradere, traditio wahrscheinlich mancipare, mancipatio zu setzen. Dagegen ist die traditio des Sklaven in D. 41. 10. 3 echt, obgleich die Stelle sonst schwer verfälscht ist (vgl. Rabel, Grundz. S. 441 Anm. 2). In D. 44. 2. 30 § 1 kann es sich bei der Übertragung einer hereditas um eine iniurecessio handeln. In den übrigen 24 Stellen ist traditio = Übergabe zu Eigentum wohl echt: D. 6. 2. 1 § 2; D. 6. 2. 7 §§ 16, 17; D. 6. 2. 9 § 2; D. 19. 1. 13 § 20; D. 19. 1. 25; D. 19, 4. 1 § 4; D. 21. 1. 1 § 1; D. 23. 3. 14; D. 23. 3. 46 pr.; D. 24. 1. 3 § 10; D. 24. 1. 11 §§ 2, 7, 9; D. 39. 3. 16; D. 39. 5. 6.; D. 41. 1. 9 § 5; D. 41. 2. 51; D. 41. 3. 10 pr.; D. 41. 3. 44 §§ 1, 2; D. 41. 4. 2. pr.; D. 41, 10, 3; D. 47. 2. 14 pr. Von insgesamt 88 Stellen, die traditio = Eigentumsübergabe enthalten, also $\frac{2}{7}$.

zeichnen, werden sie den zivilen Übereignungsgeschäften, der mancipatio und iniurecessio, gleichgesetzt. Insbesondere in

Gai. II. 65. Ergo ex his quae diximus adparet quaedam naturali iure alienari, qualia sunt ea quae traditione alienantur; quaedam civili, nam mancipationis et in iure cessionis et usucapionis ius proprium est civium Romanorum.

und in

Ulpian XIX. 2. Singularum rerum dominium nobis adquiritur mancipatione, traditione, usucapione, iniurecessione, adiudicatione, lege.

Aus diesen und ähnlichen Stellen [23]) ergibt sich, daß die Römer dem Wort traditio eine engere Bedeutung beilegten. Sie gebrauchten „traditio" als Bezeichnung für die rechtsgeschäftliche Übergabe zu Eigentum. Die Parallele zwischen traditio einerseits, iniurecessio und mancipatio andererseits ist aber lediglich im Erfolge zu finden. Ein Schluß davon, daß die mancipatio oder iniurecessio abstrakt waren [24]), darauf, daß auch die traditio abstrakt gewesen sei, ist unzulässig. Vielmehr hat jeder der genannten Erwerbsakte seinen besonderen, ihn von den anderen unterscheidenden Charakter:

Die iniurecessio ist ursprünglich Scheinprozeß [25]), d. h. es wird von dem Erwerber sein Eigentum als bereits bestehendes behauptet, von dem Veräußerer zugestanden. Mithin läßt sich aus dieser Rechtsbildung, die auch in klassischer Zeit nur noch selten Verwendung findet, kein Schluß auf den Eigentumserwerb durch traditio ziehen. Wieweit in ihr eine körperliche Übergabe statthatte, wird sich kaum mehr feststellen lassen. Für Präsenz der übergehenden Sache spricht die Formel, dafür auch die Konstruktion der iniurecessio als autoritativer Akt des Erwerbers — vergleiche Gai. II. § 24 —, denn jeder Sachübergang wird vom römischen Recht als Aufgabe der Sachherrschaft durch den Veräußerer und autoritativer („originärer") Erwerb durch den accipiens konstruiert [26]).

Die mancipatio aber ist ihrer Entstehung nach zugleich Kaufgeschäft und traditio. Ihrer klassischen Bedeutung nach dürfte sie mit de Francisci [27]) als „extraiudiciale Sachvindikation" zu bezeichnen sein, als ein autoritativer Akt des Erwerbers [28]).

---

[23]) Vgl. z. B. Gai. II § 87.

[24]) Das ist neuerdings bezweifelt worden. Vgl. van Oven a. a. O. S. 20. Anm. 1; 29. Anm. 1.

[25]) Vgl. Mitteis, RPR., S. 276.

[26]) Vgl. Polenske, Einführung i. d. Geschichte d. röm. Priv.-R. Halle, 1912 §§ 167, 169 für die Rechtsakte des ius civile; de Francisci, Trasf., S. 11 ff. für die traditio.

[27]) Trasf. S. 127, 129 Anm. 1.

[28]) Ganz kurz sei hier erwähnt, daß die in Inst. II. 1 § 41 geforderte Preiszahlung byzantinisch ist. Sie ist nicht Erfordernis des Eigentumsüberganges, auch nicht bei der mancipatio. Erklärungsversuche bei Pringsheim, Kauf S. 78 f. und gelegentlich.

Beide Geschäfte sind aber jedenfalls keine Übereignungsverträge, d. h. Verträge, deren Inhalt die Veräußerung und der Erwerb des Eigentums einer Sache ist. Als solcher wird nun aber die sog. eigentliche traditio im engeren Sinne von der romanistischen Wissenschaft konstruiert.

Der Inhalt dieses Vertrages soll die Übertragung des Eigentumsrechtes sein, das die Doktrin allmählich von dem rein körperlichen Innehaben ebenso trennte, wie den „Vertrag" von der rein körperlichen traditio. Der Arbeit de Franciscis ist der Nachweis zu verdanken, daß die traditio niemals als eine „translatio dominii", als Übertragung des Eigentumsrechtes, von den Klassikern aufgefaßt wird. Mag auch der Ausdruck „transferre dominium" nicht überall nachweislich interpoliert sein [29]), der Gedanke der Rechts-Übertragung ist jedenfalls nicht klassisch. Aber de Francisci hat die vollen Konsequenzen aus seiner Lehre noch nicht gezogen. Ihm kommt es im wesentlichen darauf an, zu zeigen, daß die traditio den Übergang der Sache, nicht des Rechtes an der Sache enthält. Demgemäß beschäftigt er sich am Ende seiner Untersuchung [30]) mit der juristischen Konstruktion der „traditio rei" und weist dort nach, daß das römische Recht im wesentlichen nicht den Veräußerer, sondern den Erwerber der Sache berücksichtigt. Die Ausführungen de Franciscis lassen die traditio noch immer als ein selbständiges Rechtsgeschäft erscheinen. Der Gedanke liegt nahe, daß de Francisci die traditio als einen Sach-Übertragungsvertrag auffaßt. Aber auch dieser ist ein unklassisches Gebilde. Im folgenden soll erwiesen werden, daß die traditio zu Eigentum in die Reihe der anderen Sachübertragungsakte als rein körperlicher Akt eingeordnet werden muß, und daß es einen besonderen Solutionsvertrag im klassischen römischen Recht nur in einem einzigen Fall gegeben hat. Dabei ist darauf hinzuweisen, daß das klassische römische Recht — mit einziger Ausnahme der stipulatio [31]) — das Geschäft von der Verpflichtung bis zur Erfüllung als eine Einheit ansieht. Der „consensus de dominio transferendo" liegt bereits im kausalen Vertrag, seine Wiederholung in einem Solutionsvertrag, der nur den Zweck dieser Wiederholung hat, ist überflüssig und nutzlos, und die Klassiker haben sie nicht gefordert.

Auf die Tatsache, daß alle Geschäfte außer der Stipulation von der Verpflichtung bis zur Erfüllung als Einheit gedacht werden, deutet in erster Linie die Entdeckung von Mitteis [32]), daß das römische Recht den Begriff der Verfügung noch nicht kannte. Auch aus der Tatsache, daß die rei vindi-

---

[29]) Vgl. de Francisci, Trasf. S. 225 ff.

[30]) Trasf. S. 265 ff.

[31]) Vgl. unten Kap. 5.

[32]) RPR. S. 145. Anm. 27, vgl. a. Pringsheim ZSS. 42., S. 276 f. zum Begriff der alienatio im byzantinischen Recht.

catio nur subsidiär [33]) mit den Vertragsklagen konkurrierte [34]), läßt sich dieser Schluß ziehen. Wenn nämlich selbst die locatio-conductio — bei der doch Verpflichtungs- und Erfüllungshandlungen zeitlich auseinanderfallen — dem Vermieter für die Rückforderung der vermieteten Sache nur die a°. locati gewährt [35]), so läßt sich daraus der Schluß ziehen, daß dieses Geschäft einheitlich aufgefaßt wurde und darum nur diese eine Klage auf Rückgabe entstehen ließ. Dagegen kann nicht Levy [36]) angeführt werden, der als causa der rei vindicatio nur das Eigentum anerkennt. Er meint, wie er dort selbst ausführt, mit „causa" nur die formale Prozeß-, nicht die materielle Klagvoraussetzung. Materielle Klagvoraussetzung ist aber, um eine mit der a°. locati konkurrierende rei vindicatio zu begründen, nicht die bloße Innehabung der vermieteten Sache durch den Mieter, sondern die Innehabung animo domini, d. h. ein Verhalten des Mieters, das über seine, ihm durch den Mietvertrag zugestandene rechtliche Stellung hinausgeht. Ist aber das Geschäft für den klassischen Juristen eine Einheit, so ist ihm nicht nur der einheitliche Sammelbegriff der Verfügung, sondern gerade die Konstruktion der Verfügung als Erfüllungsgeschäft fremd.

VI. Findet sich also auch der Begriff traditio bereits bei den Klassikern zur Bezeichnung der Übereignung, so läßt sich doch zeigen, daß die körperliche Übergabe als solche, zusammen mit der Absicht zu übereignen, nach römischem Recht nicht ausreicht, um dem Empfänger Eigentum zu verschaffen. Dieser Beweis läßt sich freilich nur für das bonitarische Eigentum führen, aber von diesem ist — wie oben ausgeführt — ein Schluß auf das zivile Eigentum durchaus zulässig.

Den Beweis liefern die folgenden drei Stellen:

1. D. 6. 2. 9 § 4. Ulpian 16 ad ed. Si duobus quis separatim vendiderit bona fide ementibus, videamus, quis magis Publiciana uti possit, [utrum is cui priori res tradita est an is qui tantum emit.] Et Julianus libro septimo digestorum scripsit, ut, si quidem ab eodem non domino emerint, potior sit, cui priori res tradita est, quod si a diversis non dominis, melior causa sit possidentis quam petentis. Quae sententia vera est.

2. D. 19. 1. 31. § 2 Neratius 3 membr. Uterque nostrum eandem rem emit a non domino, cum emptio venditioque sine dolo malo fieret, traditaque est: [sive ab eodem emimus sive ab alio atque alio, is ex nobis tuendus est, qui prior ius eius adprehendit, hoc est cui primum tradita est.] Si alter ex nobis a domino emisset, is omnimodo tuendus est.

---

33) Von Subsidiarität im techn. Sinne läßt sich freilich nicht sprechen. Vielmehr ist die Passivlegitimation der rei vindicatio grundsätzlich der der a°. loc. entgegengesetzt.

34) Vgl. Siber, Passivlegitimation bei der rei vindicatio, Leipzig 1907.

35) Siber a. a. O. S. 61.

36) Aktionenkonkurrenz I. S. 97.

3. D. 44. 3. 6. pr. African 9. quaest. Si duobus eandem rem separatim vendiderim, ea possessio, quae utramque venditionem praecesserit, soli priori emptori, cui et tradita sit, proficit, denique et si, quam rem tibi vendiderim, rursus a te emam et Titio vendam, et meam omnem et tuam possessionem Titio accessuram, videlicet quod et tu mihi et ego ei possessionem praestare debeamus.

Formal ist keine der drei Stellen ganz unberührt: in der ersten liegen die Anstöße im wesentlichen in der Wendung „.... scripsit, ut ..." [37]). Die Worte, die Beseler [38]) im ersten Fragment streicht „utrum is .... tantum emit" sind bedeutungslos; daß sie Glosse sind, ist wahrscheinlich.

Die zweite Stelle ist sachlich verfälscht [39]). Die Emendation, die Beseler [40]) gibt, wird als die richtige anzunehmen sein, unter Konservierung der Worte „cum emptio ... traditaque est", die auch Beseler nur zögernd streicht. Für die dritte Stelle ist von Huschke [41]) eine interessante Emendation gegeben worden, auf die im folgenden, bei der sachlichen Erörterung der Texte, näher einzugehen ist.

Sachlich ergibt sich aus den Stellen folgendes:

Eine Sache ist zweimal verkauft und zweimal übergeben worden. Es wird unterschieden, je nachdem, von wem die traditio vorgenommen ist. Hat sie der Eigentümer vorgenommen, so wirkt nur diese traditio — mag sie die erste oder zweite sein — und verschafft dem Empfänger Eigentum.

Wesentlich ist für den vorzuführenden Beweis nur der Fall, daß der Tradent nicht Eigentümer war. In diesem Fall wird unterschieden: Hat der gleiche Nichteigentümer tradiert, so wirkt die erste traditio. Der erste Empfänger hat gegen den zweiten die a°. Publiciana [42]). Haben verschiedene Nichteigentümer tradiert, so wirkt nur die zweite traditio; der erste Empfänger hat die a°. Publiciana gegen den zweiten nicht.

---

[37]) Das wird mit Recht von Lenel, ZSS. 39, S. 157 f. beanstandet. Sachlich will Lenel die Stelle offenbar nicht angreifen.

[38]) Beiträge IV. S. 124, vgl. ZSS. 45, S. 436, wo ich Beseler in der Neugestaltung des Textes nicht zu folgen vermag.

[39]) Rabel, Grundz. S. 441; zweifelnd anscheinend Lenel a. a. O. S. 158 Anm. 1; Bonfante, Ist. 8. Aufl. S. 315 Anm. 1.

[40]) Beiträge IV. S. 132, ZSS. 45, S. 440. Anders Eisele ZSS. 11, S. 8 und Krüger D. ed. ster.

[41]) Vgl. ZSS. 9, S. 363.

[42]) Das besagt auch die 3. Stelle deutlich, wenn man Huschkes Emendation folgt. Und diese Emendation trifft jedenfalls den Sinn der Stelle, denn wenn sie sich nicht auf Übergabe vom Nichteigentümer bezöge, sondern vom Eigentümer, so würde die Behauptung, daß eine brevi manu traditio nur dem ersten Käufer zugute komme, falsch sein. Vielmehr käme es beim Erwerb vom Eigentümer nicht auf das tempus emptionis an, sondern auf das tempus traditionis. Anders ist es beim Erwerb vom Nichteigentümer, wie D. 41. 3. 48; D. 41. 4. 2 pr. und ähnliche Stellen zeigen. Vgl. unten Kap. 3.

Es liegen zum Vergleiche also 4 Traditionen vor, zwei erste und zwei zweite. Bei allen ging der Parteiwille dahin, den Empfängern das rem habere licere, also mindestens den Ersitzungsbesitz zu verschaffen. Auch die körperliche Übergabe ist in allen vier Fällen die gleiche. Dennoch wirkt einmal die erste traditio, um dem Erwerber den Schutz der a°. Publiciana zu verschaffen, das andre Mal die zweite. Begründet wird das damit, daß im ersten Fall der Tradent ein und dieselbe Person ist, im anderen Fall es aber zwei verschiedene sind. Dadurch wird aber am Vorgang der traditio nichts geändert, die Rechtsstellung aller Tradenten ist die gleiche, sie sind alle nicht zur Veräußerung berechtigte Besitzer.

Wenn nun die Wirkung der traditio verschieden ist, obgleich sich ein sachlicher Unterschied zwischen den vier vorgenommenen Traditionen nicht feststellen läßt, so muß geschlossen werden, daß sich diese Wirkung von einer Ursache herleitet, die außerhalb der Traditionen liegt, daß also der Erwerb der a°. Publiciana nicht von der traditio allein abhängt, sondern von mit der traditio verbundenen Umständen, bei denen sich eine Verschiedenheit feststellen läßt. Wenn nämlich die traditio selbst den publizianischen Schutz gewährte, so hätte, gleichgültig, ob sie von demselben oder von verschiedenen non dominis vorgenommen wurde, stets die zweite traditio die Publiciana erzeugen müssen, wie die Kompilatoren es auch in der zweiten Stelle interpoliert haben. Die geforderte, außerhalb der traditio liegende Ursache für die verschiedene Stellung der Erwerber vom selben non dominus und von verschiedenen non dominis liegt in der emptio-venditio. Die Stellung des ersten Erwerbers ist stärker, weil durch die Erfüllung an ihn der Verkäufer die erste auctoritas begründet hat. Die ältere Gewährschaftsleistung schlägt der späteren gegenüber durch. Damit fehlt dem zweiten Erwerber vom gleichen Nichteigentümer die notwendige Deckung gegen den ersten. Er muß die Sache herausgeben, weil er die jüngere, also minder starke causa possessionis hat. Daß das nur aus der Tatsache der früheren causa folgt, zeigt die Entscheidung im Falle der traditio von verschiedenen non dominis. Dort sind die causae gleich stark, und darum entscheidet der Besitz. Bezüglich der körperlichen traditio liegen alle 4 Fälle gleich; bezüglich der traditio ex causa sind sie unterschieden. Auf jeden Fall hat der zweite Erwerber Besitz. Der folgt aus der traditio. Aber nur die traditio ex causa gewährt die actio Publiciana. Das zeigt deutlich der Text der Stelle D. 6. 2. 9 § 4, in der Julian den Ton auf die emptio vom gleichen Nichtberechtigten, nicht auf die traditio legt. Da nun der Ersitzungsbesitz sich vom zivilen Eigentum nur durch die Tatsache, daß der auctor nicht Eigentümer ist, unterscheidet[43]), so

[43]) Vgl. Pringsheim, Kauf, S. 75.

folgt aus diesen Stellen, daß Besitz- und Eigentumstradition gleiche und zwar rein faktische Vorgänge sind.

Daß die traditio beim Erwerb vom gleichen non dominus beide Male der gleiche, rein faktische Vorgang ist, zeigt auch die folgende Überlegung: Da der Besitz ein rein faktisches Verhältnis zur Sache ist, so wird er auch durch rein faktische Vorgänge erworben. Im vorliegenden Fall ist der Erwerber auch wirklich nichts anderes als rein faktischer Besitzer auf Grund gültiger Erwerbskausa. Das folgt daraus, daß ihm im Falle des Verlustes der Sache ein Zugriffsrecht gegen den zweiten Erwerber grundsätzlich nicht gewährt wird. Demnach war auch die traditio ein rein faktischer Vorgang, denn sie führte nur zum faktischen Besitz. Wäre die traditio ein Rechtsgeschäft gewesen, so hätte der erste Erwerber auf alle Fälle geschützt werden müssen.

Daß die traditio rein faktischer Vorgang ist, zeigt auch D. 21. 3. 2 gleich D. 44. 4. 4 § 32 Julian bei Ulpian 76 ad ed. [44]).

Pomponius II ex Plautio. Si a Titio fundum emeris qui Sempronii erat isque tibi traditus fuerit, pretio autem soluto Titius Sempronio heres exstiterit et eundem fundum Maevio vendiderit et tradiderit [45]): Julianus ait aequius esse priorem [46]) te tueri, quia et si ipse Titius fundum a te peteret, exceptione summoveretur et si ipse Titius eum possideret, Publiciana peteres.

Die Stelle [47]) ist eine Bestätigung der Gleichstellung der Besitz- und Eigentumstradition. Daß an den ersten Erwerber tradiert worden ist, ist deutlich. Denn eine mancipatio — die ja bei Grundstücken sicher ohne traditio erfolgen konnte, Gai. I. 121 — hätte dem Erwerber vom Nichteigentümer den Schutz der a⁰. Publiciana, um die es sich hier doch wohl handelt, nicht verschafft. Diese traditio hätte gegenüber dem Sempronius nichts genützt. Sie hätte den ersten Erwerber nur zum Besitzer gemacht. Daß sie gegen den Mävius nützt, folgt aus den gleichen Überlegungen wie in D. 6. 2. 9 § 4. Der Fall ist nur insofern verschoben, als hier der Veräußerer vor der zweiten Veräußerung zum Berechtigten wird. Das nützt aber dem zweiten Erwerber selbst dann nichts, wenn er nach ius civile zum Eigentümer gemacht, der fundus Sempronianus ihm manzipiert wird. Die gleiche traditio also, die den ersten Erwerber zu Lebzeiten des Sempronius zum bloßen Besitzer macht — das bonitarische Eigentum ist, wie oben gezeigt, Folge von traditio ex iusta causa — soll ihm nach Sempronius Tode die Möglichkeit der wirksamen Verteidigung gegen den wirklichen Eigentümer verschafft haben?

---

[44]) Fast wörtlich übereinstimmend D. 6. 1. 72 Ulpian 16 ad ed.

[45]) „mancipaverit" Lenel-Krüger D. ed. ster.

[46]) Lies „praetorem".

[47]) Sachlich vgl. Pringsheim, Kauf, S. 78. Anm. 1; Riezler, Venire contra factum proprium, S. 18; Beseler, Beitr. I. S. 111.

Das ist nicht glaubhaft. Vielmehr gewährt das Treuverhältnis, das das ganze Geschäft, causa und traditio, zwischen erstem Erwerber und Titius schafft, dem Erwerber diesen Schutz.

Die zitierte Stelle ist aber ferner auch insoweit von Bedeutung, als sie zeigt, daß die traditio einer res mancipi a non domino und a domino Unterschiede nicht bietet. Das folgt offenbar daraus, daß der erste Erwerber gegen den Titius die Publiciana erhält, ohne Rücksicht darauf, daß es sich um eine res mancipi handelt, die a non domino tradiert ist.

Für die Gleichheit der Besitz- und Eigentumstradition spricht auch D. 19. 1, 11 § 2 Ulpian 32 ad ed., wo von „tradere", der Hauptpflicht des Verkäufers, gesagt wird:

> quae res, si quidem dominus fuit venditor, facit et emptorem dominum, si non fuit, tantum evictionis nomine venditorem obligat, [si modo . . . satisfactum] [48]).

Auch hier ist der tatsächliche Vorgang der traditio der gleiche, sie wird durch außer ihr liegende Umstände zur Eigentums- oder Besitztradition.

Außerhalb der traditio selbst liegt die Ursache für den Eigentumserwerb. Das hat Bonfante [49]) bereits zutreffend betont, wenn er sagt:

È l'intenzione delle parti, che fa della tradizione un modo di trapasso del possesso vero, della signoria della cosa (la possessio romana), in quanta l'accipiente vi aggiunge l'animus adipiscendi possessionem. È la iusta causa finalmente che conferisce ad essa il carattere di trapasso del dominio ed il suggello legale.

Aufgabe der folgenden Untersuchung ist es, das Wesen dieser außerhalb liegenden Ursache, dieser iusta causa traditionis ans Licht zu stellen.

---

[48]) Vgl. Pringsheim, Kauf, S. 62. u. die dort Anm. 2. Zit. Albertario riv. dir. comm. 1929 nimmt an, daß die Stelle von mancipatio handelte.

[49]) Corso II. 2. S. 151.

Zweiter Teil.

3. Kapitel.

I. Analogie zwischen zivilem und bonitarischem Eigentum. II. Zum Erwerb bonitarischen Eigentums ist eine causa erforderlich. III. Causa putativa genügt nicht. IV. Die actio Publiciana fordert ausdrücklich wirkliche und gültige causa.

I. Wenn traditio nur das körperliche, bewußte von-Hand-zu-Hand-Gehen bedeutet, so bewirkt nicht sie, sondern andere, vom Willen der Parteien unabhängige, ja ihnen oft nicht bekannte Tatsachen, daß die Sache nur ins bonitarische Eigentum des Erwerbers gelangt. Der Inhalt der Parteibetätigung ist in jedem Falle der gleiche, ob die Sache bonitarisches oder quiritarisches Eigentum wird, und so rechtfertigt sich auch der Ausdruck bonitarisches „Eigentum" aus den Quellen [1]).

Zum Erwerb des Usukapionsbesitzes gehören nun traditio, causa und eine besondere Rechtslage der Sache. Die beiden zuerst genannten Erfordernisse allein charakterisieren das erworbene Recht nicht als „bonitarisches" Eigentum. Ist dieses nur eine Abart des „Eigentums", die durch die besondere Rechtslage der Sache charakterisiert wird [2]), so müssen traditio und causa Voraussetzungen des zivilen Eigentumserwerbs an res nec mancipi sein.

---

[1]) Vgl. Gai. I. § 51; II § 40. Die Polemik von Joers, Röm. R., S. 91 Anm. 1 gegen den Ausdruck „bonitarisches Eigentum" halte ich für unbegründet. Er hält sich hier zu streng an die heutigen Eigentumsvorstellungen und übersieht, daß der Begriff des duplex dominium vor allem mit Rücksicht auf den Prozeß gebildet ist, wo regelmäßig nur das bonitarische Eigentum bewiesen wurde. Vgl. Arangio-Ruiz, Istituzioni, 2. Aufl. S. 190.

[2]) Wie oben (Kap. 2, S. 13f.) erwähnt, hat das bonitarische Eigentum und der Usucapionsbesitz in gleicher Weise die Tendenz, sich in quiritarisches Eigentum zu verwandeln. Beide Vorgänge heißen usucapio und beide Institute sind daher bei Betrachtung der usucapio einheitlich zu behandeln.

Die causa usucapionis oder vielmehr traditionis ad usucapiendum muß gleich der causa traditionis beim Eigentumserwerb sein [3]).

Die causa traditionis sowohl wie die causa usucapionis sind identisch mit der causa possessionis (vgl. D. 41. 2, 3 § 21), soweit es nicht causae usucapionis und possessionis gibt, die begrifflich eine traditio nicht zur Voraussetzung haben. Der Usukapionsbesitz und die civilis possessio, beide erhalten ihr Gepräge durch die causa der an sich farblosen traditio [4]).

II. Es ergibt sich nun im Gegensatz zu den Titelüberschriften des Corpus iuris ein bunter Katalog von causae usucapionis, von denen Beispiele im folgenden aufgezählt werden mögen: Sämtliche Stellen stammen aus dem Titel D. 41. 3:

emptio-venditio:	D. h. t. 10 pr. Ulpian 16 ad ed.; 18. Modestin 5. regul.; 34. Alfen 1. dig.; 36 pr. Gaius 2. aur; 42. Papinian 3 quaest.; 43 pr. Papinian 22. quaest.
donatio:	D. h. t. 4. § 17. Paulus 54 ad ed.; 36 pr. Gaius 2. aur.
permutatio und do ut facias-pactum:	D. h. t. 4. § 17. Paulus 54 ad ed.
stipulatio (?):	D. h. t. 15. § 3. Paulus 15 ad Plaut.; 33. § 3. Julian 44 Dig.
transactio:	D. h. t. 29. Pomponius 22 ad Sab.
datio in solutum:	D. h. t. 4. § 17. Paulus 54 ad ed. [5])
adiudicatio:	D. h. t. 17. Marcellus 17 Dig.

Scheinbar abstrakte causae finden sich an vier Stellen:

solvendi causa:	D. h. t. 46. Hermogenian 5. epit.; 48. Paulus 2 manual.
pro suo:	D. h. t. 27. Ulpian 31 ad Sab.; 32 pr. Pomponius 31 ad Sab.

---

[3]) Diese Schlüsse sind zutreffend schon von Bonfante gezogen worden. Vgl. scritti II. S. 469. Am deutlichsten quellenmäßig belegt werden sie durch C. 7. 26. 8, Diocl. et Max. (294), wo die „justa causa possessionis" ex causa transactionis als justa causa usucapionis bezeichnet wird. Dort wird klar, daß die transactio die iusta causa possessionis = traditionis u. usucapionis ist. Es ergibt sich also ein System von iustae causae, die civilis possessio, bonitarisches Eigentum und ziviles Eigentum entstehen lassen.

Vgl. Donatuti, Iusta possessio, Atti dell' ist. Veneto 80 Teil 2, S. 1083; Riccobono ZSS. 31, S. 330 ff.

[4]) Daß der Ausdruck „titulus" ein Sonderwort für die causa der usucapio sei, ist übrigens eine unrichtige Annahme von Felgenträger a. a. O. S. 3. Ein Unterschied in der Terminologie, aus dem ein sachlicher Unterschied gefolgert werden könnte, findet nicht statt.

[5]) Itp. nach Steiner, datio in solutum, S. 73 ff; zustimmend Koschaker, ZSS. 37, S. 368; Pringsheim ZSS. 42, S. 277 Anm. 3.

III. Die Titel „pro suo" und „solvendi causa" lassen beide den Erwerb des Usukapionsbesitzes als von einem konkreten Rechtsgeschäft unabhängig erscheinen:

Zum Titel pro suo ist jedoch zu bemerken, daß er sicher ein Sammeltitel für einzelne causae war, worauf noch besonders hinzuweisen sein wird [6]). Am deutlichsten zeigt sich das in Vat. 111 und in D. 41. 3. 27.

Anders liegt es mit den Stellen, die von einem gültigen Titel solvendi causa sprechen. Sie müssen näher untersucht werden, und zwar aus folgenden Gründen: Die causa putativa ist eine solche, die objektiv nichtig ist. Nur die Parteien legen ihre Gültigkeit bei. Aus ihr erwächst überhaupt kein Anspruch, der vom Recht geschützt wird, sei es mittels einer actio oder auch nur durch Gewährung einer Einrede. Von dem ganzen Geschäft ist, rechtlich betrachtet, nichts vorhanden, außer dem Geben und Nehmen der Sache. Wird diese Sache trotzdem Eigentum des Empfängers, so hat eine, objektiv betrachtet, abstrakte Übereignung stattgefunden. Das Ergebnis wäre, daß nach röm. Recht in dem Falle, daß die Parteien es so wollen, Eigentum übertragen wird, sofern die Parteien nur miteinander ein ungiltiges Rechtsgeschäft eingegangen sind, das sie für gültig halten. Die Eigentumsübertragung ist dann der einzige wirksame Bestandteil dieses ungültigen Geschäftes. Freilich muß ein „iustus error" obgewaltet haben, d. h. nach Donatuti [7]) ein wirklich vorhandener. Das römische Recht hätte also den Irrenden, die diesen Rechtserfolg bei richtiger Würdigung der Sachlage nicht gewollt hätten, die abstrakte Übereignung aufgezwungen. Eine von den Parteien gewollte abstrakte Übereignung durch traditio aber hätte es untersagt. Insbesondere im Falle der Sicherungsübereignung hätte es nur die fiducia, ein Geschäft, das in Manzipationsform zu schließen war, für res nec mancipi also unanwendbar war, gegeben.

Dies vorausgeschickt, sind die folgenden sieben Stellen zu prüfen: 1) D. 41. 3. 48; 2) D. 41. 4. 2pr.; 3) D. 41. 4. 11; 4) D. 41. 10. 5; 5) D. 23. 3. 67; 6) D. 6. 2. 7 § 2; 7) D. 6. 2. 13 § 2.

1. D. 41. 3. 48 Paulus II manual [8]).

Si existimans debere tibi tradam, ita demum usucapio sequitur, si et tu putes debitum esse. aliud, si putem me ex causa venditi teneri et ideo tradam: hic enim

---

[6]) Vgl. unten Kap. 8, S. 85 f.

[7]) Justus error, Sonderdruck, S. 3.

[8]) Beseler, Beitr. III, S. 198 streicht die Bemerkung, daß der Solutionszeitpunkt Beachtung fände. Vgl. den besonderen Abschnitt über die Hingabe solutionis causa in dieser Arbeit Kap. 5. Erwähnt sei insbesondere, daß die Hingabe emptionis causa, obwohl sie nur unter Eviktionsgarantie erfolgte, zur Ersitzung ausreichte, sofern die übrigen Voraussetzungen der usucapio erfüllt waren.

nisi emptio praecedat, pro emptore usucapio locum non habet. diversitatis causa in illo est, quod [in ceteris causis] solutionis tempus inspicitur [neque interest], cum stipulor, [sciam alienum esse necne: sufficit enim me putare tuum esse, cum solvis:] in emptione autem [et] contractus tempus inspicitur [et quo solvitur]: nec potest pro emptore usucapere, qui non emit, [nec pro soluto, sic ut in ceteris contractibus].

Eine Sache wird als geschuldet übergeben; die Stelle sagt, sie werde ersessen, wenn beide Teile an die Realität der Schuld glauben, es sei denn, es handele sich um einen Putativkauf. Begründung: bei allen anderen Schuldverhältnissen komme es für den Erfolg der Ersitzung nur auf den Glauben an das Eigentum des Veräußerers am Solutionstermin an, beim Kauf müsse auf Vertrags- und Solutionstermin geachtet werden.

a) Sachlich enthält die Stelle einen Widerspruch: Im Anfang bis „non habet" spricht sie von der Gültigkeit des Vertrages, im begründenden Teil, der von „diversitatis causa" bis „quo solvitur" reicht, von dem Erfordernis der bona fides. Diese bona fides bedeutet aber, wie sich aus der Stelle deutlich ergibt, nicht den Glauben an das Bestehen der causa, sondern den an das Eigentum des Veräußerers [9]). Erst im letzten Satz kehrt die Stelle an ihren Ausgangspunkt zurück. Dieser letzte Satz enthält aber keine Begründung der Behauptung, die im ersten Satz aufgestellt ist, sondern wiederholt nur den ersten Satz in ungeschickterer Form. Daß der letzte Satz verfälscht ist, ergibt wohl ein Vergleich mit einer Reihe anderer Stellen, (die freilich ebenfalls nicht frei von Verdacht sind. Vgl. u. Kap. 13.) Erwähnt seien dazu:

C. 3. 32. 24. Diocl. et Max. (anno 294) Nullo iusto titulo praecedente possidentes ratio iuris quaerere prohibet dominium ...

C. 7. 29. 4. Diocl. et Max. (anno 294) Usucapio non praecedente vero titulo procedere non potest ...

D. 41. 3. 27 ... quia neque pro legato neque pro donato neque pro dote usucapio valeat, si nulla donatio, nulla dos, nullum legatum sit ....

C. 7. 33. 5 Diocl. et Max. (anno 293). Nec petentem dominium ab eo, cui petentis solus error causam possessionis sine vero titulo praestitit, silentii longi praescriptione depelli, iuris evidentissimi est.

Die vorgeführten Texte, insbesondere die Kodexstellen, zeigen, daß noch bis auf Diocletian der Putativtitel nicht anerkannt wird. Daß dies auch für die klassische Zeit gilt, sagt D. 41. 3. 27 ganz ausdrücklich. Aber der Text von D. 41. 3. 48 gibt doch eine Grundlage für die Annahme einer Ausnahmestellung des Kaufes. Von dem letzten Satz ist nur „nec pro soluto .... contrac-

---

[9]) Wichtig zu betonen, weil dieser Unterschied auch von neueren Schriftstellern nicht genügend beachtet wird. Vgl. vor allem Bonfante, scritti II, S. 583, der als iusta causa usucapionis die bona fide emptio ansieht, ohne damit dieser Stelle gerecht werden zu können, ohne ferner die Formel der a⁰. Publiciana genügend zu erklären.

tibus" interpoliert. Diese Interpolation hat schon de Francisci [10]) mit Recht vermutet. Es ist auch richtig, daß der Kauf im System der auf Übereignung gerichteten Rechtsgeschäfte eine Sonderstellung einnimmt. Aus der Stelle kann aber nicht entnommen werden, daß der Kauf die einzige causa ist, die wirklich existieren muß, damit die usucapio — und folgeweise die traditio — zum Eigentumserwerb führe, während im übrigen causa putativa genügt. Beseler [11]) hat diesen Schluß freilich gezogen. Es ist aber bereits dargelegt, daß ihm eine Reihe von Quellenstellen widersprechen. Auch diese Stelle stützt ihn nicht. Zunächst ist darauf hinzuweisen, daß der Kauf — auch wenn der Verkäufer nur verhaftet ist, rem habere licere praestare — doch ein Geschäft ist, das notwendig verlangt, daß der Verkäufer seine Sache an den Käufer zu Eigentum übertragen will. Das ergibt D. 18. 1. 80 § 3.

Labeo 5 post. a Iavoleno epit. nemo potest videri eam rem vendidisse, de cuius dominio id agitur, ne ad emptorem transeat, sed hoc aut locatio est aut aliud genus contractus.

Demnach ist der Kauf ein Geschäft, dessen Ziel grundsätzlich die Übertragung des Kaufgegenstandes zu Eigentum an den Käufer ist.

Er hat seine exzeptionelle Stellung vor allem im Gebiet der Rechtsmängelhaftung, insofern der Verkäufer nicht zur Übereignung verpflichtet ist, nicht eigentlich im Gebiet des Übereignungsrechtes [12]).

b) Formal zeigt sich nun in der lex 48 ein deutlicher Zerfall in drei Teile: der erste Teil reicht vom Beginn bis ... locum non habet. Bis hierher wird die Lehre vom Genügen der causa putativa (außer beim Kauf) gegeben. Der zweite von „diversitatis causa ... et quo solvitur"; hier wird nicht vom Erfordernis der iusta causa, sondern vom Erfordernis der bona fides gesprochen, worauf bereits hingewiesen wurde. Im Schlußsatz wird endlich der Anfang der Stelle wiederholt. Das Stück „et ideo ... et quo solvitur" ist von Beseler [13]) für itp. erklärt worden. Im Endsatz ist das entscheidende Stück von de Francisci mit Rücksicht auf seine Untersuchungen über die Bedeutung von „contractus" mit Recht verdächtigt worden. Es fragt sich, ob der Anfang gehalten werden kann. Dagegen spricht, daß dem „debere" und dem „tradam" das Objekt fehlt. Merkwürdig ist außerdem der Gegensatz „existimans debere — putem me ex causa venditi teneri". Es macht den Eindruck, als werde mit „debere" ein ganz bestimmtes Geschäft bezeichnet. Mit einiger Wahrscheinlichkeit kann angenommen

---

[10]) Synallagma II, S. 414.

[11]) ZSS. 45, S. 225.

[12]) Wegen der Verpflichtung des Verkäufers zur Übergabe der „vacua" (fremdbesitzfreien) possessio vgl. Seckel-Levy, ZSS. 47, S. 228, 237.

[13]) ZSS. 45, S. 447.

werden, daß hinter existimans „me ex stipulatu aliquid" debere gestanden habe. Justinian hat mit Rücksicht auf die von ihm allgemein zugelassene causa putativa diese Worte gestrichen und den letzten Satz verändert. Es entsteht weiter die Frage, wie die Begründung zu dem Beginn paßt. Nimmt man an, daß im ersten Satz von der stipulatio gesprochen wird, so kommt man zu dem Ergebnis, daß [in ceteris causis] ... [neque interest] ... [sciam alienum ..... cum solvis] ... [et] ... [et quo solvitur] interpoliert ist. Das wird auch wahrscheinlich gemacht dadurch, daß, wie unten gezeigt werden wird, gerade die stipulatio nicht „causa" traditionis ist[14]). An formalen Indizien ist ferner zu bemerken, daß zu „alienum esse" — „tuum esse" das Subjekt fehlt. Endlich wird so auch die Verquickung von causa usucapionis und bona fides, um deren Erklärung sich Bonfante[15]) vergeblich bemühte, gelöst. Mit dieser Interpolationsannahme und der Beselers[16]), die auch de Francisci[17]) gut heißt, wird der alte Aufbau der Stelle wieder klar. Es zeigt sich, daß die Klassiker emptio-venditio und stipulatio als die Exponenten zweier verschiedener Systeme einander gegenüberstellten[18]).

Daß die Interpolation der Stelle so richtig gekennzeichnet ist, ergibt sich zumal daraus, daß es nicht nur bei der emptio-venditio, sondern auch in anderen Geschäften auf die Gutgläubigkeit des Empfängers bereits bei Geschäftsabschluß ankommt. Das ergibt sich aus Dig. 41. 3. 36 pr. Die Behauptung, daß es nur bei der emptio-venditio auf das „Verpflichtungsgeschäft" ankomme, ist falsch, wie Dig. 41. 3. 27, Ulpian 31. ad. Sab. und Dig. 41. 6. 1 pr. Paulus 54 ad ed. beweisen[19]). Beselers Ansicht, daß es bei der emptio venditio für die bona fides nur auf das Verpflichtungsgeschäft ankomme, daß also der Empfänger bei der traditio ex causa emptionis bereits bösgläubig sein dürfte, erscheint nach dem Vorstehenden noch nicht gesichert[20]), aber doch wahrscheinlich. Contractus tempus inspicitur bezieht sich auf die Geltung der causa, nicht auf die bona fides.

2. Dig. 41. 4. 2. pr. Paulus 54 ad ed.

Pro emptore possidet, qui re vera emit, nec sufficit tantum in ea opinione esse

---

[14]) Vgl. Rabel, Grundz. S. 440.

[15]) Scritti II, S. 597 ff.

[16]) Beitr. III, S. 198.

[17]) Synallagma II, S. 464.

[18]) Es ist zu fragen, wie Justinian auf die bona fides hier überhaupt zu sprechen kommt. Das rührt wahrscheinlich her von dem „bona fide emit" der Formel der a°. Publiciana, das den Glauben an das Eigentum des Veräußerers enthält.

[19]) Nicht dagegen D. 41. 6. 3 Pomponius 24. ad Qu. Muc.; D. 24. 1. 24 Paul. 7 ad Sab; D. 24, 1. 25. Terent. Clem. 5. ad leg. Jul. et Pap. vgl. Rabel, Grundz., S. 440 u. das. Anm. 4.

[20]) Vgl. dazu unten Kap. 12.

eum, ut putet se pro emptore possidere, sed [debet etiam subesse causa emptionis. Si tamen existimans me debere tibi ignoranti tradam, usu capies. Quare ergo et si putem me vendidisse et tradam, non capies usu? Scilicet quia in ceteris contractibus sufficit traditionis tempus, sic denique] si sciens stipuler rem alienam, usucapiam, si cum traditur mihi, existimem illius esse: at in emptione et illud tempus inspicitur, quo contrahitur: [igitur et bona fide emisse debet et possessionem bona fide adeptus esse.]

Hier ist die byzantinische Änderung deutlich zu bemerken:

In formaler Hinsicht stört bereits im ersten Satz das verdächtige debet etiam subesse causa emptionis. Daß „debere" in der Bedeutung von „es ist notwendig ..." byzantinisch sei, ist von Albertario [21]) bereits behauptet worden. Der folgende Teil „si tamen ... non capies usu" ist die typische scholastische Antinomieform der Byzantiner. Zu „debere" fehlt wieder, wie in lex 48, das Objekt. Eine Veränderung beweist auch der Übergang der Konstruktion von der dritten Person im ersten Satz zur zweiten im darauffolgenden Teil. Prämisse und rhetorische Frage hängen untrennbar zusammen. Die rhetorische Frage ist Lieblingsform der Byzantiner. Die Frage ist hier insofern besonders flüchtig konzipiert, als in ihr die ignorantia des Empfängers, die in der Prämisse erwähnt wird, vom Kompilator vergessen ist. Daß das auf Flüchtigkeit beruht, ist anzunehmen. Man wird die Antinomie für formal unecht zu halten haben. Auch der nächste Satz „scilicet ... illius esse", der mit dem stets verdächtigen „scilicet" [22]) anfängt, geht zwar auf den klassischen Gedanken des Gegensatzes zwischen stipulatio und emptio — venditio zurück, ist aber formal bedenklich. Hier steht das Subjekt in der ersten Person. Was über den Glauben an das Eigentum des Veräußerers gesagt wird, ist für das klassische Recht zwar richtig, aber „sufficit traditionis tempus" ist sinnlos, „sufficere" berüchtigtes Interpolationsmerkmal [23]), „ceteri contractus" verwischt den Gegensatz zwischen stipulatio und emptio-venditio, den der Klassiker doch gerade herausarbeiten will. „Illius", nachdem vorher die Parteien in erster und zweiter Person auftraten, unterstreicht die Zusammenhanglosigkeit noch ausdrücklich. Der folgende Satz kann echt sein. Der letzte Satz scheint mit seinem vorangestellten „igitur", „debet" = „es ist nötig, daß ..." nicht besser zu sein als das übrige.

Die Stelle hat ursprünglich auch dazu gedient, den Gegensatz von stipulatio einerseits und emptio-venditio andererseits zu erläutern. Der Text ist hier in diesem Sinne wiederhergestellt, wobei freilich ein großer Teil der formalen Anstößigkeiten nicht beseitigt worden ist [24]). Für den Putativ-

[21]) Vgl. Guarneri-Citati indice s. v. debere.

[22]) Vgl. Guarneri-Citati indice s. h. v.

[23]) Vgl. Guarneri-Citati s. h. v.; Heumann-Seckel s. h. v.

[24]) Zu vorsichtig de Francisci Synallagma II, S. 465.

titel läßt sich aus der Stelle nichts entnehmen. Den Schlußsatz „igitur .... adeptus esse" streicht bereits Beseler [25]).

3. D. 41. 4. 11. African 7 quaest.

Quod volgo traditum est eum, qui existimat se quid emisse nec emerit, non posse pro emptore usucapere, hactenus verum esse ait, si nullam iustam causam eius erroris emptor habeat: nam si forte servus vel procurator, cui emendam rem mandasset, persuaserit ei se emisse atque ita tradiderit, magis esse, ut usucapio sequatur.

Daß der Text verfälscht sei, hat bereits Alibrandi [26]) erkannt. Dagegen hält Bonfante [27]) ihn für echt. Mit m. E. überzeugenden Gründen stützt Donatuti [28]) die Interpolationsannahme. An formalen Interpolationsmerkmalen verweist er besonders auf „iusta causa erroris"; „hactenus"; [29]) „nam si" anstelle von „quod si"; „forte". Danach erscheint die ganze Entscheidung dermaßen verfälscht, daß man den ursprünglichen Inhalt des Textes nicht mehr ergründen kann [30]).

4. Auch D. 41. 10. 5. Neratius 5 membr. ist im Sinne der causa putativa interpoliert [31]).

5. Auch in D. 23. 3. 67 Proculus 7 epist. ist der Putativtitel gefälscht. Das hat bereits Bonfante [32]) im Anschluß an Pernice [33]) mit Recht festgestellt.

6. D. 6. 2. 7 § 2 Ulpian 16 ad ed.

Marcellus libro septimo decimo digestorum scribit eum, qui a furioso ignorans eum furere emit, posse usucapere: ergo et Publicianam habebit.

Daß es sich hier um einen Putativtitel handelt, ist nach Gaius III, 106 (vgl. a. D. 50. 17. 5 Paulus 2 ad Sab.) zweifellos. Dennoch ist es bedenklich, Beseler [34]) in seiner „Berichtigung" der Stelle zu folgen. Richtig ist die von ihm entdeckte Tatsache, daß die §§ 2—4 heterogene Bestandteile dieser lex bilden. Auf eine derartige Veränderung kann aber daraus noch nicht geschlossen werden. Ein sicheres Zeugnis für die Gültigkeit des Putativtitels

---

[25]) Beitr. III, S. 198.

[26]) Possesso, S. 124, 125.

[27]) Corso II, 2, S. 268; zweifelnd scritti II, S. 679.

[28]) Justus error, arch. giuridico, 86, Heft 2, Sonderdruck, S. 13 f.; vgl. Rabel ZSS. 46, S. 460.

[29]) Beseler, Beitr. III, S. 96.

[30]) Auf die gleichartige Itp.-Annahme Beselers in ZSS. 45, S. 228 und bereits Beitr. III, S. 96 sei verwiesen.

[31]) Vgl. Beseler, Beitr. I, S. 98 f.; Pernice, Labeo II, 1, S. 396 Anm. 5; auch Joers, Röm. R. S. 91 Anm. 4 hält die Stelle für verändert: ebenso Rabel, Grundz. S. 441 Anm. 2; fast alles streicht Beseler ZSS. 45, S. 228.

[32]) Scritti II, S. 679.

[33]) Labeo II, 1., S. 398 ff., wo die Stelle ausführlich behandelt ist.

[34]) ZSS. 45, S. 227.

wird die Stelle freilich nicht sein, obwohl sie durch die Entscheidungen in D. 41. 4. 2. §§ 15 u. 16 gestützt wird[35]). Rabels[36]) Annahme, daß hier eine Weiterbildung des klass. R. in Richtung auf die Anerkennung des Putativtitels vorliegt, dürfte zuzustimmen sein.

7. D. 6. 2. 13 § 2 Gaius 7 ad ed. prov.

Qui a pupillo emit, probare debet tutore auctore lege non prohibente se emisse. [Sed et si deceptus falso tutore auctore emerit, bona fide emisse videtur.]

Die Stelle ist von Beseler[37]) als „unlogisch“ bezeichnet worden. Die Inkonsequenz liegt nicht nur in dem Widerspruch „tutore — falso tutore“, sondern vor allem auch in „emisse — bona fide emisse“. Auch die Anknüpfung „sed et si“ ist häufig verdächtig[38]). „Sed et si .... emisse videtur“ ist mit Beseler für nicht klassisch zu halten.

Nicht gehören in diesen Zusammenhang die Stellen, wo eine putative causa von Todes wegen zur Usukapion ausreichen soll, weil die causa mortis niemals traditionis causa sein kann. Sie sind zum großen Teil wohl mit Recht von Bonfante[39]) angegriffen. Ebenso ist nicht hergehörig

D. 22. 6. 4. Pomponius 13 ad Sab. Iuris ignorantiam in usucapione negatur prodesse: facti vero ignorantiam prodesse constat.

Die Stelle bezieht sich nur auf die bona fides, nicht auf die causa putativa. Der Gegensatz „iuris ignorantia — facti ignorantia“ scheint sogar darauf hinzudeuten, daß die causa putativa nicht gültiger Usukapionstitel sei, wenn man unter „iuris ignorantia“ den Irrtum über den Rechtsgrund verstehen kann. Das wird wahrscheinlich durch einen Vergleich mit D. 22. 6. 9 § 4 Paulus lib. sing. de iuris et facti ign.[40]), wo der error über die Eigentümer-Eigenschaft als ignorantia in re, also als faktischer, nicht als Rechts-Irrtum bezeichnet wird[41]).

Die herrschende Meinung, daß der Putativtitel unwirksam sei[42]), ist richtig.

Für die Usukapion gelten unbedingt die Celsinischen Worte (D. 41. 3. 27)

„ . . . quia neque pro legato, neque pro donato, neque pro dote usucapio valeat, si nulla donatio, nulla dos, nullum legatum sit . . .“

---

[35]) Beseler a. a. O. u. ZSS. 44, S. 380 hält auch diese Stellen für itp. Ich kann ihm hier nicht folgen. Dagegen ist Rabels Streichung [et ideo ... prodest], Grundz. S. 441 zuzustimmen.

[36]) Grundz. S. 441.

[37]) ZSS. 45, S. 227.

[38]) Vgl. Guarneri-Citati s. v. etsi.

[39]) Vgl. Bonfante, scritti II, S. 683 ff.

[40]) Vgl. Bonfante, scritti II, S. 738.

[41]) echt? vgl. Beseler ZSS. 45, S. 468.

[42]) So Rabel, Grdz. S. 445; Beseler ZSS. 45, S. 225, vgl. aber Kniep, Gai. Komm. II. 1, der glaubt, daß Gaius überhaupt noch keinen iustus titulus gekannt habe.

Die Betrachtung des Usucapionsrechtes, das, soweit der Usukapionsbesitz auf traditio beruht, dem Traditionsrecht entsprechend geregelt ist, ergibt also, daß grundsätzlich [43]) von den klassischen Juristen die reale Existenz der causa usucapionis gefordert wird. Diese causa usucapionis ist das Rechtsgeschäft, auf Grund dessen die traditio vorgenommen wurde, nicht etwa die traditio selbst [44]). Die übereinstimmende, irrtümliche Ansicht der Parteien, daß zwecks Erfüllung eines Rechtsgeschäftes gegeben werde, während tatsächlich ein zu erfüllendes Rechtsgeschäft nicht besteht, ist nicht geeignet, eine iusta causa usucapionis abzugeben. Immerhin ist in dieser Hinsicht ein Unterschied zwischen dem Usukapionsrecht der auf Grund einer stipulatio gegebenen Sache und dem Ersitzungsrecht der auf Grund einer emptio-venditio gegebenen Sache erkennbar.

IV. Einen weiteren Beweis für die kausale Verknüpfung des Erwerbes des bonitarischen Eigentums liefert die Formel der actio Publiciana. Wenn im vorhergehenden Abschnitt gezeigt wurde, daß die Quellen grundsätzlich zum Erwerb des Ersitzungsbesitzes eine wirklich vorhandene iusta causa fordern, so zeigt die Formel der a°. Publ., daß dieser kausale Erwerb auch im Prozeß bewiesen werden mußte. Während die rei vindicatio eine abstrakte Formel aufweist [45]), während ihr Rechtsgrund — das ist der Tatbestand, der Voraussetzung für ihre wirksame Geltendmachung ist — lediglich die Verletzung des Eigentums des Klägers ist [46]), hat die actio Publiciana eine kausal gefaßte Formel, da ein „Recht" des Klägers an der geforderten Sache ja bisher noch nicht besteht.

---

[43]) Riccobono (Dal dir. class. al dir. mod., ann. Palermo 1917, S. 703) nennt Dig. 41. 4. 9 u. 10 als Fälle der Gültigkeit der traditio rei furtivae zum Usukapionsbesitz, wenigstens für den partus ancillae. Also ein klassischer Fall der Gültigkeit des putativen Titels? Aber gerade diese seine Interpretation erscheint bedenklich. Man bedenke: Nicht die causa ist hier Grund für die Nichtersitzung, denn der Kauf ist ja gültig, also auch gültige causa, sondern die Tatsache, daß die ancilla furtiva est; daher decken sich Entscheidung und Begründung in den beiden zit. Stellen nicht, und die Stellen müssten selbst dann angezweifelt werden, wenn sie keine formalen Interpolationsmerkmale aufwiesen. Der Text der lex 10 — lex 9 ist ganz kurz — ist aber nicht völlig eindeutig. Doch da die Ersitzung der res furtiva außerhalb des Rahmens dieser Untersuchung liegt, muß auf genaue, formale Interpretation der Stellen verzichtet werden. Die Entscheidung wird durch C. 7. 26. 3, Alexander (o. J.) bestätigt.

[44]) Beseler, ZSS. 45, S. 225 nennt causa „traditio mit Konsens über ein Rechtsgeschäft". Das ist willkürlich. Sowohl Edikt wie Formel der Publiciana trennen traditio und causa. Vgl. Lenel, Ed. 3. Aufl., S. 169 ff.; vgl. auch C. 7. 26. 8.

[45]) Lenel, Ed. 3. Aufl., S. 186 f.

[46]) Vgl. Levy, Konkurrenz I, S. 97 ff.

Die Formel lautet [47]):

„Si quem hominem A^s A^s bona fide emit et is ei traditus est, anno possedisset, tum si eum hominem q. d. a. eius ex iure Quiritium esse oporteret, si ea res ... A^o A^o non restituetur q. e. r. e., t. p. ...“

Diese Formel, die die emptio-venditio als einzige causa des bonitarischen Eigentums nennt, kann zwar so verwandelt werden, daß sie auch auf alle anderen möglichen causae anwendbar ist [48]), aber eine causa wird zum Erwerb des bonitarischen Eigentums gefordert. Das ergibt sich deutlich aus dem von Lenel restituierten Text des publizianischen Edikts [49]):

Si quis id quod mancipio datur traditum ex iusta causa et nondum usucaptum petet, iudicium dabo.

Die Notwendigkeit eines Kausalgeschäftes erweist der in den Edikts-Kommentaren aufgezählte Katalog von causae [50]).

Daß das Erfordernis der Gültigkeit der konkreten causa bestand, daß traditio und gültiges obligatorisches Geschäft gemeinsam zum Erwerb des bonitarischen Eigentums notwendig waren, daß dem mit der a°. Publiciana beklagten Besitzer nachgewiesen werden mußte, daß das Kausalgeschäft, auf Grund dessen der Kläger das bonitarische Eigentum erworben hatte, gültig sei, daß, wenn dieses Formelstück „emit“ oder sein Ersatz nicht durch den Beweis gedeckt war, der iudex die Klage abzuweisen hatte, ergibt ferner deutlich D. 6. 2. 12 pr.

Paulus 19 ad ed. Cum sponsus sponsae servum donasset eumque in dotem accepisset ante usucapionem, rescriptum est a divo Pio divortio facto restituendum esse servum: nam valuisse donationem inter sponsum et sponsam. Dabitur ergo et possidenti exceptio et amissa possessione Publiciana, sive extraneus sive donator possideat.

---

[47]) Lenel, Ed. 3. Aufl., S. 171 f.,; vgl. ZSS. 33, S. 28 ff. u. Gai. IV § 36.

[48]) Möglich ist, daß in der Spätzeit eine Formel „solvendo datum“ als Deckformel für viele causae verwendet worden ist. (Vgl. Lenel, Ed. 3. Aufl. S. 172 f.; vgl. D. 41. 3. 46, Hermogenian 5. epit., woraus das hervorzugehen scheint; über die Bedeutung dieser Formel im klassischen Recht vgl. unten Kap. 5.) Das kann im Zusammenhang mit der Zulassung des Erwerbes auf Grund sogen. naturales causae geschehen sein. Diese causae waren im klass. Recht als gültige anerkannt, d. h. was auf Grund einer solchen causa gegeben wurde, konnte nicht als indebitum kondiziert werden. Es war vielmehr gültig übereignet. — Daß die Frage nach dem Zusammenhang der naturales causae mit der condictio indebiti aufgeworfen wird, könnte zu dem Einwand führen, daraus ergebe sich die abstrakte Übereignung im klass. Recht, denn nach Gai. IV § 4 setze die condictio stets eine fremde Sache voraus. Dazu muß hier auf die Erörterung des Kondiktionenrechts im weiteren Verlauf dieser Arbeit verwiesen werden.

[49]) a. a. O. S. 170.

[50]) Vgl. D. 6. 2. 1 bis D. 6. 2. 7 § 5.

Dem Bräutigam ist ein von ihm der Braut geschenkter Sklave als dos gegeben worden. Pius entscheidet, da die donatio giltig sei, sei der Sklave nach Ehescheidung zurückzuerstatten. Daran schließt sich der Satz: „dabitur ... possideat", der einen neuen Fall enthält, der dem von Pius entschiedenen parallel gebildet ist. Hier wird nämlich von Paulus angenommen, der Sklave sei nicht zur Mitgift gegeben, sondern die Braut habe ihn entweder im Besitz oder den Besitz an ihm wider ihren Willen verloren. Das ergibt sich aus dem sive ... sive-Satz. Für diesen Fall stehen der Braut die a°. Publiciana oder die entsprechende exceptio zur Verfügung. Daß dieser Teil der Stelle echt ist, läßt sich beweisen: Wenn hier nämlich die Publiciana gegeben wird, so geschieht das, weil der Sklave nur tradiert worden ist. Denn, daß der geschenkte Sklave dem Bräutigam nicht gehört habe, wird in der Stelle nirgends gesagt [51]). Daß aber Paulus die Publiciana gab, folgt aus der Stellung des Fragmentes im 19. Buch des Ediktskommentars des Paulus, das von der Publiciana handelt. Der zweite Teil der Stelle besagt mithin folgendes: Die Schenkung eines Sklaven von seiten des Bräutigams an die Braut ist gültig, das erweist das Reskript des Pius, der einen so geschenkten und als dos gegebenen Sklaven nach Auflösung der Ehe mit der a°. rei ux. zurückfordern ließ. Darum kann die Braut dem vindizierenden Bräutigam die der actio Publiciana entsprechende exceptio entgegenhalten, wenn sie im Besitz des servus ist, d. h. wenn er ihr tradiert worden ist. Sie hat die a°. Publiciana, wenn sie den Besitz nach der erfolgten traditio verlor.

Wäre die donatio nicht gültig gewesen, so stände der Braut auch nicht die Publiciana zur Seite. Das folgt deutlich aus dem Satz „nam valuisse donationem .... dabitur ergo ...."

Daß das, was für das bonitarische Eigentum gilt, auch auf das zivile Anwendung findet, beweist die Stelle D. 6. 2. 7 § 6:

> Ulpian 16 ad ed. Publiciana actio ad instar proprietatis, non ad instar possessionis respicit

Diese Stelle — mag sie nun echt oder Glossem sein, wahrscheinlich ist aber das erstere der Fall[52]) — gibt jedenfalls den wichtigen Gedanken wieder, daß die a°. Publiciana sämtliche Elemente des Eigentumserwerbes enthält [53]) — ausgeprägt in ihrer Formel — unter der Voraussetzung, daß die im bonitarischen Eigentum befindliche Sache entweder res mancipi tradita oder

[51]) Anders bezeichnenderweise das Stephanus Scholion 21 zu D. 6. 2. 12 pr. (Bas. 15. 2. 12 pr. Suppl. Zachariae S. 46).

[52]) Der Ediktskommentar war im wesentlichen als gemeinverständliches Buch gefaßt. Zur Stelle selbst vgl. Beseler Beitr. III, S. 128.

[53]) Vgl. a. D. 6. 2. 7 § 8 „In Publiciana actione omnia eadem erunt, quae et in rei vindicatione diximus".

res nec mancipi tradita a non domino ist. Wenn nun die traditio dadurch ihren Charakter nicht ändert, ob eine res mancipi oder nec mancipi, ob a domino oder a non domino tradiert wird, so rechtfertigt diese Stelle ausdrücklich die Hereinziehung der a°. Publiciana in unsere Betrachtungen.

Im Vorhergehenden ist also dargelegt, daß für den Erwerb des Usukapionsbesitzes, d. h. für das sog. bonitarische Eigentum und für den gutgläubigen Eigenbesitz fremder, nicht gestohlener Sachen eine vera causa traditionis erfordert wird. Vera causa ist ein konkretes Geschäft, das das Ziel hat, den Erwerber zum vollen Eigentümer zu machen [54]). Analoge Untersuchungen ließen sich im Anschluß an D. 41. 2. 3 § 21, Paulus 54 ad ed. auch für andere Besitzverhältnisse anstellen. Sie würden den Beweiswert einer jeden Analogie haben. Der Beweiswert der Untersuchungen über den Usukapionsbesitz ist darum größer, weil er in den Quellen als unvollständiges, aber sich (unabhängig vom Willen der Parteien) vervollständigendes Eigentum geschildert wird.

---

4. Kapitel.

I. Wechselwirkung zwischen condictio und traditio. II. Kausale Begründung der condictio. III. Condictio und mancipatio. IV. Klassische Einteilung der Kondiktionen. V. Condictio und aequitas. Bereicherung. VI. Condictio ex iniusta causa. VII. Condictio in Konkurrenz mit außervertraglichen Klagen. VIII. Terminologisches. IX. Ergebnisse.

I. Ist im Vorstehenden ein Analogiebeweis für die Notwendigkeit der causa beim Eigentumserwerb geführt worden, so soll jetzt ein dogmatischer Beweis vorgelegt werden:

Seit jeher ist erkannt worden, daß das Kondiktionenrecht in engem Zusammenhang mit dem Übereignungsrecht steht. Man hat angenommen, daß die condictio eine Bereicherungsklage sei, die dazu diene, den durch abstrakte Übereignung gemachten, ungerechtfertigten Erwerb dem Veräußerer zurückzuverschaffen. Der letzte Versuch in dieser Richtung ist die umfangreiche Untersuchung v. Koschembahr-Lyskowskis [1]).

Die gemeinrechtliche Doktrin fand zwingenden Beweis für die These von der Abstraktheit des Eigentumsüberganges durch traditio in der Tat-

[54]) Dieses „Ziel" hat, wie gezeigt, auch der Kauf. Vgl. D. 18. 1. 80 § 3.

[1]) Die condictio als Bereicherungsklage, Weimar, I, 1903, II, 1907.

sache, daß die condictio vertragslose Klage war und einen Eigentumsübergang voraussetzte. Wenn, so schloß man, eine vertragslose Klage gegeben wird, um das Eigentumsrecht des Erwerbers zurückzuerlangen, so muß der Erwerber ohne Vertrag sein Eigentum erworben haben; denn die gleiche Tatsache macht den Erwerber zum Eigentümer, den ehemaligen Eigentümer zum Kondiktionsberechtigten. Dieser Schluß ist an sich zwingend. Um daher den Eigentumserwerb durch traditio für kausal-verknüpft zu erklären, muß man entweder nachweisen, daß die condictio auch gegen den Nichteigentümer durchgriff, der Zusammenhang zwischen Übereignung und condictio also nicht besteht, oder daß die condictio auf vertraglicher Grundlage beruht, einer causa bedarf, ebenso wie die traditio zu Eigentum.

Der erste Weg ist undenkbar. Zwar kennt das Corpus iuris eine Reihe gegen den Nichteigentümer wirkender Kondiktionen. Außer der condictio furtiva die condictio sine causa des Titels D. 12. 7., die condictio ex lege des Titels D. 13. 2., die condictio ex iniusta causa des Titels D. 12. 5., die condictio ob turpem causam des Titels D. 12. 5. und C. 4. 7.; zu vergleichen ist auch C. 4. 9. Aber es ist herrschende Meinung, daß das klassische Recht nur die condictio furtiva gegen den Nichteigentümer gewährt habe, daß alle Texte, die andere Kondiktionen gegen den Nichteigentümer gewähren, itp. sind[2]). Mithin läßt sich auf diesem Wege der Einwand des Kondiktionenrechtes nicht aus der Welt schaffen.

II. Im folgenden soll nun versucht werden, zu zeigen, daß die Kondiktionen im klassischen Recht ex causa nascuntur, daß die Frage, ob eine condictio zu gewähren sei, für den Klassiker stets in der Form auftaucht: findet sich hier eine causa dationis? Dabei ist aber folgende Einschränkung zu machen: den Ausgangspunkt für die folgenden Betrachtungen muß die Bemerkung Rabels[3]) bilden, daß „vor allem die Haftung des Schuldners (bei der condictio) überall von Haus aus eine Hingabe des Klägers (dare) voraussetzt, wie es noch in der Kaiserzeit deutlicher Grundsatz und praktisch das häufigste bei den Bereicherungsklagen ist". Das bedeutet nicht, daß der Frage, ob im Falle sogenannten originären Erwerbs die Klassiker eine condictio jemals zuließen[4]), ausgewichen wird; aber im Falle des originären Erwerbes liegt ja auch dem Eigentumserwerb keine causa zugrunde. Die condictio muß also hier, wenn überhaupt, ohne causa entstehen.

---

[2]) Vgl. Girard-v. Mayr, II, S. 662; de Francisci, Synallagma, II, S. 364 Anm.; S. 379 Anm. 1; Gai. IV § 5; D. 44. 7. 25 pr.; J. 4. 6 § 15.

[3]) Grundz. S. 459, vgl. S. 470.

[4]) Vgl. Gai. II § 79; D. 12. 1. 4 § 2; D. 47. 2. 25 § 1; C. 4. 9. 3.

Die These, daß die condictio keinen Anspruch auf Grund außervertraglichen Tatbestandes gebe, ist nicht neu und auch nicht so radikal, wie es scheinen mag. Es wird unten [5]) dargelegt werden, daß mit de Francisci [6]) anzunehmen ist, daß der Parteiwille nicht Kernpunkt des Begriffes causa ist. Damit fällt der schwerwiegendste Einwand von Pernice [7]) gegen die Annahme einer auf „quasi-vertraglicher" Grundlage konstituierten condictio [8]). Es bleibt die Frage, wie verträgt sich die abstrakte Formel der condictio mit der kausalen Natur der materiellen Ansprüche, die sich dieser Formel bedienen. Das muß mit der Geschichte der Entwicklung dieser exzeptionellen Klage zusammenhängen. Über diese Frage hat de Visscher [9]) Untersuchungen angestellt, deren Ergebnis das ist, daß abstrakte Formel und kausal bedingter materieller Anspruch zum mindesten nicht unvereinbar sind. Er formuliert seine Ergebnisse dahin [10]), es gebe ein Gebiet „où la condictio prend un fondement essentiellement causal et où se réalise ce phénomène unique et paradoxal d'une formule abstraite attachée en propre à certaines causes d'obligations". Denn, so begründet er seine Ausführungen, „dans un système de procédure tout entier ordonné suivant la distinction des causes, la formule abstraite constituait une anomalie, explicable seulement par la survivance d'un mode archaïque d'agir. En rattachant la condictio à certaines causes, en développant un système des causae condicendi la jurisprudence travaillait une harmonie parfaite avec l'esprit de la nouvelle procédure." Das wird insbesondere deutlich, wenn man bedenkt, daß an sich „datio" und „condictio" keine notwendigen Berührungspunkte haben [11]), daß sie vielmehr deutlich erst von der römischen Rechtswissenschaft einander nahegebracht werden. Für das Schema, in dem diese Annäherung erfolgt, geben die gleichlautenden Systeme bei Cicero [12]) „stipulatio, expensilatio, datio" und Gai. III § 89 „obligationes verbis, litteris, re contractae" den Anhalt. Die obligationes re contractae bilden den Ausgangspunkt für die große Entwicklung der condictio. Übrigens hat auch de Francisci bereits die Tatsache der kausalen Verknüpfung der condictio, das heißt die Tatsache, daß die condictio nur im Falle eines Rechtsgeschäftes mit dem Beklagten dem

---

[5]) Kap. 12.

[6]) Synallagma II, S. 329 ff.

[7]) Labeo III, S. 219.

[8]) Pernices Kritik an Brinz Pand. II, S. 148, — a. a. O. Anm. 4 —, Becker, Aktionen I, S. 116 und Neuner, Privatrechtsverh. S. 75 besteht trotzdem zu Recht.

[9]) La condictio, Gent-Paris 1923.

[10]) a. a. O. S. 90.

[11]) de Visscher a. a. O. S. 93.

[12]) Pro Roscio comoedo § 14.

Kläger zusteht, erkannt. Am deutlichsten drückt er dies [13]) im Kommentar zu D. 12. 6. 2 pr. Ulpian 16 ad Sab. aus, wo er sagt: „si ha la condictio in quanto si tratta di un negotium contractum; ed evidentemente deve essere la reciproca: si ha un negotium contractum dovunque sia ammissibile la condictio."

III. Es kann hier der ausführliche Beweis für die vorgetragene Ansicht quellenmäßig nicht geführt werden. Der Rahmen dieser Arbeit faßt solche Ausführungen nicht. Hier ist eine Beschränkung nötig, die nur die Betrachtung solcher Texte zuläßt, die in genereller Form die außervertragliche, nicht an eine causa gebundene condictio behaupten. Im folgenden soll dann die Musterung der Texte erfolgen, die eine condictio im Falle der Übereignung von unvertretbaren Sachen behaupten. Zu der letzteren Aufgabe ist zu bemerken: Auch die Stellen, in denen die Individualsache zweifellos durch mancipatio erworben ist, müssen der Prüfung unterzogen werden. Die formalen Erwerbsakte, mancipatio, iniurecessio, werden niemals als causa des Erwerbes bezeichnet. Die Manzipation einer fremden Sache oder einer res nec mancipi reicht — trotz nachfolgender traditio — zum Eigentumserwerb nicht aus. Ließe sich daher eine condictio auf die bloße Tatsache der Manzipation gründen, so entspräche die causa, der Rechtsgrund des Kondiktionenanspruchs nicht der causa des Eigentumserwerbes. Der Nachweis der kausalen traditio würde mithin gescheitert sein. Einen Rechtsgrund hat freilich auch die vertragslose actio; ein objektiver Tatbestand muß verwirklicht sein, um zur Anstellung einer außervertraglichen Klage zu berechtigen. Der Nachweis, daß die traditio kausal verknüpft ist, ruht aber darauf, daß die condictio, die den Eigentumserwerb durch den Beklagten voraussetzt, ebenfalls eine rechtsgeschäftliche causa als Klagegrundlage beim Kläger erfordert. Causa und traditio verschaffen dem Beklagten das Eigentum an der strittigen Sache, dem Kläger den Kondiktionsanspruch auf sie. Liegt aber nur mancipatio eines fremden Sklaven und nachfolgende körperliche traditio des Sklaven von seiten des Nichteigentümers vor, so ist — da mancipatio einer fremden Sache ein nullum ist — die bloße traditio der Rechtsgrund des Eigentums einerseits, der eventuellen condictio des Nichteigentümers andererseits. Ist der eigene Sklave manzipiert, so ist nach herrschender Lehre causa des Erwerbes doch immer das obligatorische Geschäft. Ist ein solches nicht vorhanden, so entstünde keine condictio. Die mancipatio kann lediglich Ursache dafür sein, daß kondiziert werden muß, nicht dafür, daß kondiziert werden kann. Entstünde eine condictio beim sine causa a domino manzipierten Sklaven, so wäre sie eine condictio

[13]) Synallagma II. S. 374.

sine causa. Gibt es aber überhaupt eine condictio sine causa, und — gibt es nur eine condictio, so muß der Rechtsgrund dieser einen condictio den Fall der condictio sine causa und ex causa gleichmäßig umfassen. Die rechtsgeschäftliche causa wäre also kein essentiale des Kondiktionsanspruches. Folglich könnte, wenn es überhaupt eine condictio sine causa der derivativ erworbenen Sache gäbe, stets ohne Rücksicht auf die causa kondiziert werden. Also würde die bloße, körperliche traditio die condictio verschaffen. Sie würde dann aber auch zum Eigentumserwerb ausreichen, da die condictio gerade zur Vernichtung des aus der gemeinsamen causa entstandenen Eigentums dient. Daß sich die Untersuchung auf die condictio von unvertretbaren Sachen beschränkt, darf nicht verwundern, denn die irrtümliche Zahlung eines indebitum ist, wie unten zu erweisen ist [14]), causa. Für Geld und vertretbare Sachen ist der Beweis, daß die condictio nur bei Vorliegen einer causa gegeben wird, bereits von allen denen [15]) geführt, die den Nachweis erbracht haben, daß die condictio nur im Falle einer datio zugelassen war [16]).

IV. Es bleibt hier zunächst die Untersuchung der allgemein über das Thema condictio redenden Stellen. Die römischen Juristen haben sich offenbar immer wieder um eine Systematik des Kondiktionenrechtes bemüht, denn immer neue Variationen der causa-Frage tauchen in den Quellen auf.

Billig ist mit der bereits zitierten Bemerkung Ciceros zu beginnen, die der erste erkennbare Punkt in der Rechtsentwicklung der condictio ist:

§ 14. Haec pecunia necesse est aut data aut expensa lata aut stipulata sit.

Cicero spricht nur von Geld, aber es ist fraglich, ob das „certum“, auf das die condictio gerichtet war, zu seiner Zeit noch keine anderen Gegenstände umfaßte, oder ob er lediglich, weil dieser Prozeß nur auf Zahlung ging, die Erwähnung anderer Gegenstände unterließ. Auf die Parallele mit Gai. III. §§ 88 ff. ist bereits verwiesen worden. In den Digesten geben die folgenden drei Stellen Versuche einer Systematisierung der Kondiktionsansprüche:

D. 12. 6. 52 Pomponius 27 ad Qu. Muc. Damus aut ob causam aut ob rem: ob causam praeteritam, veluti cum ideo do, quod aliquid a te consecutus sum vel

---

[14]) Vgl. Kap. 6.

[15]) Vgl. insb. Pflüger, Ciceros Rede pro Roscio und „Condictio und kein Ende“, Festschr. f. Paul Krüger 1912, S. 3 ff.; aber schon Pernice, Labeo III, S. 234 ff. u. ö.

[16]) Vgl. dazu auch de Visscher a. a. O. S. 44, 82 ff.

quia aliquid a te factum est, ut, etiamsi falsa causa sit, repetitio eius pecuniae non sit: ob rem vero datur, ut aliquid sequatur, quo non sequente repetitio competit[17]).

D. 12. 6. 65 pr. Paulus 17 ad Plaut. In summa, ut generaliter de repetitione tractemus, sciendum est dari aut ob transactionem aut ob causam, aut propter condicionem aut ob rem aut indebitum: in quibus omnibus quaeritur de repetitione[18]).

D. 12. 5. 1 pr. Paulus 10 ad Sab. Omne quod datur, aut ob rem datur aut ob causam, et ob rem aut turpem aut honestam...[19]).

Alle diese drei Texte geben sich den Anschein, das Gebiet des Kondiktionenrechtes in seiner ganzen Fülle meistern zu wollen, und man wird sie nicht mit de Francisci[20]) von vornherein für interpoliert erklären dürfen; sie zeigen vielmehr eine stufenweise Entwicklung in der Frage, welche dationes ob causam die condictio gewähren sollen, eine Entwicklung, die sich bei Mucius Scaevola noch auf eine Zweiteilung der Realkontrakte beschränkt: „causa praeterita"[21]) und „res futura". Dieses einfache Schema des zweiseitigen Realvertrages, über den unten[22]) gesprochen werden wird, hat in der Folgezeit bis zu Paulus[23]) eine Erweiterung in dem Sinne erfahren, daß transactio und condicio als causae der condictio anerkannt werden. Die Anordnung, und die Hinzufügung des indebitum, sind typisch paulinisch. Paulus nämlich greift das bei Gaius überlieferte alte Schulgut[24]) im Zuge seiner willenstheoretischen Ideen wieder auf und sagt: überall hier liegt aber ein Vertrag nicht vor „quoniam non contrahendi animo dederim", vergleiche D. 12. 6. 65 § 3[25]). Daß es sich in lex 65 pr. um einen Anklang an

---

[17]) Textlich vgl. Beseler ZSS. 45, S. 438; 46, S. 272; Boyer, Recherches historiques sur la résolution des contrats, 1924, S. 183 Anm. 5; de Visscher, Condictio, S. 86; de Francisci, Synallagma II, S. 383 f.; de Francisci und de Visscher halten diesen Text für ein Zitat des Pomponius aus Scaevola.

[18]) Vgl. Pernice, Labeo III, S. 236; de Visscher, Condictio, S. 87. Zu der von Pernice aufgeworfenen Sonderfrage der transactio vgl. unt. die Erörterung von D. 12. 6. 23 pr., S. 68, zu condictio vgl. z. B. D. 39. 6. 35 § 3 ... qui mortis causa donat,...negotium gerit,...ut, cum convaluerit, reddatur sibi; Pringsheim, Freib. Festschr. f. Lenel, S. 263, erklärt den ganzen Text für itp.

[19]) Vgl. de Francisci, Synallagma II, S. 384, der den Text für itp. erklärt; de Visscher, condictio, S. 87.

[20]) Synallagma II, S. 384.

[21]) Warum „praeteritam" itp. sein soll, wie Beseler, ZSS. 46, S. 272 annimmt, verstehe ich nicht.

[22]) Vgl. Kap. 10.

[23]) Oder Plautius? Vgl. unten die Erörterungen zu D. 12. 6. 23 pr.

[24]) Vgl. de Francisci, Synallagma II, S. 372.

[25]) Im einzelnen mag hier vieles gefälscht sein; insbesondere ist die Fassung dieses § 3 nachklassisch. Der sachlichen Beanstandung des Textes durch Perozzi, Obblig. S. 101 Anm., und Pringsheim, ZSS. 42, S. 283 (vgl. Albertario, Riv. dir. comm. 1923, S. 500 Anm.) vermag ich insoweit nicht zuzustimmen, als sie dem Befunde in Gai. III, 91 widerspricht.

ältere Lehren handelt, geht auch aus D. 12. 5. 1 pr. hervor, wo Paulus auf das alte Schema Scaevolas [26]) zurückgreift.

V. Die drei vorgenannten generellen Texte zeigen, daß die condictio auf Grund rechtsgeschäftlicher causae gegeben wurde. Aber das Bild ist nicht vollständig. Abgesehen von D. 12. 6. 15 pr., worüber unten gesprochen werden soll [27]), geben auch noch andere Stellen als causa condictionis die aequitas an [28]). An sich sind condictio ex causa und condictio ex aequitate gewiß keine Gegensätze. Und sicher ist die Entwicklung des Kondiktionenrechtes auf Gedanken der aequitas zurückzuführen, wie das insbesondere die immer wieder bemerkbare Berücksichtigung der bona fides, die bei der Frage nach der Gewährung dieses merkwürdigen iudicium so häufig den Ausschlag gibt [29]), erweist. Aber die bezüglichen Texte sind doch nicht unzweifelhaft echt. Es handelt sich um die folgenden drei:

1. D. 12. 6. 14 Pomponius 21 ad Sab.

Nam hoc natura aequum est neminem cum alterius detrimento [30]) fieri locupletiorem.

Die Palingenesie bezeichnet diesen Text [31]) mit noch zwei anderen des gleichen Buches als zur Kondiktionenlehre gehörig. Bei den beiden anderen Stellen D. 19. 5. 26 pr. und D. 46. 3. 19 ist das immerhin nicht unzweifelhaft, die eine behandelt einen Tausch [32]), die andere allerdings ein mutuum, erwähnt aber die condictio nicht. Der vorliegende Text kann eher zur Lehre von der cautio damni infecti, die im gleichen Buch behandelt wird, gehören; er ist zu kurz, um darauf weitgehende Schlüsse zu bauen.

2. Die Bereicherung als causa der condictio wird ferner genannt in D. 12. 1. 23. African 2 quaest.

Si eum servum, qui tibi legatus sit, quasi mihi legatum possederim et vendiderim, mortuo eo posse te mihi pretium condicere Julianus ait, quasi ex re tua locupletior factus sim.

Ob diese Begründung — in einem ähnlich gelagerten Fall D. 3. 5. 48

---

[26]) Oder des Sabinus?

[27]) Kap. 7, S. 66.

[28]) Widersprochen werden muß Levy, Konkurrenz I, S. 392, causa der condictio wäre der „Zustand rechtlosen Habens". Denn der mit condictio Beklagte hat die res ja — außer im Fall der condictio furtiva — gar nicht rechtlos, sondern ist Eigentümer. Levy meint, causa wäre der rechtlose Erwerb.

[29]) Vgl. D. 14. 3. 17 § 4; D. 20. 5. 12 § 1; D. 46. 3. 66. Pernice, Labeo III, S. 219; de Visscher, Condictio, S. 94 ff.; von Koschembahr-Lyskowski, Condictio als Bereicherungsklage I, S. 23; dagegen Pflüger, Ciceros Rede pro Roscio, S. 93.

[30]) <et iniuria> Riccobono, Riv. dir. civ. 3, 57 Anm. 3.

[31]) Pomponius Nr. 684.

[32]) D. 19. 5. 26 pr., die Stelle ist z. T. in der Florentina nicht mitüberliefert.

gibt African übrigens die a°. neg. gest. [33]) — nicht eine andere Entscheidung deckt, kann zweifelhaft sein. Im Gebiet der neg. gestio spielt die Frage der Bereicherung deutlich eine Rolle [34]). Dagegen ist die Begründung der condictio auf ungerechtfertigte Bereicherung in D. 12. 6. 3. itp. [35]) und stets verdächtig [36]). Die Texte, die ferner zu einer Begründung der condictio auf die ungerechtfertigte Bereicherung verwandt werden [37]), handeln teils gar nicht von der condictio (D. 5. 2. 26) oder von der condictio furtiva (D. 15. 1. 3 § 12) oder erwähnen die Bereicherung nicht (D. 24. 1. 19 § 1) oder sind interpoliert (D. 24. 1. 19 § 1 [38]); D. 46. 3. 17 [39])).

3. D. 12. 6. 66 Papinian 8 quaest.

Haec condictio ex bono et aequo introducta, quod alterius apud alterum sine causa deprehenditur, revocare consuevit.

Pernice [40]) führt mit Recht aus, daß eine condictio sine causa stets unklassisch sei. Dagegen wird auch dieser fragmentarisch aus dem Zusammenhang gerissene Satz nichts beweisen. „Condictio ... consuevit" ist falsch. Mit der condictio geschieht etwas gewöhnlich; die aktive Form ist verdächtig. „Revocare" im Sinne von zurückfordern ist in zwei der vier von Heumann-Seckel zitierten Stellen sicher interpoliert [41]) und auch hier auffällig. Sollte bei der Verwendung dieses bildhaften Ausdruckes nicht die byzantinische Sach-Exekution Gevatter gestanden haben [42])?

---

[33]) Vgl. dazu Partsch, Studien zur neg. gestio, S. 37; Pernice, Labeo III, S. 237 Anm. 4, der den gegebenen Text verdächtigt. Die condictio hält Betti, atti Torino 51, S. 1042 für itp., weil keine datio stattgefunden habe.

[34]) Vgl. Pernice, Labeo II, 1, S. 256 f.

[35]) Gradenwitz-Krüger D. ed. ster.

[36]) Vgl. Rabel, Grundz. S. 470.

[37]) Vgl. Pernice, Labeo III, S. 218 ff.

[38]) Beseler, ZSS. 45, S. 444.

[39]) H. Krüger-P. Krüger D. ed. ster.

[40]) Labeo III, S. 216.

[41]) D. 42. 8. 7; D. 4. 2. 23 § 3.

[42]) „Revocare" ist terminus technicus bei der Rückforderung einer Sache, die in fraudem creditorum veräußert ist. Vgl. D. 42. 8. 10 § 6, dazu D. 4. 2. 23 § 3; D. 22. 1. 38 § 4; D. 23. 2. 67 pr.; D. 31. 87 § 3; D. 38. 5. 1 § 2; D. 38. 5. 4 pr.; D. 38. 5. 13; D. 40. 9. 16 § 3; D. 42. 8. 7; D. 42. 8. 10 §§ 10, 22; D. 42. 8. 24; D. 48. 20. 11 § 1. Technische Bedeutung hat es also bei der Einforderung von Sachen mittels der a°. Fabiana und Calvisiana vgl. D. 22. 1. 38 § 4; D. 37. 14. 16 pr. § 1; D. 38. 5. 1 §§ 2, 27; D. 38. 5. 3 §§ 3—5; D. 38. 5. 4 pr.; D. 38. 5. 11. Nicht selten erscheint es auch bei der Rückforderung des gemäß der lex Falcidia zu erstattenden Bruchteils, vgl. D. 31. 77 § 6; D. 35. 2. 61; D. 35. 3. 1 § 11. In anderem Zusammenhang findet sich revocare = zurückfordern noch im Falle der Rückforderung der Schenkung zwischen Ehegatten, vgl. D. 24, 1. 15 pr.; D. 24. 1. 5 § 18; D. 24. 1. 21 pr.; D. 24. 1. 32 § 24. Einmal findet es sich bei der in integrum restitutio in Paul. sent. I, 7. 4. Sonst erscheint es noch bei Rückforderung von Schenkungen oder Legaten in D. 4. 4. 9 pr.; D. 21. 1. 62; D. 22. 1. 38 § 10; D. 29. 1. 36 § 2; D. 39. 5. 31 § 1; D. 41. 1. 63 § 4; D. 42. 1. 58;

VI. Eine besondere Stellung nehmen solche Stellen ein, in denen von der condictio ex iniusta causa gehandelt wird. Hier scheint es sich um eine Fortbildung der Lehre von der condictio furtiva zu handeln [43]). Insbesondere muß man sich hier auf die Bemerkung de Franciscis stützen, daß D. 12. 5. 6 sich auf einen Einzelfall bezieht:

> Ulpian 18 ad Sab. Perpetuo Sabinus probavit veterum opinionem existimantium id, quod ex iniusta causa apud aliquem sit, posse condici: in qua sententia etiam Celsus est.

Pernice [44]) lehnt die Annahme ab, als bezöge sich die Stelle nur auf solche Sachen, die analog den gestohlenen zu behandeln seien. Und doch legen die anderen über die condictio ex iniusta causa handelnden Stellen diese Annahme sehr nahe [45]). Auch die folgende Stelle spricht allgemein über die condictio ex iniusta causa:

> D. 12. 7. 1 § 3 Ulpian 43 ad Sab. Constat id demum posse condici alicui, quod vel non ex iusta causa ad eum pervenit vel redit ad non iustam causam.

Schon aus dem Zusammenhang, in dem die Stelle steht, ergibt sich, daß sie so allgemein, wie sie es selbst behauptet, nicht gilt. Die lex handelt im übrigen davon, daß das „sine causa promissum" zurückgefordert werden könne. Ob die Stelle ganz unverändert ist, muß ebenfalls zweifelhaft erscheinen [46]). Im übrigen geben nämlich die Stellen, die eine condictio ex iniusta causa erwähnen, als Hauptfall den an, daß der Ehemann gegen die Erben seiner Frau mit der a°. rerum amotarum klagen will, und von den Juristen auf die condictio verwiesen wird. Also, wie oben bereits erwähnt, eine Erweiterung des Gebietes der condictio furtiva.

> D. 25. 2. 6 § 2—5 Paulus 7 ad Sab. § 2. Si post divortium maritus decesserit, heres eius rerum amotarum iudicio uti potest. § 3. Item heres mulieris ex hac causa tenebitur, sicut condictionis nomine ex causa furtiva. § 4. Sed si morte mariti solutum sit matrimonium, heres mariti hereditatis petitione vel ad exhibendum actione eas consequi poterit. § 5. Aristo et condici ei posse recte putat, quia ex iniusta causa apud eam essent.
>
> D. 25. 2. 25. Marcian 3 regul.... si in matrimonio uxor marito res subtraxerit, licet cessat rerum amotarum actio, tamen ipsas res maritus condicere potest: nam iure gentium condici puto posse res ab his, qui non ex iusta causa possident.

D. 43. 3. 1 § 12; D. 49. 14. 19 und 20; D. 50. 8. 2 § 1. Ausdrücklichen Bezug auf die condictio hat „revocare", das in diesen Stellen nicht immer echt sein wird, nirgends als in der zitierten lex D. 12. 6. 66.

[43]) Die bei de Francisci, Synallagma II, S. 382 Anm. 3 zit. Arbeit von Jobbé-Duval war mir nicht zugänglich.

[44]) Labeo III, S. 217.

[45]) Für ganz byzantinisch hält Pflüger ZSS. 32, S. 172 f. die Stelle. Auf eine condictio indebiti ob rem gegebener Sachen deutet Perozzi, ist. II, S. 289 Anm. die Stelle.

[46]) Vgl. Pflüger, pro Roscio, S. 61.

Daß in diesen Stellen geändert ist, ist mit Levy [47]) und Beseler [48]) anzunehmen. Dennoch liegt hier wahrscheinlich der klassische Ausgangspunkt für die condictio ex iniusta causa [49]). Levys weitgehende Interpolationsannahmen sind in seiner Anschauung der condictio als außervertraglicher Klage begründet, aber mit Beseler als zu weit gehend abzulehnen. Aber auch Beselers Ansicht, daß der zitierte Teil der lex 25 kompilatorisch sei, ist unbegründet. Marcian schreibt einen so gräzistischen Stil, daß formelle Interpolationsindizien bei ihm doch nur mit Vorsicht zu verwenden sind. Der Vorwurf der Kompletomanie hat Sinn bei Responsen u. ä., geht aber bei einem „regulae" genannten Werk doch wohl fehl. Warum de Visscher [50]) eine Anlehnung der condictio ex iniusta causa an die condictio furtiva für unmöglich hält, ist unerfindlich. Für diese Anlehnung spricht außer der lex 6 § 3 zit. auch die Tatsache, daß die condictio ex iniusta causa auch dem Eigentümer zugestanden wird. Auszuschalten ist dabei zwar D. 24. 1. 6:

> Gaius 11 ad ed. prov. [Quia quod ex non concessa donatione retinetur, id aut sine causa aut ex iniusta causa retineri intellegitur: ex quibus causis condictio nasci solet.]

Die Stelle ist unecht, de Visscher [51]) verdächtigt sie mit Recht. Formal sind anstößig „aut ... aut", das eine Koordination ausdrückt, das undeutliche „nasci solet", wenn vorher gesagt wird „sine causa", so ist eben keine causa da, „ex qua condictio nasci solet". Sachlich bedenklich ist daß, im Falle der donatio inter virum et uxorem gewöhnlich dem schenkenden Gatten die vindicatio gewährt wird [52]).

Im Gebiet des ehelichen Güterrechts gehören in diesen Zusammenhang aber D. 24. 1. 58 § 1, wo die condictio verbrauchter Sachen versagt wird, und D. 24. 1. 7 § 7:

> Ulpian 31 ad Sab. Si uxor rem emit et maritus pretium pro ea numeravit, interdum dicendum est totum a muliere repetendum, quasi locupletior ex ea in solidum facta sit: ut puta si emit quidem rem mulier et debebat pecuniam, maritus autem a venditore eam liberavit: quid enim interest, creditori solvat an venditori?

Die Stelle ist verändert: Das zeigt der nicht deutlich zu erklärende Schluß, wo vielleicht auf den Unterschied von stipulatio und emptio-venditio

---

[47]) Privatstrafe, S. 131 Anm. 4.

[48]) Beiträge IV, S. 47 f.

[49]) Für itp. erklärt die condictio ex iniusta causa im § 5 Riccobono, Dal dir. class. S. 634. Er hält die vindicatio für gegeben. Vgl. a. a. O. Anm. 2. Betti, La struttura dell'obbligazione 1919, S. 140 hält den § 3 für itp., ohne Gründe anzugeben. Die condictio in lex 25 erklärt Perozzi ist. II. S. 289 Anm. für itp. Ich kann dem allen nicht folgen.

[50]) Condictio, S. 74.

[51]) Condictio, S. 74.

[52]) Vgl. unten Kap. 9, wo auf die zitierte Stelle nochmals einzugehen ist.

eingegangen wird. Dennoch ist die condictio in den §§ 3 und 4 dieser lex gut bezeugt. Aber es ist nicht unwahrscheinlich, daß diese condictio durch die augusteische Ehegesetzgebung besonders eingeführt worden ist. Man kennt ja auch einen anderen Fall gesetzlicher Einführung der condictio durch die lex Julia de adulteriis [53]) und durch die lex Julia von 709 [54]). Da nun mit Kipp und Rabel [55]) als wahrscheinlich anzusehen ist, daß auch die donatio inter virum et uxorem in dieser Zeit gesetzlich verboten wurde, so wird man die in der vorliegenden Stelle gegebene condictio als auf einer Sonderbestimmung beruhend anzusehen haben. Vergleichbar ist diese condictio der, die gegen den Geschäftsherrn im Falle des solutionis causa adjectus gegeben wird [56]).

VII. Ferner können solche Stellen, die die condictio „en dehors du domaine des contrats et quasi-contrats" [57]) gewähren, Zweifel an ihrer kausalen Verknüpfung wecken: Abgesehen von dem Fall der condictio furtiva und dem des sogenannten originären Erwerbes, die bereits ausgegliedert wurden, ist hier zu nennen:

1. D. 12. 1. 9 § 1. Ulpian 26 ad ed.

[Competit haec actio etiam ex legati causa et ex lege Aquilia.]

Die Stelle ist interpoliert [58]). Interpoliert ist die condictio auch in

2. D. 23. 3. 50 pr. African 8 quaest.

Quae fundum in dote habebat, divortio facto cum in matrimonium rediret, pacta est cum viro, uti decem in dotem acciperet et fundum sibi restitueret, ac datis decem, priusquam fundus ei restitueretur, in matrimonio decessit. Illud ex bona fide est et negotio contracto convenit, ut fundus, [quasi sine causa penes maritum esse coeperit, condicatur] [59]).

3. D. 5. 1. 20 [60]). Paulus 58 ad ed.

Omnem obligationem pro contractu habendam existimandum est, ut, ubicumque aliquis obligetur, et contrahi videatur, quamvis non ex crediti causa debeatur.

Daß die Stelle nicht hierher gehört, haben bereits Mitteis und Peters [61]) ans Licht gestellt. Es genügt hierauf und auf de Franciscis Erörterung der

---

[53]) Vgl. Girard-v. Mayr II, S. 664 Anm. 2.

[54]) Girard-v. Mayr a. a. O. — nur durch letztere? Vgl. de Visscher, condictio, S. 81 Anm. 3.

[55]) Grundz. S. 513 Anm. 1.; Kipp zu Windscheid, Pand. § 509 Anm. 1, 2.

[56]) Vgl. z. B. D. 46. 3. 34 pr.

[57]) Vgl. de Visscher, a. a. O. S. 80.

[58]) Naber-Krüger D. ed. ster.

[59]) Vgl. Beseler ZSS. 45, S. 443; Beiträge III, S. 49; Levy, Ehescheidung, S. 13 Anm. 3.

[60]) Pernice, Labeo III, S. 280.

[61]) ZSS. 32, S. 269 Anm. 1.

Stelle[62]) zu verweisen. Im Kondiktionenrecht wäre der Widerspruch dieses Fragmentes mit D. 12. 6. 65 § 3 sehr auffällig.

VIII. Die Lehre von der condictio hat keine fest ausgeprägte Terminologie. Gerade darum muß über das Wort gesprochen werden, das zwar nicht regelmäßig, aber doch meist auf condictio zu beziehen ist, das Wort „repetere“.

Pernice[63]) setzt das Wort vorbehaltlos mit condicere gleich. Das ist bereits von v. Mayr[64]) mit Recht als nicht ganz zutreffend bezeichnet worden. Andererseits nahm v. Mayr[65]) negativ an, daß „repetere“ niemals die vindicatio bezeichne. Auch das ist zweifelhaft. Zwar gibt das VJR. keine Belegstelle für diese Verwendung an, und v. Mayr nennt nur eine, D. 6. 1. 43, und bezeichnet hier diesen Gebrauch mit Recht als interpoliert. Aber entgegen v. Mayr hat Siber[66]) behauptet, repetere = vindicare sei durchaus nichts Außergewöhnliches, auch das Simplex „petere“ bezeichne ja vor allem die dingliche Klage. Diese Argumentation darf nicht unwidersprochen bleiben. Ein Schluß allein von der Bedeutung des Simplex auf das Kompositum, ohne quellenmäßige Begründung, ist wohl gewagt. Endlich hat Levy[67]) bemerkt, daß das Wort „zurückfordern mit iudicia stricti iuris“ bedeute. Dieser Behauptung entspricht der Quellenbefund im wesentlichen. Es scheint aber nicht so, als wäre das Wort terminus technicus gewesen. Vielleicht hat man es, wenn eine genauere Bezeichnung des Rechtsmittels nicht notwendig war, allgemein verwendet. Aus einigen, im folgenden zu erwähnenden Quellenstellen scheint sich zu ergeben, daß „repetere“ auch gebraucht wird, wo, je nachdem ob eine Geldsumme verbraucht oder noch vorhanden war, vindicatio oder condictio zur Wahl standen. An den fraglichen Stellen wird auf diese Ausführungen zu verweisen sein.

IX. Die bisherigen Erörterungen zeigen, daß im klassischen Recht eine Systematisierung der Kondiktionenlehre unter dem Gesichtspunkte der causa versucht worden ist. Sie ergeben aber ferner, daß die condictio von einer „datio“ abhängig erklärt wird. Es fällt auf, daß hier regelmäßig das Simplex „datio“, nie das Kompositum „traditio“ verwendet wird. „Dare“ bezeichnet aber im Gegensatz zum farblosen „tradere“ die Übergabe zu

---

[62]) Synallagma II, S. 416 Anm. 1.
[63]) Labeo II, 2 S. 93.
[64]) Die Condictio des röm. Privatrechts, 1900, S. 98.
[65]) a. a. O. S. 103.
[66]) Naturalis obligatio, S. 50 f.
[67]) ZSS. 36, S. 39.

Eigentum [68]). Datio enthält mithin, wenn zur Übereignung traditio und iusta causa erfordert werden, diese beiden Bestandteile in sich.

Im folgenden ist nun über die Eigenart der causa condictionis zu handeln. Insbesondere müssen die Grundlagen für die condictio indebiti geprüft werden. Diese condictio scheint ja bereits durch ihren Namen eine abstrakte Übereignung zu erweisen. Es ist aber darzulegen, daß die solutio als solche iusta causa ist, und daß die solutio indebitae pecuniae eine solutio in diesem technischen Sinne ist.

---

5. Kapitel.

I. Sonderstellung der solutio im Gebiet der zivilen Geschäfte. II. Solvere als Erfüllung altziviler Geschäfte. III. Bedeutung von datio in solutum. IV. Kritik anderer Ansichten.

I. Eine besondere Art von causae sind die sog. causae solvendi. An den Ausdruck solvendi causa [1]) traditio knüpft sich nämlich eine moderne Doktrin, die diese causa für einen Sammelnamen aller Arten von Erfüllung obligatorischer Geschäfte hält [2]). Diese Formulierung ist darum bedenklich, weil sie bei jedem Rechtsgeschäft ein besonderes Verpflichtungs- und Erfüllungsgeschäft scheidet. Damit wird aber der traditio eigene, rechtsgeschäftliche Bedeutung zugemessen. Von da bis zur völligen Trennung von Verpflichtungs- und Verfügungsgeschäft ist nur ein Schritt. Diesen Schritt zu tun, erleichtert die oben [3]) gezeigte nahe Beziehung zwischen einer solchen causa solvendi und der causa putativa.

---

[68]) Vgl. Gai. IV 4 „nec enim quod nostrum est, nobis dari potest, cum scilicet id dari nobis intellegatur quod ita datur, ut nostrum fiat; nec res quae nostra iam est, nostra amplius fieri potest". Art. „datio" im VJR. enthält unter der Rubrik „datio rei" fast nur Übergabe von Sachen zu Eigentum, sonst lediglich 2 Pfandbestellungen D. 16. 1. 8 pr. und D. 20. 1. 16. 9 itp., Ebrard, Digestenfragmente ad formulam hypothecariam, 1916, S. 92, und ein einziges Mal — D. 37. 9. 1. 1 — datio bonorum possessionis.

[1]) Der Ausdruck „solutionis causa" findet sich in den Dig. nur an drei Stellen, stets zur Bezeichnung des solutionis causa adiectus. Vgl. D. 45. 1. 56 § 2; D. 46. 1. 23; D. 46. 3. 98 § 5.

[2]) Vgl. Eisele, Iher. Jahrb. 23, S. 6; Siber, Lpz. Festschr. f. Sohm, S. 17 Anm.; Beseler, ZSS. 45, S. 225.

[3]) Kap. 3.

Das Richtige ist aber bereits von Rabel[4]) gesehen worden, wenn er sagt, „.... daß der Vollzug des Kaufes der Erfüllung einer Stipulation entgegengesetzt ist. In Nachwirkung des Bargeschäftssystems denkt man Kauf und Übergabe der Ware als eine untrennbare Aufeinanderfolge .... Dagegen empfängt man die Erfüllung einer Stipulation pro soluto. Dieser Titel ist in Ordnung, auch wenn die Stipulationsschuld nicht besteht, sondern von den Parteien nur irrtümlich angenommen wird." Der erste Teil dieses Satzes ist unten [5]) näher zu erläutern. Der Erörterung des Wesens der solutio soll der folgende Abschnitt dienen.

Zu zeigen ist, daß nicht die stipulatio als solche, sondern die Leistung auf Grund einer vorangegangenen Stipulation, also die „Erfüllung" als solche, iusta causa traditionis ist. Die Hingabe und der Empfang in der Absicht der Haftungslösung sind konstitutiv für den Eigentumsübergang[6]). Sie fallen notwendig mit der traditio zusammen; aber die traditio ist hier ein Realakt, wie auch sonst z. B. bei den Realkontrakten: nicht die Übereignung steht im Mittelpunkt des Geschäftes. Sie ist vielmehr nur das Mittel, das die beabsichtigte liberatio bewirken soll. Daraus nun, daß eine irrtümlicherweise solvendi causa übergebene Sache ersessen werden kann[7]), folgt, daß der animus transferendi dominii zwar nicht zum Eigentumserwerb genügt, wohl aber der consensus de solvendo im Falle einer irrtümlicherweise als vorhanden angenommenen stipulation. Daß andere Rechtsgeschäfte dieser Regel in klassischer Zeit nicht folgen, wie van Oven bemerkt hat, ist insoweit richtig, als es sich um Geschäfte des ius gentium handelt. Zivile Rechtsgeschäfte folgen dem Vorbild der stipulatio, wie es sich für das Damnationslegat erweisen läßt.

Die vorstehenden Anschauungen lassen sich aus all den Texten als richtig erweisen, in denen das Wort solvere als „solvere aliquid" erscheint[8]).

II. Diese Texte zeigen in ihrer Mehrzahl, daß solvere die Erfüllung einer zivilen Obligation bedeutet. Erfüllung eines Stipulationsversprechens

---

[4]) Grundz. S. 440; vgl. a. Pernice, Labeo II, 1, S. 401 ff. Ähnlich van Oven a. a. O. S. 43.

[5]) Kap. 12.

[6]) Unberechtigt ist der Einspruch von Beseler, ZSS. 45, S. 226 Anm. gegen Rabels Theorie. Es handelt sich hier um einen mit der datio ob rem vergleichbaren Vorgang. Der tradens gibt mit der Absicht der Haftungslösung (vgl. Steiner, Datio i. s. S. 39 ff.).

[7]) Vgl. D. 41. 10. 3 Pomponius 22 ad Sab. Hominem, quem ex stipulatione te mihi debere falso existimabas, tradidisti mihi: si scissem mihi nihil debere, usu eum non capiam: quod si nescio, verius est, ut usucapiam, [quia...possideam]; vgl. Rabel, Grundz. S. 441 A. 2; Pernice, Labeo II, 1, S. 406. Anders Collinet NRh. 24, S. 377; Krüger D. ed. ster.

[8]) Eine Sonderstellung nimmt lediglich die solutio pecuniae ein, die im nächsten Kapitel zu besprechen ist.

bedeutet solvere in den folgenden Texten [9]): hominem, Pamphilum, servum, statuliberum, Stichum solvere D. 12. 6. 26 § 13 [10]); D. 34. 3. 7 § 1; D. 40. 7. 9 § 2; D. 41. 3. 33 § 3 [11]); D. 44. 7. 44 § 4; D. 45. 1. 115 § 2 [12]); D. 46. 3. 29; D. 46. 3. 38 § 3; D. 46. 3. 67; D. 46. 3. 72 § 6; D. 46. 3. 98 § 6; fundum solvere D. 12. 6. 26 § 4; D. 45. 1. 56 § 7; D. 46. 2. 28; rem solvere D. 12. 6. 26 § 4 [13]) Erfüllung eines Bürgschaftsversprechens in D. 17. 1. 37; D. 17. 1. 46; D. 17. 1. 50 § 1 [14]). Erfüllung eines Damnationslegates [15]) in D. 3. 5. 48; D. 10. 2. 25 § 17; D. 31. 15; D. 31. 66 § 3; D. 31. 66 § 4; D. 35. 2. 1 § 8; D. 35.

---

[9]) In D. 46. 3. 98 §§ 2, 3, dürften die „res obligatae" als verpfändete Sachen aufzufassen sein.

[10]) Verdächtigt: Vassalli, Misc. crit. III. S. 29.

[11]) D. 41. 3. 33 § 3 Julian 44 dig. Si mihi Titius, a quo fundum petere volebam, possessione cesserit, usucapionis causam iustam habebo. Sed et is, a quo ex stipulatu fundum petere volebam, cedendo mihi possessione, si solvendi causa id fecerit, eo ipso efficiet, ut fundum [longo tempore] ⟨usu⟩ (Krüger D. ed. ster.) capiam. Diese Stelle zeigt eine Parallele, die zwischen der Leistung auf Grund eines Vergleiches über einen lediglich mit petere bezeichneten Anspruch und eines Vergleichs über einen Stipulationsanspruch gezogen wird. Beide sollen iustae causae usucapionis bilden. Dabei ist die Erwähnung des Stipulationsanspruchs die Begründung für die Entscheidung bei anderen Ansprüchen. Bonfante (Scritti II, S. 558 Anm. 1) will diese Anspielung auf die causa solvendi streichen; aber die deutliche Beziehung auf die stipulatio läßt diesen Teil der Stelle gerade echt erscheinen. Fraglich ist aber folgendes: Kann hier „petere" jeden Anspruch bedeuten? Mit anderen Worten: ist jeder Vergleich zur Vermeidung eines Prozesses iusta causa traditionis oder usucapionis? Das erscheint zweifelhaft. Die „transactio" wird gelegentlich als causa usucapionis erwähnt (D. 41. 3. 29 Pomp. 22 ad Sab.); ist aber jede Hingabe zwecks Prozeßvermeidung eine „transactio"? Das ist zu verneinen. (Vgl. die Definition der transactio in D. 2. 15. 1; C. 8. 42. 6, Rabel, Grundz. S. 486.) Die Stelle scheint also für den Putativtitel zu sprechen. Wenn die Parteien nämlich in der Annahme, sie schuldeten, liefern, so ist hinsichtlich des Eigentumserwerbs die Frage, ob der Gegner mit Klage gedroht hat oder nicht, unerheblich. „Petere" bezeichnet aber in erster Linie den Vindikationsprozeß (vgl. Siber, Nat. obl. S. 51 Heumann-Seckel s. h. v. Nr. 4 b). Die Stelle besagt mithin, wer mit Vindikation droht und ohne Prozeß seine Sache herausbekommt, soll der Vindikation eines Dritten die eigene Ersitzung der beanspruchten Sache entgegenhalten können. Im Grunde genommen ist dies nichts anderes als eine Entscheidung, die dem Satze „ubi rem meam invenio ibi vindico", entspricht. Dieser Satz würde erheblich an durchgreifender Schärfe verlieren, wenn der Vindikant nun für alle Zeiten gezwungen wäre, in einem Vindikationsprozeß gegen einen Dritten die Einrede der Ersitzung nicht geltend zu machen.

[12]) Itp. Rabel, Grundz., S. 490 Anm. 3; Perozzi, Istit. II, S. 138 Anm. 3; de Francisci, Synallagma II, S. 409.

[13]) Verdächtigt Steiner, Datio i. s. S. 117.

[14]) Welche Bürgschaftsform hier im klass. R. vorlag, kann ununtersucht bleiben, da ja alle drei Bürgschaftsarten in Form einer Stipulation abgeschlossen wurden.

[15]) Auf die ausdrückliche Gleichstellung von Stipulation und Damnationslegat in D, 31. 66 § 3 wird verwiesen.

2. 16 pr. Sonderfälle: D. 46. 3. 98 pr. (dotis promissio); D. 50. 12. 2. pr. (votum).

In einer Reihe von Stellen, in denen solvere die Erfüllung von Geschäften des ius gentium bedeutet, ist gerade dieser Passus interpoliert. Z. B. in D. 4. 9. 1 § 7[16]); D. 5. 3. 16 § 7[17]); D. 20. 1. 13 § 2[18]); D. 24. 1. 63[19]); D. 32. 20[20]); D. 36. 4. 13[21]); D. 41. 4. 7 § 2[22]).

Unentschieden bleiben sieben Stellen. Von diesen läßt aber eine die Beziehung der solutio auf eine stipulatio als wahrscheinlich vermuten. 1.) D. 46. 3. 72 § 5 Marcellus 20 dig. beginnt zwar nur mit den Worten „qui hominem debebat", im vorhergehenden und im folgenden Paragraphen wird aber über die Erfüllung von Stipulationen gesprochen. Die Worte „stipulare, stipulator, stipulatio" kommen im vorhergehenden Paragraphen achtmal vor. Es ist begreiflich, daß Marcellus nunmehr, um abzuwechseln, den farbloseren Ausdruck „debere" wählt. Von einer neuen Art von Verpflichtung spricht er darum nicht.

In drei anderen Stellen handelt es sich um Leistung auf Grund ungültiger oder irrtümlicherweise als vorhanden angenommener Stipulation. Das sagt ausdrücklich 2.) D. 45. 1. 141 § 5. Zu vermuten ist es auch in 3.) D. 12. 6. 19 § 3 und 4.) D. 22. 1. 38 § 2. Die Stelle Nr. 3 erinnert an die bekannte Stipulation „Stichum aut Pamphilum dari"[23]); die Stelle Nr. 4 dagegen scheint sich nach ihrer Stellung in der Palingenesie auf eine vermeinte dotis promissio zu beziehen. Die solutio ist aber, wie oben dargelegt, auch bei nur irrtümlicherweise angenommener, nicht bestehender stipulatio wirksame causa.

Es bleiben die Stellen 5.) D. 12. 1. 31 pr.; 6.) D. 46. 1. 58 § 1; 7.) D. 46. 3. 20. In der Stelle Nr. 5 läßt die Erwähnung der condictio die Möglichkeit zu, daß auch hier auf Grund einer Stipulation geklagt wird, denn die actio aus der curta stipulatio hat die Formel der condictio. Die Stellen 6.) und 7.), die von obligatio und von res debita sprechen, bleiben freilich völlig unentschieden.

III. Für die Annahme, daß solvere grundsätzlich nur die Erfüllung altziviler Verbindlichkeiten bedeutet, spricht ferner die Konstruktion der

[16]) Arangio-Ruiz, za responsabilità contrattuale, S. 116 Anm. 1; Beseler, ZSS. 45, S. 436.
[17]) Beseler, Beitr. IV, S. 9; Naber, Mnem. 40, S. 391.
[18]) Ebrard, Fragm. ad. form. hyp., S. 115; Biondi, Compensazione, S. 276 ff.
[19]) Vgl. Krüger D. ed. ster.; Lenel, Ed. S. 331.
[20]) Vgl. Pringsheim, ZSS. 42, S. 283 und dort Zit.; Beseler, Beitr. II, S. 27.
[21]) Als itp. bereits im VJR. bezeichnet.
[22]) Pringsheim, ZSS. 42, S. 322.
[23]) Vgl. z. B. D. 46. 3. 72 § 4.

datio in solutum nach römischem Recht. Wenn nämlich solvere nur die Erfüllung altziviler Verbindlichkeiten bezeichnet, so muß eine datio in solutum, d. h. eine Hingabe zum Zwecke der Haftungslösung, auch nur im Gebiet der altzivilen Obligationen zulässig sein. Zu eben diesem Ergebnis gelangt aber Steiner. Er sagt [24]), „wo die Leistung der geschuldeten Sache keine solutio ist, kann die Ersetzung derselben durch eine andere auch keine datio in solutum sein". Ebenso wie die solutio selbst ist auch die datio i. s. causa für eine etwaige condictio [25]). Als Geschäfte, die einer solutio des Schuldners bedürfen, bezeichnet Steiner [26]) die gleichen, die hier genannt wurden. Außer ihnen nennt er noch als solutio jede Geldzahlung und naturales obligationes. Auf diese beiden Kategorien ist unten [27]) einzugehen.

IV. Zeigt mithin die solutio ihre besondere Ausprägung, soweit es sich um die Übertragung von Sachen handelt, im Gebiet der altzivilen Geschäfte, so kann ein Sammeltitel „solvendi causa" jedenfalls nicht in dem Sinne anerkannt werden, daß allgemein das Einverständnis der Parteien über den Zweck der Hingabe als iusta causa traditionis ausreiche [28]). In diesem Sinne haben sich Eisele [29]), Siber [30]) und besonders Pflüger [31]) ausgesprochen. Pflüger [32]) nimmt, ähnlich wie Lenel in der ersten Auflage des Edikts [33]), zwei Klauseln des publizianischen Edikts an, von denen sich die eine auf die emptio-venditio, die andere auf alle andern Erwerbs-causae bezogen haben soll. Diese Annahme ist insofern zur Begründung von Pflügers Ansicht über die iusta causa ungeeignet, als er annimmt, daß es außer der emptio-venditio noch drei weitere iustae causae traditionis gegeben habe: die causae donandi, credendi und solvendi. Inwiefern gerade nur für die emptio-venditio eine besondere Klausel erforderlich gewesen sein sollte, ist nicht zu erkennen. Daß die eine große Erfüllungscausa dem Quellenbefund nicht entspricht, wird unten gezeigt werden [34]). Eisele und Siber begründen ihre Ansicht von der Existenz einer großen causa solvendi aus den Stellen D. 12. 1. 18 pr. und D. 41. 1. 36. Der terminus „solvere" wird als solcher nicht von ihnen geprüft.

---

[24]) Datio i. s., S. 115.

[25]) Vgl. D. 12. 6. 26 § 4; D. 50. 17. 84 pr.

[26]) a. a. O. S. 26 ff.

[27]) Kap. 7 u. 10.

[28]) So zutreffend Rabel, Grundz. S. 441.

[29]) Iherings Jahrb. 23, S. 6 ff.

[30]) Leipz. Festschr. f. Sohm, S. 16 Anm. 4.

[31]) Zuletzt Festschr. f. Zitelmann 1923, S. 43 ff.

[32]) ZSS. 42, S. 469 ff.

[33]) S. 130.

[34]) Vgl. Kap. 15.

Es ist ihnen zuzugeben, daß die Frage nach der Bedeutung der iusta causa den Gegensatz emptio-venditio einerseits und stipulatio — oder solutio — andererseits deutlich werden läßt; ihrer Konstruktion ist darum nicht zuzustimmen, weil sie bei Annahme der einen causa solvendi den Kauf zu stark isolieren. An sich wiedersprechen einander lediglich die Konstruktion des Kaufs einerseits, der stipulatio andererseits. Die Einordnung der übrigen Geschäfte unter den einen dieser Prototypen kann nicht lediglich mit Rücksicht auf den Begriff der „Erfüllung" erfolgen.

Beseler [35]) sagt: „In allen Traditionsfällen außer venditio et traditio und dotis datio ist Ersitzungsgrund lediglich die von kausalem Konsense begleitete auf Eigentumsübertragung abzielende Tradition .... der sie begleitende kausale Konsens, das Kausalgeschäft [36]), darf mißlingen" und [37]) „die Hauptregel besagt, daß der in tradendo vorhandene kausale consensus den Eigentumsübergang auch dann geschehen macht, wenn das Kausalgeschäft mißlingt: B IV. 127" [38]).

Beseler, der [39]) betont, daß der Usukapionsgrund immer wirklich sein muß, nennt „wirklichen Usukapionsgrund" gerade das, was man sonst causa putativa nennt, nämlich ein „mißlungenes Kausalgeschäft". Schon diese Auffassung ist widerspruchsvoll. Aber seine Behauptungen sind auch sonst dem Quellenergebnis zuwider: datio dotis ist Usukapionsgrund, auch wenn die dos schon dem Bräutigam gegeben wird [40]). „Creditum" ist in klassischer Zeit kein umfassender terminus, bezeichnet aber gerade auch die solutio indebiti [41]). Damit ist das von Beseler gegebene System aber zerstört. Auch Beselers Angriff auf Rabel [42]), der die abstrakte Auffassung des Titels pro soluto aus der Geschichte der Haftungslösungen erklären will, geht fehl. Bewußte indebiti solutio ist gewiß keine Haftungslösung. In Unkenntnis der Nichtschuld kann aber gerade zum Zwecke der Haftungslösung gezahlt werden. In diesem Sinne wird der Ausdruck „indebiti solutio" auch aufgefaßt, wie im folgenden Kapitel zu zeigen ist.

---

[35]) ZSS. 45, S. 225 ff., insbes. S. 226.

[36]) donatio, solutio, creditum.

[37]) a. a. O. S. 226 Anm. 1.

[38]) „Nach klassischer Auffassung gilt die Tradition nicht bei kausalem Dissense, gilt sie bei Nichtigkeit einhellig gewollter causa. Mag sein, daß diese Auffassung unlogisch ist." Beseler a. a. O.

[39]) ZZG. 45, S. 225.

[40]) Vgl. u. Kap. 8.

[41]) Vgl. de Francisci, Synallagma II, 391 Anm. 2, der auf Betti, vindicatio primitiva — il Filangieri 1915 — verweist. Ich habe die bezügliche Stelle dort nicht gefunden. Anders Siber, Naturalis obl. S. 48 f.

[42]) Grundz. S. 441.

6. Kapitel.

I. „Solvere" im Gebiet der Geldzahlung. II. „Solvere indebitum" in Gai. III. 91. III. Wiederkehr der gaianischen Gedanken in Gaius-Texten des Corpus iuris. IV. Die entsprechende Konstruktion bei Julian-Ulpian. V. Sonstige Texte. VI. Ergebnisse; solutio indebiti von fungibeln Sachen.

I. Rabel [1]) verweist zur Begründung dafür, daß der Titel pro soluto so abstrakt aufgefaßt wird, auf die Geschichte der Haftungslösungen. Dieser Gedanke ist insofern fruchtbar, als er den Hauptgegenstand der solutio in den Mittelpunkt der Betrachtung rückt. Wie nämlich die Haftungslösung ursprünglich in einem Freikauf bestand [2]), so ist auch der gewöhnliche Gegenstand der solutio in den Quellen Geld [3]). Der terminus für Geldzahlungen überhaupt ist solutio pecuniae.

Im folgenden ist zu zeigen, daß solutio pecuniae als solche — ohne Rücksicht auf das Vorliegen eines vorhergehenden Geschäfts — causa sein kann. Diese Erscheinung kann auf zwei Arten erklärt werden: Da zur condictio indebiti notwendig ist, daß der Geber über seine Verpflichtung zur Leistung irrte [4]), so könnte man vermuten, daß die Grundlage für die Wirksamkeit der solutio indebitae pecuniae durch Erweiterung der Konstruktion der solutio entstanden sei, die sonst nur bei vermeinter vorhergehender stipulatio iusta causa ist. Eine solche Annahme [5]) würde aber gerade den Ausgangspunkt von den ältesten Rechtsgedanken erschüttern (da diese Erweiterung jüngeren Datums sein müßte) und nicht erklären, warum eine solche Zulassung der causa putativa auf Geld beschränkt worden ist. Die Quellen geben eine andere Erklärung. Sie sagen, daß die solutio indebitae pecuniae wie das mutuum zu behandeln sei.

Die herrschende Lehre [6]) hält diese Parallele für „ganz äußerlicher Art und nur in der Prozeßformel zu finden". Aber schon Rabel [7]) hat auf die engere Verwandtschaft der solutio indebitae pecuniae mit dem mutuum hingewiesen. Auch de Francisci, der sich zunächst [8]) der herrschenden Lehre angeschlossen hatte und sie noch auch im zweiten Bande des Synallagma [9])

---

[1]) Grundz. S. 441.

[2]) Vgl. Steiner, Datio i. s. S. 26.

[3]) Vgl. Steiner, a. a. O. S. 34.

[4]) Vgl. Joers, Röm. R. S. 173 Nr. 2 a.

[5]) Beseler, ZSS. 45, S. 226 scheint ihr zuzuneigen.

[6]) Vgl. Joers, Röm. R. S. 131.

[7]) Rabel, Grundz. S. 459.

[8]) Synallagma I, S. 121.

[9]) S. 370 u. ö.

gelegentlich vertritt, zeigt [10]) einmal mit Recht deutlich, wie die indebiti solutio auch materiell dem mutuum, sobald die „Willensfrage“ ausgeschaltet ist, durchaus entspricht: Es wird wie beim mutuum eadem res gegeben und zurückverlangt. Das wird noch deutlicher, wenn man die verfließende Grenze zwischen solutio indebiti und mutuum, wie sie D. 12. 6. 2 pr. und D. 46. 3. 14 pr. [11]) zeigen, betrachtet. Nicht zuzustimmen ist Siber [12]), der die condictio indebiti unter keinen Umständen für eine condictio creditae pecuniae zu halten geneigt ist. Gerade angesichts der nahen Verwandtschaft zwischen credere und mutuum einerseits [13]) und mutuum und solutio indebiti andererseits kann diese Ansicht nicht aufrecht erhalten werden. Besonders deutlich würde diese Verwandtschaft erscheinen, wenn man mit Pflüger [14]) annehmen kann, daß in Cicero pro Roscio c. § 14 die Zahlung eines mutuum und eines indebitum nur durch den einen Ausdruck „data“ gekennzeichnet wird.

Entsprechend der solutio indebiti wird auch in einer Reihe von Stellen die Zahlung einer haftungslosen Geld-Schuld mit „solvere“ bezeichnet [15]). Zu bemerken ist allerdings, daß diese Stellen von Siber sämtlich angefochten werden, doch bedürfen seine Ergebnisse wohl noch einer Nachprüfung [16]).

II. Die Stellung der solutio indebiti neben dem mutuum und den sog. causae naturales muß demjenigen auffallen, der die solutio indebiti aus dem Gebiet der „Verträge“ aussondert. Aber nicht „contractus“ ist der umfassende Begriff für sämtliche als iusta causa anerkannte Geschäfte [17]), sondern negotium. Daß die solutio indebitae pecuniae negotium ist, zeigt insbesondere Gai. III, 91, eine Stelle, um deren Erklärung sich vor allem de Francisci [18]) große Verdienste erworben hat.

---

[10]) Synallagma II, S. 390 Anm. 1.

[11]) Die unten S. 59 näher zu erörtern sind.

[12]) Naturalis obligatio, S. 48 f.

[13]) Vgl. de Francisci, Synallagma II, S. 391 ff., insbesondere S. 392 Anm. 2 u. das vorige Kapitel.

[14])

[15]) Vgl. Steiner, Datio i. s. S. 28 Anm. 4; D. 4. 4. 25 pr.; D. 12. 6. 13 § 1; D. 12. 6. 19 pr.; D. 12. 6. 26 § 9; D. 12. 6. 38 § 1; D. 35. 2. 1. § 17; D. 35. 2. 21 pr.; D. 36. 1. 66 pr.; D. 36. 2. 25 § 1.

[16]) Vgl. Pringsheim, ZSS. 46, S. 350 ff.

[17]) Zu der Frage, ob solutio indebiti contractus sei, hat de Francisci, Synallagma II, S. 369 ff, bes. S. 371 sehr feine Untersuchungen über den Widerspruch zwischen Gai. III, 88 und Gai. III, 91 angestellt.

[18]) Synallagma II, Kap. IV § 4. Kniep in seinem Gaius-Komm. III, 2, S. 86 f. behandelt die Stelle inhaltlich gar nicht. Er erklärt gerade den letzten Satz für das eigentlich Gaianische in der Stelle. Zweifellos ist dieser Satz dem übrigen Bau des Textes inkonzinn. Vgl. de Francisci, a. a. O. S. 371.

Gai III, 90. Re contrahitur obligatio velut mutui datione ... 91. Is quoque qui non debitum accepit ab eo qui per errorem solvit, re obligatur; nam proinde ei condici potest „si paret eum dare oportere", ac si mutuum accepisset. Unde quidam putant pupillum aut mulierem cui sine tutoris auctoritate non debitum per errorem datum est, non teneri condictione, non magis quam mutui datione. Sed haec species obligationis non videtur ex contractu consistere, quia is qui solvendi animo dat, magis distrahere vult negotium quam contrahere.

Die Stelle besagt, daß „is quoque, qui non debitum accepit ab eo qui per errorem solvit re obligatur". Unter non debitum ist die Zahlung von Geld zu verstehen, wie sich aus der Parallele zum mutuum ergibt. Diese solutio indebitae pecuniae schafft — nach Gaius — eine obligatio re; denn, so lehrt er, sie gibt eine condictio. Und, so ist zu schließen, wo eine condictio gegeben wird, da muß sie zum mindesten auf einer obligatio re beruhen [19]). Diese obligatio re beruht freilich, wie Gaius weiter lehrt, nicht auf einem contractus. Es fragt sich nun, ob sie nach Ansicht der Römer auf einem Rechtsgeschäft, einem negotium beruht [20]). Mindestens sind die von Gaius zitierten quidam — nach de Francisci [21]) wohl Julian — dieser Ansicht. Und diese Ansicht, daß es sich um ein negotium handele, schreiben Perozzi [22]) und wohl auch de Francisci Gaius selbst zu. De Francisci bezweifelt nur, daß Gaius contractus und negotium identifiziert habe.

III. Drei Texte des Gaius im Corpus iuris gehen auf Gai. III, 91 zurück und sind damit zu vergleichen:

1. Die Stelle Gai. III, 91 wird in bezeichnender Abwandlung in Inst. III, 27 § 6 wiedergegeben:

Item is, cui quis per errorem non debitum solvit, quasi ex contractu debere videtur, adeo enim non intellegitur proprie ex contractu obligatus, ut, si certiorem rationem sequamur, magis ut supra diximus ex distractu, quam ex contractu possit dici obligatus esse: .... sed tamen proinde is qui accepit obligatur, ac si mutuum illi daretur, et ideo condictione tenetur.

Die Kompilatoren haben hier anstelle der obligatio re ihre obligatio quasi ex contractu gesetzt. Sie mußten dies, weil sie die sabinianische Theorie vom Realkontrakt übernahmen und dennoch des Gaius Antithese

[19]) Vgl. de Francisci, Synallagma II, S. 378.

[20]) Der Satz: „sed haec species obligationis...quam contrahere" steht in einem merkwürdigen Gegensatz nicht allein zu Gai. III, 88, 89, sondern zum übrigen § 91 selbst. Er gibt eine allgemeine Erörterung, nachdem Gaius vorher schon zu einer Einzelfrage übergegangen war. De Francisci, a. a. O. S. 369 ff. will diese auffällige Inkonzinnität im Text des Gaius mit der Verarbeitung prokulianischer Gedanken durch Gaius erklären. Auch Kniep in seinem Gaius-Komm. III, 2, S. 86 f. hält diesen Satz für einen Zusatz von Gaius selbst.

[21]) a. a. O. S. 370, vgl. Pernice, Labeo I. S. 419; Becker, Aktionen I. S. 115 Anm. 10.

[22]) Obbligazione, in der Anm. S. 37 f.

„magis ex distractu quam ex contractu obligatum esse“, die auf prokulianische Lehren zurückgeht, nicht fahren lassen wollten. Aus der Parallele zwischen mutuum und solutio indebiti, die der echte Gaius zieht, wird hier bezeichnenderweise ein Gegensatz.

2. D. 44. 7. 5 § 3. Gaius III aur.

Is quoque, qui non debitum accipit per errorem solventis, obligatur quidem [quasi ex mutui datione] et eadem actione tenetur, qua debitores creditoribus: sed non potest intellegi is, qui ex ea causa tenetur, ex contractu obligatus esse: qui enim solvit per errorem, magis distrahendae obligationis [animo] ⟨causa⟩ quam contrahendae dare videtur.

Die Stelle gibt sachlich eine Wiederholung des letzten Teiles von Gai. III § 91, aber in einer nicht ganz unwesentlichen Abänderung: Während der § 91 nämlich abstrakt von der obligatio spricht, mit der der Empfänger zurückzuzahlen gehalten ist, sagt hier der Verfasser „qui ex ea causa tenetur“, setzt also, wie in den Institutionen die obligatio, so hier den Begriff „causa“ dem Ausdruck „contractus“ entgegen. Da gerade von Gaius gesagt wird, daß „indebiti solutio“ ein negotium ist, so findet sich hier eine deutliche Gleichsetzung von causa und negotium. Die Stelle sagt also auch, daß „indebiti solutio“ ein negotium, wenn auch kein contractus ist.

In formaler Beziehung ist die Stelle von Perozzi [23]) und von Pringsheim[24]) angegriffen worden. Die angegriffenen Stücke „quasi ex mutui datione“ und „distrahendae obligationis animo“, die byzantinische Formulierungen zu sein scheinen, wirken aber auf den hier erörterten Gedanken nicht unmittelbar ein.

3. D. 26. 8. 9 § 2 Gai. 12 ad ed. prov.

Pupillus [ex omnibus causis] solvendo sine tutoris auctoritate nihil agit, quia nullum dominium transferre potest.

Die Stelle bildet sachlich eine Erläuterung zu Gai. II, 82. Dort wird gesagt, daß der pupillus ohne auctoritas des tutor ein mutuum nicht geben könne. Es muß aber zweifelhaft erscheinen, ob die Stelle sich auf eine solutio indebiti bezieht. Sie würde dann, da Gaius in seinen Institutionen III, § 91 die Ansicht der quidam ablehnt, mit diesem letzteren Text in Widerspruch stehen. Unter den omnes causae könnte sich, wie D. 44. 7. 5 § 3 erweist, auch die solutio indebiti finden. Mit Beseler [25]) und de Francisci [26]) ist aber der letztere Text wegen seiner besseren Überlieferung vorzuziehen und

---

23) Obligazione, S. 149 f. Anm.
24) ZSS. 42, S. 278, 284 Anm. 1.
25) Beitr. II, S. 9.
26) Trasf. S. 186.

„ex omnibus causis" in lex 9 §2 zu streichen. Mithin ist die Stelle, die also nicht von solutio indebiti handelt, aus dem Kreis dieser Untersuchung auszuschalten[28]).

IV. Zu der gleichen Frage wie Gaius nimmt aber auch Julian Stellung in 3 Texten, denen sich 2 von Ulpian so eng anschließen, daß man an eine Beeinflussung seitens Julians glauben muß. Es sind dies die folgenden:

1. D. 12. 6. 33 Julian 39 dig.

> Si in area tua aedificassem et tu aedes possideres, condictio locum non habebit, quia nullum negotium inter nos contraheretur: nam is, qui non debitam pecuniam solverit, hoc ipso aliquid negotii gerit: cum autem aedificium in area sua ab alio positum dominus occupat, nullum negotium contrahit. ....

In dieser Stelle[29]) wird ausdrücklich dem Eigentumserwerb an Sachen die Geldzahlung entgegengesetzt, die „aliquid negotii" ist. Das sei der Erwerb durch Verbindung von Sachen nicht. Das Problem wird deutlich, wenn man mit de Francisci[30]) die Trennung zwischen derivativem und originärem Erwerb für unklassisch hält. Der Gegensatz liegt dann darin, daß die Sachleistung der Zahlung gegenübergestellt ist. Die erstere ist in diesem Falle kein negotium, die letztere ist es. Julian will zwei Tatbestände vergleichen, deren materielle Folgen gleich sind, nämlich Eigentumserwerb und Bereicherung des Empfängers, bei denen aber die condictio im Fall des sog. originären Erwerbes nicht gegeben wird, weil es an einer Erwerbscausa fehlt[31]).

2. D. 26. 8. 13 Julian 21 dig.

> Impuberes tutore auctore obligantur, etiamsi taceant: nam cum pecuniam mutuam acceperint, quamvis nihil dicant, auctoritate tutoris interposita tenentur. quare et si non debita pecunia his personis soluta fuerit, quamvis tacuerint, interposita tutoris auctoritas sufficit, ut condictione teneantur.

Hier liegt die deutlichste Parallele zu Gai. III § 91, insbesondere zu dem zweiten Teil dieses Textes. Nur ist hier unzweifelhaft gesagt, daß es sich bei dem indebitum solutum um Geld handeln müsse. Julian gehört, als Sabinianer, zu den „quidam" in Gai. III, 91, die auch im Falle der indebiti solutio an den pupillus zum Eigentumserwerb die auctoritas tutoris verlangen. Da die auctoritas nur zu einem Rechtsgeschäft des pupillus erteilt werden kann, so ergibt sich daraus, daß Julian den Empfang — und also auch die solutio — indebitae pecuniae als ein solches ansah.

[28]) D. 16. 1. 5, Gai. 9 ad ed. prov., wo sich „solvendi causa pecunia datur" findet, gehört gleichfalls nicht in diesen Zusammenhang.

[29]) Vgl. Pernice, Labeo III, S. 245 ff.; Mitteis, RPR. S. 147 Anm. 34, S. 148 Anm. 38; de Francisci, Synallagma II, S. 373 f.

[30]) Trasf., insbesondere S. 121 ff.

[31]) Im Gegensatz zu dieser Stelle steht D. 30. 60, deren Interpolation mit Recht von de Francisci, Synallagma II, S. 380, behauptet wird.

3. D. 12. 1. 19 § 1 Julian 10 dig.

Si pupillus sine tutoris auctoritate crediderit [aut solvendi causa dederit, consumpta pecunia condictionem habet vel liberatur].....

Diese Stelle ist längst als itp. erkannt [32]). Sie steht im Gegensatz zu der vorhergehenden, wo — allerdings bei der Annahme eines indebitum durch einen pupillus — erst die auctoritas des tutor den Eigentumserwerb wirksam macht. Sollte Julian bei der Veräußerung durch den pupillus minder streng gewesen sein? Mindestens „aut solvendi causa dederit" ist mit Gradenwitz zu streichen. Nach dem Wegfall dieses Stückes hat die Stelle hier kein Interesse mehr.

4. D. 12. 6. 2. pr. Ulpian 16 ad Sab.

Si quis sic solverit, ut, si apparuisset esse indebitum [vel Falcidia emerserit,] [33]) reddatur, repetitio locum habebit: negotium enim contractum est inter eos.

Man könnte diese Stelle, die auf die sabinianische Lehre zurückgeht, und, wie ihre Fortsetzung ergibt, zweifellos auf Geld zu beziehen ist, als Einwendung gegen die These, daß „solutio indebiti" eine selbständige causa bedeutet, verwenden, denn man könnte behaupten, daß hier ein besonderer, bedingter Rückzahlungspakt geschlossen sei, mithin nur für diesen Fall ein negotium bestehe. Der Einwand ist falsch. Es ist ja unrichtig, daß im klassischen Recht ein bloßes pactum eine condictio gewährt. Vielmehr wird die condictio trotz des pactum gewährt; das pactum — so entscheidet Ulpian — hindert nicht die Annahme eines negotium, der für die condictio notwendige error kann trotzdem vorhanden sein. Die Frage ist deshalb wichtig, weil qui sciens indebitum solvit keine condictio hat [34]).

5. D. 46. 3. 14 § 8 Ulpian 30 ad Sab.

Pupillum sine tutoris auctoritate nec solvere posse palam est: sed si dederit nummos, non fient accipientis vindicarique poterunt.

Die Stelle spricht allgemein von solvere, also nicht notwendig von einem indebitum, denn die numeratio debiti wird wie die indebiti mit „solvere" = bezahlen bezeichnet. Wie die verhergehende stammt sie aus Ulpians Sabinuskommentar und sagt, daß jede solutio genehmigungspflichtiges Geschäft sei. Sie wiederholt und bestätigt mithin Julians Ansicht in D. 26. 8. 13. Auch aus ihr kann also trotz ihrer abstrakten Fassung ein Beweis dafür entnommen werden, daß die solutio indebiti — wenigstens von der sabinianischen Schule — als genehmigungsfähiges Geschäft angesehen wurde.

---

[32]) Vgl. de Francisci, Synallagma II, S. 388 Anm. 1; Gradenwitz, Festgabe für Schirmer, S. 173; Siber, Naturalis obligatio, S. 47.

[33]) Lenel-Krüger, D. ed. ster.

[34]) Dasselbe Bild zeigt auch D. 46. 3. 14. pr.

V. Noch zwei weitere Texte, die sich weder dem Gaius noch den Julianischen Texten ohne weiteres beiordnen lassen, sind in den Digesten erhalten.

1. D. 12. 6. 29 Ulpian II disp.

Interdum persona locum facit repetitioni, ut puta si pupillus sine tutoris auctoritate vel furiosus vel is cui bonis interdictum est solverit: nam in his personis generaliter repetitioni locum esse non ambigitur. et si quidem extant nummi, vindicabuntur, consumptis vero condictio locum habebit.

Wäre in dieser Stelle „repetitio" mit condictio gleichzusetzen — was der letzte Satz freilich auszuschließen scheint —, so stände sie in Widerspruch mit D. 46. 3. 14 § 8, weil dort die solutio durch den pupillus sine auctoritate den Empfänger nicht zum Eigentümer macht. Die Stelle ist aber im ganzen so verdorben, daß sich aus ihr kein Argument gewinnen läßt [35]).

2. D. 13. 6. 13 § 2. Pomponius 11 ad Sab.

... Plerumque enim id accidit, ut extra id quod ageretur tacita obligatio nascatur, veluti cum per errorem indebitum solvendi causa datur.

Angefochten [36]) ist dieser Satz in der Literatur äußerst häufig. Er zeigt auch deutlich formale Interpolationsindizien; aber Partsch hat mit Recht darauf hingewiesen, daß er im wesentlichen klassisches Recht enthalte. Der Byzantiner hat geschrieben „extra id quod ageretur". Dem Klassiker ist die Zahlung der actus, der allein in Frage kommt. Dadurch, daß von der einen Partei eine Zahlung geleistet wird, entsteht die obligatio. „Tacita" ist falsch. Es ist kaum möglich, daß nichts gesprochen worden ist, als die Zahlung geleistet wurde. Die Byzantiner meinen, daß eine subsidiäre obligatio entstanden sei. Die beiden herausgestrichenen Bemerkungen machen auf das Fehlen des nach byzantinischer Lehre so notwendigen Willensmomentes aufmerksam, das im klassischen Recht zur Entstehung der Obligation nicht erforderlich war [37]). Pomponius hat im klassischen Text wohl auch die Zahlung für ein Geschäft erklärt. „Solvendi causa datur" scheint hier, im interpolierten Text, gesagt zu sein, um das, was der Klassiker vom Gelde — und eventuell von anderen vertretbaren Sachen — sagte, auf jede nicht geschuldete Leistung auszudehnen.

VI. Die Zahlung eines indebitum ist mithin negotium, wenn sie per errorem vorgenommen wird. Infolgedessen ist sie causa traditionis und macht den Empfänger zum Eigentümer.

---

[35]) Vgl. Siber, Nat. obl. S. 50 und die dort Zit.

[36]) Beseler, Beitr. II, S. 159; ZSS. 44, S. 383; Riccobono, Dal dir. cl. S. 684 ff.; Partsch, Studien z. neg. gestio, S. 96 Anm. 2; Perozzi, Obbl. S. 100 Anm. 1; de Fraucisci, Synallagma I, S. 309 ff.; II, S. 350, 377.

[37]) Vgl. de Francisci, Synallagma II, S. 407 u. ö.

Es ist nicht so, daß die Klassiker fingiert hätten, daß das Verhältnis zwischen Veräußerer und Erwerber, das ja doch an sich ein außerkontraktliches sei, ein kontraktliches wäre oder als solches gelten solle. Die Geldzahlung ist vielmehr für sie wirklich ein negotium [38]). Das zeigt deutlich die Tatsache, daß man gar nicht in erster Linie an die Eigentumsfragen denkt, sondern daß man sich vor allem über die Notwendigkeit der auctoritas bei Zahlungen Gewaltunterworfener kümmert.

Dieses Ergebnis nötigt bei der nunmehr vorzunehmenden Betrachtung der condictio indebiti und ob causam datorum alle die Stellen auszuschließen, die von der Leistung von Geld handeln. Nach dem Vorbilde des Geldes gehen aber auch die vertretbaren Sachen, wie aus D. 12. 6. 65 §§ 4, 6 zu entnehmen ist:

> Paulus 17 ad Plautium. § 4 Quod ob rem datur, ex bono et aequo habet repetitionem: veluti si dem tibi, ut aliquid facias, nec feceris. § 5 .... § 6 In frumento indebito soluto et bonitas est [et, si consumpsit frumentum, pretium repetet].

Der § 6 wird von Pernice [39]) mit Recht verdächtigt, und man wird den Teil „et si ... repetet" für formal unecht halten müssen, zumal unter Berücksichtigung der normalen Geldkondemnation im klassischen Prozeß. Vielleicht hat sich die Bemerkung des Paulus auf die Feststellung des Schätzwertes bezogen. Die These, daß dem Gelde die vertretbaren Sachen gleichstehen, läßt sich dadurch beweisen, daß die solutio indebiti frumenti der Erörterung der Realobligationen so nahe steht, daß der unbefangene Leser zu der Annahme gebracht wird, daß auch die solutio frumenti indebiti solch Realkontrakt sei. Diese Annahme ist zumal zu stützen auf die Tatsache, daß die klassische Jurisprudenz ein mutuum vertretbarer Sachen kennt. Da nun insbesondere auch in Gai. III, 91 die solutio indebiti dem mutuum so stark angenähert wird, so ist anzunehmen, daß auch vertretbare Sachen mittels indebiti solutio übertragen werden können. Das mag spätere, aber gewiß noch klassische Rechtsentwicklung sein.

Es wird also im folgenden die Betrachtung lediglich auf die Stellen, in denen unvertretbare Sachen mittels condictio gefordert werden, beschränkt.

---

[38]) Ein contractus mag zwar nach Ansicht der gaianischen Institutionen nicht vorliegen. Geld und vertretbare Sachen (vgl. D. 12. 6. 65 § 6) werden aber indebite auf Grund eines negotium, das eine Realobligation schafft, übereignet. Dazu paßt, daß in den Digesten die Geldvindikation zur Voraussetzung hat, daß fremdes Geld hingegeben wurde. (E. I. Bekker, Pandekten I, S. 321.) Es gibt, soweit ich es übersehen kann, keine Stelle in unseren Quellen, in der eigenes, indebite bezahltes Geld vindiziert wird, es sei denn im Falle des pupillus sine auctoritate tutoris solvens.

[39]) Labeo II. 2, S. 105 f.

7. Kapitel.

I. Der Name „condictio indebiti" und seine Bedeutung für die causa-Lehre. II. Condictio indebiti nach mancipatio. III. Sonstige Texte. IV. Condictio von Sachen, die auf Grund verbotswidriger causa gegeben wurden. V. Ungültige causae mangels Geschäftsfähigkeit des Leistenden. VI. Leistung an und vonseiten eines procurator. VII. Byzantinische Erweiterung des Gebietes der Condictio indebiti auf nicht-kausale Bereicherung. Ergebnis.

I. Der Name condictio indebiti der Titel D. 12. 6 und C. 4. 5. „De condictione indebiti" ist der Grund gewesen, auf dem die Lehre von der abstrakten Tradition sich aufbaute. Aus den Quellen läßt sich aber, wie oben [1]) gezeigt wurde, nachweisen, daß condictio indebiti die Kondiktion von Geld und vertretbaren Sachen bedeutet, die indebite geleistet wurden. Unter diesem Titel haben dann die Byzantiner und hat auch die neuere Doktrin eine Anzahl Fragmente vereint, in denen eine Leistung unvertretbarer Sachen indebite vorgenommen worden sein soll. Während die von Zahlung handelnden Stellen keinen Einwand gegen die Lehre von der kausal verknüpften traditio abgeben, sind die anderen Fragmente, in denen es sich um eine Leistung unvertretbarer Sachen handelt, im folgenden zu untersuchen. Es wird sich für jedes eine causa ob quam datum est aufzeigen lassen. Es wird damit zugleich die Systematik des römischen Kondiktionenrechtes, wie sie D. 12. 6. 65 pr. zeigt, ihre Erläuterung finden: condictio indebiti ist die condictio indebitae pecuniae. Ihr gegenüber steht die Condictio ob causam datorum. Sie umfaßt sowohl Geld- wie Sachhingabe [2]). In diese Gruppe werden immer neue, zur Anerkennung gelangte, Geschäfte eingeordnet, wie sie fragm. 65 pr. aufzählt: causa praeterita, res futura, transactio, condicio — alles iustae causae traditionis, alles causae condictionis.

II. Trotzdem sie direkt für die Frage der traditio ex iusta causa nichts beweisen, sollen im folgenden zunächst die Stellen, in denen manzipierte Gegenstände kondiziert werden, aufgezählt und besprochen werden, soweit sie nicht in andere Gruppen einzuordnen sind. Die Texte sind wichtig für die Frage nach der rechtsgeschäftlichen Natur der condictio. Vor dieser Untersuchung ist folgendes zu betonen: Die Frage, ob die mancipatio abstrakter Übereignungsakt ist, wird überhaupt nicht gestellt; behauptet wird nur, daß die Zulässigkeit einer condictio von der vorhergehenden mancipatio unabhängig und allein auf die causa basiert ist [3]).

---

[1]) Vgl. das vorhergehende Kapitel.

[2]) Kondiziert wird, weil der mit der datio beabsichtigte rechtsgeschäftliche Erfolg, die Gegenleistung, nicht erreicht wird.

[3]) Zu der Frage der Abstraktheit der mancipatio vgl. neuestens van Oven a. a. O. S. 119 f.; Kunkel, s. v. mancipatio bei Pauly-Wissowa.

Fälle, in denen eine mancipatio des kondizierten Gegenstandes vom Kläger an den Beklagten anzunehmen ist, sind die folgenden: D. 12. 1. 31 § 1 mit ihrer Parallelstelle D. 19. 1. 24 § 1; D. 12. 6. 19 § 3[4]); D. 12. 6. 21[5]); D. 12. 6. 26 § 4 und § 7; D. 12. 6. 32 § 3; D. 22. 1. 38 § 2; D. 24. 1. 58 § 2[6]); D. 45. 1. 2 § 1; D. 46. 3. 9 § 1; D. 46. 3. 34 pr. Von diesen Stellen sind hier vorweg die folgenden zu untersuchen:

1. D. 19. 1. 24 § 1 Julian 15 dig.

Servum tuum imprudens a fure bona fide emi: is ex peculio quod ad te pertinebat hominem paravit, qui mihi traditus est. Posse te eum hominem mihi condicere Sabinus dixit, sed si quid mihi abesset ex negotio quod is gessisset, invicem me tecum acturum de peculio. Cassius [veram opinionem Sabini rettulit in .... sum][7]).

Dazu gehört bekanntlich

2. D. 12. 1. 31 § 1 Paulus 17 ad Plaut.

Servum tuum imprudens a fure bona fide emi: is ex peculio, quod ad te pertinebat, hominem paravit, qui mihi traditus est. Sabinus Cassius posse te mihi hominem condicere: sed si quid mihi abesset ex negotio quod is gessisset, invicem me tecum acturum. Et hoc verum est: nam et Julianus ait videndum, ne dominus integram ex empto actionem habeat, [venditor autem condicere possit bonae fidei emptori] .... sed adicere debuit Julianus non aliter domino servi venditorem ex empto teneri, quam si ei pretium [solidum et quaecumque, si cum libero contraxisset, deberentur], dominus servi praestaret....

A. hat einen dem B. gehörigen Sklaven vom Dieb F. gekauft. Daß ihm dieser auch übergeben worden ist, wird ausdrücklich in lex 31 § 1 gesagt, und ist auch in lex 24 § 1 anzunehmen. Der servus furtivus kauft mit Mitteln des peculium furtivum seinerseits einen Sklaven. Dieser homo wird, wie sich aus der Tatsache, daß er kondiziert werden soll, ergibt, Eigentum des Empfängers. Causa, auf Grund deren gegeben wird, ist die von dem servus abgeschlossene emptio-venditio. Es fragt sich, ob der falsus dominus des servus furtivus richtiger Empfänger ist, trotzdem ex re veri domini gezahlt worden ist. Erwirbt der servus furtivus seinem Eigentümer oder dem Eigenbesitzer? Daß er dem Eigenbesitzer erwirbt, wenn er mit dessen Mitteln erwirbt, ergibt sich vor allem aus dieser Stelle selbst, sodann aus der Analogie mit dem bona fide serviens[8]). So wird denn auch ausdrücklich

---

[4]) Kap. 11, S. 123.

[5]) Kap. 11, S. 123.

[6]) Vgl. dieses Kapitel, Abschnitt IV, S. 71.

[7]) Itp. Lenel, Palingenesie, Julian Nr. 253 und daselbst Anm. 2; Beseler, Beitr. III, S. 179, 182; v. Koschembahr-Lyskowski, a. a. O. II, S. 227, 229, 233.

[8]) Vgl. Pernice, Labeo II. 1, S. 369 ff. Freilich ist der servus furtivus häufig nicht gutgläubig hinsichtlich seiner Zugehörigkeit, braucht es wenigstens nicht zu sein, doch ist

Erwerb des servus furtivus für den falsus dominus zugestanden [9]). Man könnte also annehmen, daß die Kaufforderung auf Leistung des homo opera servi furtivi erworben sei, mithin dem falsus dominus gebühre, daß dieser also den zweiten homo ex causa manzipiert und tradiert erhalten habe. Dem widerspricht aber der Quellenbefund für den Fall, daß ex re des verus dominus durch den Sklaven selbst erworben wird [10]). Ex re des verus dominus soll nämlich beim servus usufructuarius dann nicht dem Usufructuar erworben werden, wenn die Sache dem servus selbst übergeben wird [11]). Hier ist nun ex re des verus dominus gezahlt, der homo aber dem bona fide possidens übergeben — und wohl manzipiert — worden. Der bona fide possidens hat infolge der manzipatio Eigentum erworben, aber sine causa, da der Kaufvertrag, der mit Mitteln des peculium erfüllt ist, nur zwischen dem Verkäufer und dem verus dominus gilt. Die Erörterung des Falles in den beiden Texten geht nun verschiedene Wege: Sabinus und Cassius halten eine direkte condictio des verus dominus für möglich. Causa dieser condictio soll wohl die emptio-venditio zwischen dem servus furtivus und dem Veräußerer des homo sein. Julian hat Bedenken [12]). Offenbar will er nicht zugeben, daß die emptio-venditio causa der condictio gegen einen Dritten, den bona fide possidens, sein könne. Er leugnet darum die Erfüllung des vom servus furtivus abgeschlossenen Kaufvertrages und gibt dem verus dominus die actio empti gegen den Veräußerer des homo.

---

die bona fides lediglich Angelegenheit des Herrn, wenigstens im klass. R. Pernice, Labeo II, 1 S. 374 ff. Anders nur im Falle des liber bona fide serviens: D. 45, 3. 34, Pernice a. a. O. S. 373 Anm. 1.

[9]) Vgl. D. 41. 1. 39 Julian III ex Minicio.

[10]) Vgl. D. 24. 1. 19 pr. Ulpian 32 ad Sab.; dazu Riccobono, Dal dir. class. S. 386 Anm. 4; Lenel, Paling. Ulpian Nr. 2771.

[11]) Dann wird freilich auch nicht dem verus dominus erworben. Vgl. Gai. II, 90, 91; Ulp. XIX. 21; D. 7. 1. 12 § 5 i. f., Ulpian 17 ad Sab.; D. 7. 1. 25 § 1, Ulpian 18 ad Sab.; D. 21. 1. 43 § 10, Paulus 1 ad ed. aed. Das zeigt auch D. 41. 1. 23 §§ 1, 2, Ulpian 43 ad Sab.; D. 41. 2. 1 § 6, Paulus 54 ad ed. Anders nur D. 41. 1. 43 § 2, Gai. 7 ad ed. prov., wo nur über die Rückwirkung des endgültigen Erwerbes ohne Aufzählung der essentialia des Erwerbes gesprochen wird, und D. 41. 1. 54 § 4, Modestin 31 ad Qu. Muc., die itp. ist, Pernice, Labeo II, 1. S. 374 Anm. 4. Für die Ersitzung gibt die letzte Stelle aber klass. R., Beseler, Beitr. IV, S. 63. Es tritt nach klass. R. ein Schwebezustand ein, weil der Veräußerer seinen Besitz und sein Eigentum aufgegeben, der verus dominus noch keinen Besitz erlangt hat. Falsch Boyer, Recherches hist. S. 83. Eigentum erlangt der verus dominus mit der erneuten Inbesitznahme des servus und seines peculium.

[12]) In D. 12. 1. 31 § 1 ist [et hoc verum est] mit Lenel, Paling. Paul. 1235 zu streichen; [nam et] mit Huvelin, Furtum, S. 637, in <sed> zu verändern. Das ergibt der deutliche Widerspruch Julians zu den Ansichten des Sabinus und Cassius.

Auffallend ist aber, daß Julian dem venditor eine condictio des servus gegen den bona fide possidens gegeben haben soll. Das wäre eine condictio zwecks Rückforderung der Erfüllung eines vermeinten Kaufs. Das Stück „venditor autem .... bonae fidei emptori" ist aber itp. Dieses Stück steht mit der Fortsetzung der Stelle „sed adicere debuit Julianus ...." im Widerspruch. Entweder gab man dem venditor die condictio gegen den bona fide possidens oder den Anspruch gegen den verus dominus auf nochmalige Preiszahlung. Beides ist zuviel. F. Schulz [13]) streicht nun die letztere Wendung und nimmt an, daß der verus dominus dem venditor seine condictio gegen den bona fide possidens hätte abtreten müssen. Dem kann ich nicht folgen. Wenn der verus dominus überhaupt eine condictio hatte, so ist nicht einzusehen, warum Julian ihm das Wahlrecht gab, ob er gegen den bona fide possidens oder den venditor vorgehen wollte. Die Rechtsunsicherheit ist doch gerade von seinem servus herbeigeführt; soll der venditor darunter leiden? Vielmehr ist anzunehmen, daß Julian die condictio leugnete und nur die actio empti gab, daß aber Paulus — wohl nur in Ergänzung Julians — darauf hinwies, daß Voraussetzung der actio empti die nochmalige Preiszahlung seitens des verus dominus war. Daß der venditor diese Preiszahlung nur aus dem peculium des servus furtivus fordern konnte, wie Schulz annimmt, ist möglich. Dem widerspricht aber nur das Stück „solidum ..... deberentur", das Einschub sein mag [14]).

3. D. 12. 6. 26 § 7 Ulpian 26 ad ed.

Adeo autem perpetua exceptio parit condictionem, ut Julianus libro decimo scripsit, si emptor fundi damnaverit heredem suum, ut venditorem nexu venditi liberaret, mox venditor ignorans [rem tradiderit,] ‹fundum mancipaverit› posse eum fundum condicere: idemque et si debitorem suum damnaverit liberare et ille ignorans solverit.

A. hat von B. ein Grundstück gekauft. Durch Damnationslegat gibt er seinem Erben auf, B. zu befreien, d. h. ihm die Kaufschuld zu erlassen. B. manzipiert den Fundus an den Erben. Julian entscheidet, B. habe eine condictio. Der Fall sei der gleiche, wie wenn es sich um eine Geldschuld gehandelt hätte, und B. irrtümlicherweise gezahlt hätte.

Auch hier entsteht, wie der Text selber sagt, die condictio aus der causa, auf Grund deren A. die Sache erlangt. Der Text sagt, „exceptio parit condictionem". Für die Zulässigkeit der condictio ist die mancipatio [15]) also nur insofern von Belang, als der Erwerber dadurch Eigentümer wird; die

[13]) ZSS. 27, S. 133.

[14]) Für echt hält den Satz „sed adicere debuit..." auch Beseler, Beitr. III, S. 182.

[15]) „Rem tradiderit" ist itp. Der Klassiker hätte das abstrakte Wort „res" vermieden. Auch daß das Fragment aus dem Sabinuskommentar stammt, der Zivilrecht behandelte, zeigt, daß mit einem ager Italicus zu rechnen ist.

condictio entsteht, weil zugunsten des Verkäufers ein Damnationslegat begründet ist, das die emptio-venditio zur causa condicendi macht.

III. D. 12. 6. 15 pr. Paul. 10 ad Sab.

[Indebiti soluti condictio naturalis est et ideo] quod rei solutae accessit, venit in condictionem, ut puta partus qui ex ancilla natus sit vel quod alluvione accessit: immo et fructus, quos is cui solutum est bona fide percepit, in condictionem venient.

Hier werden indebite geleistete Individualsachen kondiziert, diese condictio soll naturalis sein und die Früchte und Akzessionen, welche in mehreren Beispielen aufgezählt werden, mit umfassen [16]). Im Anschluß an Gai. III. 154 verändert Siber [17]) dies „naturalis est" in „inter omnes homines consistit". Von Koschembahr-Lyskowski [18]) vermutete, daß die Römer diese condictio dem ius gentium zugerechnet hätten, was sich mit der Siberschen These decken würde [19]). Beide Auffassungen gehen aber von einer falschen Voraussetzung aus. Die Klage stammt doch von der legis actio per condictionem [20]) und war stricti iuris [21]). Der Anfang des Fragments ist sicher nicht klassisch [22]). Der Text ist hölzern: es müßte doch mindestens heißen „naturalis aequitatis est" oder „naturali aequitate introducta est". Außerdem paßt der Anfang des Fragments zu seiner Fortsetzung, trotzdem sie mit et ideo eingeleitet wird, nicht [23]). Auch der weitere Text ist verdächtig: percepit statt des Konjunktivs perceperit, das Fehlen der Erwähnung eines fundus, an den angespült ist. Auch die Stellung des Fragments zwischen seinen Nachbarn in der Palingenesie ist unglücklich. Es paßt weder zu seinem § 1 noch zu Paulus No. 1819. Der Klassiker hat an dieser Stelle von den naturales obligationes gehandelt, wie die Palingenesie ergibt. Das erklärt vielleicht das Wort naturalis. Wenn also auch dieses Wort aus dem klassischen Text übernommen ist, so dürfte der Anfang des Fragments „indebiti .... et ideo" doch wohl den Kompilatoren zuzuweisen sein, die damit den klassischen Fall, der ihnen nicht paßte, ersetzt haben. Aus der Stelle lassen sich mithin keine Schlüsse für diese Untersuchung ziehen.

---

[16]) v. Mayr, Condictio, S. 214 Anm. 4, nimmt an, daß die Akzessionen nur in den Kondemnationsbefehl einbezogen worden seien und seinen Betrag vergrößert hätten.

[17]) Naturalis obligatio, S. 2.

[18]) a. a. O. Bd. I, S. 51, Bd. II, S. 315 Anm. 4.

[19]) Für echt erklärt die Stelle auch Haymann, Iher. Jahrb. 77, S. 223 passim.

[20]) Vgl. M. Fehr, ZSS. 32 in der Kritik zu Martin Freudenthal, Entwicklungsgesch. d. condictio. Diss. iur. Breslau 1910; de Visscher, Condictio, S. 28 ff.

[21]) Lenel, Ed. S. 235; Wenger, Ziv.-Proz. S. 155.

[22]) Für itp. hält die Eingangsworte auch Pflüger, Pro Roscio, S. 67 Anm. 106; Perozzi, Istituzioni II, S. 24 Anm. 2; Biondi, Iudicia b. f., S. 53 Anm. 3; S. 230 Anm. 3.

[23]) Darauf weist Siber, Naturalis obligatio, S. 2, mit Recht hin.

D. 46. 3. 50 Paulus 11. ad Sabinum.

Si, cum aurum tibi promisissem, ignoranti quasi aurum aes solverim, non liberabor: sed nec repetam hoc quasi indebitum solutum, quod sciens feci. Petentem tamen te aurum exceptione summovebo, si non reddas aes quod accepisti.

Es ist böswilligerweise an Stelle des geschuldeten Goldes Kupfer geleistet worden. Ob es sich dabei um eine Leistung vertretbarer Sachen handelt, ist nicht sicher. Ob dieses Kupfer trotz des Irrtums des Empfängers [24]) sein Eigentum wird, haben die Klassiker nicht untersucht. Es genügte ihnen, daß kein Rückforderungsrecht bestand. Das drückt Paulus deutlich mit den Worten aus „nec repetam quasi indebitum solutum", die von der condictio indebiti zu sprechen scheinen. Will man annehmen, daß der Empfänger Eigentümer wurde, so muß man sagen, daß das Kupfer solvendi causa gegeben sei. Das behauptet von Koschembahr-Lyskowski [25]), der in diesem Sinne sogar annimmt, der Schuldner sei befreit in Höhe des geleisteten Kupfers. Es handele sich hier um eine Zahlung, nicht um eine Sachleistung. Diese Ansicht ist aber abzulehnen. Der Gläubiger kann die Leistung in ganzer Höhe fordern, der Schuldner ist berechtigt, sie ebenfalls in ganzer Höhe zu verweigern, bis zur Rückgabe des Kupfers. Es entsteht nur ein Retentionsrecht.

C. 4. 5. 3 Diocl. et Max. (anno 293)

Cum et soluta indebita quantitas ab ignorante repeti possit, multo facilius quantitatis indebitae interpositae scripturae condictio competit vel doli exceptio agenti opponitur.

Über die Verpflichtung zur Leistung einer Nichtschuld ist ein Schriftstück aufgenommen worden. Der aus dem Schriftstück Verpflichtete hat angefragt, wie er sich gegen den auf Grund dieses Instruments gegen ihn vorgehenden angeblichen Gläubiger wehren könne. Die Antwort wird doppelt gegeben: dem Nichtschuldner wird eine condictio des instrumentum zugestanden oder eine exceptio doli gegen den Kläger. Hier interessiert nur die condictio scripturae. Auffällig ist, daß sie multo facilius sein soll als die condictio quantitatis. Das ist nicht richtig, da das Verfahren für den Kläger ja das gleiche ist wie bei der condictio der geleisteten quantitas. Immerhin ist solche Übertreibung den Konstitutionen Diokletians nicht ganz

---

[24]) Vgl. Beseler, ZSS. 45, S. 225. Er verlangt zum Eigentumsübergang mit Recht einen Konsens der Parteien betreffend den Rechtsgrund. Unterwirft sich die Stelle dieser Forderung? Findet bei Betrug Konsens statt? Das kann zweifelhaft sein: Vgl. D. 2. 1. 15. „non consentiant qui errent: quid enim tam contrarium consensui est quam error qui imperitiam detegit"; D. 5. 1. 2. pr. „error litigatorum non habet consensum"; D. 39. 3. 20. „nulla voluntas errantis est".

[25]) a. a. O., Bd. I, S. 109.

fremd. Die Bas.[26]) behandeln das vorliegende Fragment nicht als bloße condictio der Verpflichtungsurkunde, sondern, wie die Umformung des Textes zeigt, als condictio obligationis. Danach hat die Anfragende sich abstrakt verpflichtet, — und eine Urkunde über die Stipulation aufnehmen lassen — ohne materiellen Verpflichtungsgrund. Angesichts ähnlicher Texte[27]) möchte ich die Stelle auch im klass. R.[28]) so erklären[29]). Da es sich hier also um keine condictio rei handelt, scheidet die Stelle aus.

D. 12. 6. 23 pr Ulpian 43 ad Sab.

Eleganter Pomponius quaerit, si quis suspicietur transactionem factam vel ab eo cui heres est vel ab eo cui procurator est et quasi ex transactione dederit, quae facta non est, an locus sit repetitioni. Et ait repeti posse: ex falsa enim causa datum est. [Idem puto dicendum et si transactio secuta non fuerit, propter quam datum est: sed et si resoluta sit transactio, idem erit dicendum.]

Die Stelle besteht deutlich aus zwei Teilen:

1. Der Fall des Pomponius: Ein Erbe oder ein procurator omnium bonorum leisten eine Nichtschuld, indem sie vermuten, daß sie auf Grund einer transactio des Erblassers resp. des dominus dazu verpflichtet seien. Kann diese Leistung zurückgefordert werden? Der Jurist entscheidet: ja. Welchen Grund hat Ulpian, diese Frage als eine elegans quaestio zu bezeichnen? Offenbar liegt der Kern des Problems in der Angabe der causa, ob quam datur, nicht in der Tatsache, daß es sich um einen Erben oder procurator o. b. handelt. Pomponius kannte wahrscheinlich eine Klage auf Grund eines Vergleichs ohne begleitende stipulatio noch nicht[30]). Wenn also aus der transactio geleistet wird, wird wenigstens eine nicht geschützte Schuld gezahlt, die als indebitum aufgefaßt werden konnte. Wer aber ein

---

[26]) Bas. 24. 1. 20. (Hb. III, S. 9.)

[27]) C. 4. 5. 3 erinnert an D. 12. 7. 1 pr. Ulpian 43 ad Sab. Est et haec species condictionis, si quis sine causa promiserit. — Auch hier ist wohl eine condictio obligationis in Frage. Aber die condictio obligationis liegt zu weit abseits vom Thema, als daß sie hier mit zu erörtern wäre; die ganze Frage der condictio incerti, und dazu gehört auch die condictio instrumenti, ist hier beiseite zu lassen. Vgl. ferner C. 4. 9. 2; C. 8. 42. 25, v. Koschembahr II, S. 124 Anm. 10, S. 284 Anm. 6.

[28]) Die condictio instrumenti wird in C. 4. 5. 3 von Riccobono, ZSS. 35, S. 280 Anm. 1 für itp. erklärt. Der Umfang dieser Interpolation ließe sich aber im vorhandenen Text schwerlich genau abgrenzen.

[29]) Ebenso v. Koschembahr a. a. O. II, S. 46 Anm. 1.

[30]) Solche Klage wird bezeugt durch C. 2. 4. 6. § 1 (vgl. Rabel, Grundz. S. 486) aus dem Jahre 230. Ist die Stelle echt? Die actio praescriptis verbis ist doch sicher interpoliert. Der Kaiser Alexander wird wohl nur geschrieben haben: .... convenietis: si stipulatio subdita est, und [aut enim] .... [ex stipulatu .... danda est] ist interpoliert. Beseler, Beitr. II, S. 166 streicht nur [quae .... demonstrat]. Welcher actio sollte aber die utilis gegeben werden? Der ex stipulatu? Also condictio utilis?!

indebitum sciens solvit, verliert den Rückforderungsanspruch [31]). Pomponius erklärt nun die Hingabe auf Grund einer bloß paziszierten transactio als eine Leistung auf Grund einer iusta causa.

Es fragt sich aber, inwieweit die Kondiktion begründet ist. Auf die Zweifel, ob es sich hier um eine condictio handelt, und was das Objekt dieser condictio ist, was denn auf Grund der transactio geleistet wird, sei nur verwiesen. Gibt die Stelle aber nicht mit dem Satz „ex falsa enim causa datum est" die Wirksamkeit des Putativtitels zu? Das ist zu verneinen. Eine Erläuterung des Begriffes der transactio zeigt das: Transactio ist der Vergleich über einen sowohl seiner Höhe wie seinem Bestande nach ungewissen Anspruch. Leistung auf Grund eines solchen Vergleichs geschieht etwa seit Plautius [32]) nicht mehr nur auf Grund der ungewissen causa, über die man sich verglichen hat, sondern ex causa transactionis. Diese transactio braucht aber, um als causa zu gelten, nicht in Form der novatio geschlossen zu sein. Ist sie das nicht, so bestehen zwei causae, auf Grund deren gegeben wird, die ursprüngliche, ungewisse causa und die transactio. Gibt nun jemand auf Grund einer vermeintlichen transactio, die in Wahrheit nicht besteht, so gibt er ex vera und ex falsa causa. Die vera causa ist aber, wie oben erwähnt, ihrem Bestande nach ungewiß. Daher hätte der Gebende, wenn er nicht geirrt hätte, die Leistung bis zum Beweis der ursprünglichen vera causa verweigert, ja als Prokurator sogar verweigern müssen. Sein Motiv zur Hingabe war die falsa causa. Pomponius entscheidet nun, daß, wenn beide causae, die ursprüngliche ungewisse und die transactio verae sind, d. h. wirklich bestehen, die Sachhingabe wirksam erfolgt sei. Er faßt ungewisse causa und transactio damit zusammen. Darum entscheidet er: ungewisse causa ist allein nicht genügend zur Begründung eines vorbehaltlosen Erwerbes, wenn der tradens nur wegen suspicata transactio gegeben hat. Dieser, vielleicht betrügerisch erregte, Irrtum soll dem tradens nicht als Anerkenntnis der ungewissen vera causa ausgelegt werden. Er kann zurückfordern. Mag der Beklagte, im Wege der exceptio, die ungewisse causa geltend machen.

Zu dieser Auslegung kann freilich gesagt werden, daß, falls die ungewisse causa nicht besteht, doch kein Eigentum ex causa erworben ist. Der Einwand geht fehl. Bei der „ungewissen" causa bedeutet die Ungewißheit nicht Zweifel am Bestande, sondern Zweifel an der Beweisbarkeit des Bestandes.

Auch die Möglichkeit, aus dem Satz „ex falsa enim causa datum est"

[31]) Vgl. D. 50. 17. 53; D. 12. 6. 1 § 1; D. 12. 6. 26 §§ 3 u. 8.

[32]) Vgl. D. 12. 6. 65 pr.

auf einen Gegensatz ex falsa causa datum — sine causa datum zu schließen, besteht nicht; der Gegensatz von falsa causa ist regelmäßig vera causa [33]).

Dagegen ist der Satz deutlich nur ein verkürzter Auszug aus des Pomponius Begründung. Das zeigt der plötzliche Wechsel aus der indirekten zur direkten Rede.

2. Die anschließenden Sätze sind interpoliert. Sie bilden den zweiten Teil der Stelle. Hier ist der erste Satz offenbar unmöglich. „Si transactio secuta non fuerit, propter quam datum est", kann sich nur auf einen Innominat-Realkontrakt beziehen. Daß aber die Transaktio erst nach der Hingabe zustande kommen konnte und doch vom Erblasser geschlossen sein sollte, ist unmöglich, da der Erblasser bereits zur Zeit der Hingabe tot war. Der procurator omnium bonorum hat aber selbst die Möglichkeit, eine transactio abzuschließen. Der Satz ist auch, um im Sinne eines Innominat-Realkontraktes verstanden zu werden, so verschwommen ausgedrückt, daß niemand ihn dem Klassiker zuschreiben wird. Der zweite Satz ist ebenfalls unecht, wie Stoll [34]) gezeigt hat.

IV. Ferner werden Kondiktionen von unvertretbaren Sachen, die auf Grund einer verbotswidrigen causa gegeben werden, erwähnt. Auch hier ist die Ansicht möglich, daß diese causa für den Eigentumsübergang genügte. Immerhin kann das sehr zweifelhaft sein.

Bei den Texten, die über eine Schenkung zwischen Ehegatten handeln [35]), ist dabei auf die Tatsache Gewicht zu legen, daß das Verbot der Eheschenkungen möglichst restriktiv interpretiert wird. Von verbotswidrigen Schenkungen handeln folgende drei Stellen:

1. D. 34. 5. 8 Paulus 2 sent. In dieser Stelle, die von der donatio inter virum et uxorem handelt, ist die condictio des Schenkers itp. Das erweist der Vergleich mit Paulus sent. II. 23 § 5 [36]). „Res redit", das besagt, daß der Schenker wieder Besitzer der verschenkten Sache wird, deren Eigentum er, wie sich aus D. 24. 1. 3 § 10 [37]) ergibt, nie verloren hat.

---

[33]) Das sagt ausdrücklich D. 6. 2. 5, aber auch die anderen Stellen, in denen auf Grund von „falsa causa" geleistet wird, lassen daran keinen Zweifel. Es sind D. 5. 3. 13 § 1; D. 12. 6. 23 § 4; D. 30. 75 § 2; D. 35. 1. 17 § 2; C. 6. 44 (Titel); C. 7. 27. 3; Epit. Ulp. 24 § 19; Gai. II § 283. In den meisten dieser Stellen bezieht sich übrigens „falsa causa" auch auf eine irrtümliche Leistung.

[34]) Stoll, ZSS. 44, S. 28. Auch die Anknüpfung „sed et si" ist bedenklich. Vgl. Guarneri-Citati, Indice s. v. etsi.

[35]) Vgl. unten Kap. 9.

[36]) Dies wird von Krüger D. ed. ster. mit Recht bemerkt. Vgl. auch Pernice, Labeo III, S. 205; Gradenwitz, Interpolationen, S. 223.

[37]) Vgl. Girard, Manuel, 1924, S. 996; vgl. auch D. 24. 1. 5 § 18 u. ö.

2. D. 24. 1. 58 § 2 Scaevola 2 resp.

Filius rebus matris intervenire solitus pecunia matris consentiente ipsa mancipia et res mercatus emptionum instrumenta suo nomine confecit: decessit in patris potestate. Quaesitum est, an mater cum marito suo experiri et qua actione uti possit? Respondit: si mater obligatum filium in ea pecunia voluit esse, intra annum, quam filius decessit, de peculio cum patre, in cuius potestate fuisse proponatur, actionem habere: si donavit, repeti posse, quanto locupletior ex ea donatione pater factus est.

Die Stelle ist hier bedeutungslos. Der Sohn hat die mancipia et res auf Grund gültiger, kausaler Verträge, die er in seinem Namen abschloß, zu Eigentum des Vaters seinem peculium erworben. Das erklärt hier die condictio. Wichtig ist die Bemerkung, daß der Sohn den Kaufvertrag im eigenen Namen abschloß. Wenn Scaevola diese Bemerkung trotz seiner bekannten Kürze [38]) in den Tatbestand aufnahm, so kann daraus wohl geschlossen werden, daß eine Übergabe auf Grund eines im Namen der Mutter abgeschlossenen Vertrages, also eine in Hinsicht auf den Vater abstrakte Übergabe an den Sohn, dem Vater das Eigentum an den mancipia et res nicht verschafft hätte [39]).

3. D. 24. 1. 6 Gaius 11 ad ed. prov.

[Quia quod ex non concessa donatione retinetur, id aut sine causa aut ex iniusta causa retineri intelligitur: ex quibus causis condictio nasci solet.]

Diese Stelle, auf die bereits oben [40]) kurz einzugehen war, ist im corpus iuris dazu verwandt, die condictio rerum consumptarum bei einer donatio inter virum et uxorem zu rechtfertigen. Daß Gaius sie in der vorliegenden Allgemeingültigkeit hat aussprechen können, ist unwahrscheinlich. Das folgt zunächst daraus, daß die beiden genannten Kondiktionen in den Institutionen des Gaius noch gar nicht erwähnt sind, daß sie die Spur nachklassischer Formulierung auch insofern ganz deutlich an sich tragen, als sie nach Angabe der Digesten dem Eigentümer zustanden, was in klassischer Zeit im wesentlichen nur von der condictio furtiva galt [41]). Daß die Stelle byzantinisch verändert sein muß, ergibt schon ihre Stellung in der Palingenesie [42]). Die Generalisierung, die diese Stelle zu erkennen gibt, ist nicht entsprechend der vor-

---

[38]) Vgl. Samter, ZSS. 27, S. 175.

[39]) In gleicher Weise wird die Stelle auch von Pringsheim, Kauf, S. 104 f. erklärt. Vgl. auch Pflüger, Bonner Festgabe für Paul Krüger, S. 34.

[40]) Vgl. oben Kap. 4, S. 45.

[41]) Daß es sich an dieser Stelle um eine Fortbildung der Kondiktionenlehre durch Gaius selbst handele, wie von Mayr (a. a. O. S. 151 Anm. 3) anzunehmen geneigt ist, ist angesichts der zu seinen Lebzeiten einflußlosen Stellung dieses Autors und der rein pädagogischen Ziele seiner Arbeiten nicht wahrscheinlich.

[42]) Gaius Nr. 254. Lenel streicht „quia“.

sichtigen Haltung, die die klassische Rechtswissenschaft und auch Gaius in seinen Institutionen einnimmt. Man wird nicht Unrecht tun, wenn man die ganze Stelle den Byzantinern zuschreibt[43] [44].

V. Ferner ist hier das Material vorzulegen für den Fall solcher causae, die wegen Geschäftsunfähigkeit einer Partei nichtig sind. Es handelt sich um die folgenden drei Stellen:

1. D. 4. 4. 25 pr. Gaius 4 ad ed. prov.

Illud nullam habet dubitationem, quin minor si non debitum solverit ex ea causa, ex qua iure civili repetitio non est, [danda sit ei utilis actio ad repetendum: cum et maioribus XXV annis iustis ex causis dari solet repetitio.]

Die Stelle besagt, daß dem minor, der ein non debitum so geleistet hat, daß ihm eine repetitio nicht zusteht, eine utilis actio ad repetendum gegeben werden soll. Was hat das zu bedeuten? Als Beispiel könnte etwa der Fall D. 46. 3. 50 in Frage kommen, in dem sciens ein indebitum gegeben wird, aber es wird sich für Gaius, wenn an dem Stück „danda sit ... repetitio" wenigstens etwas Wahres ist, wohl, wie sich aus dem Ausdruck ex ea causa erschließen läßt, um eine Hingabe auf Grund klagloser causa handeln[45]. Nun soll dem Minderjährigen eine utilis actio ad repetendum gegeben werden. Das soll nach herrschender Lehre eine condictio utilis sein[46]. Diese Deutung ist unrichtig. Eine condictio utilis wird in den Quellen fast nie erwähnt[47].

---

[43]) Auch von Geld oder vertretbaren Sachen kann Gaius nicht gesprochen haben, da der error iuris — über das Verbot von Schenkungen unter Ehegatten — kein „iustus error", der eine condictio entstehen läßt, ist. Eventuell behandelte Gaius die condictio rerum consumptarum. Das 11. Buch des gaianischen Ediktskommentars handelte von der dotis petitio, so daß die Stelle in diesen Zusammenhang gehört. Daß Pernice, Labeo II. 2, S. 103 Anm. 1, sie in dem Zusammenhang, wie sie in den Dig. steht, behandelt, ist anfechtbar. Für itp. hält die Stelle auch Pflüger, Pro Roscio, S. 30 f.

[44]) Einer besonderen Untersuchung bedürfte die Frage der condictio „in quantum locupletior mulier facta est" in der ebenfalls verdächtigen Stelle D. 24. 1. 5 § 18, vgl. Beseler, Beitr. III, S. 92; Pernice, Labeo II, 2, S. 103. Es fragt sich, welches die causa condictionis beim Verbrauch der res a viro donata ist. Diese Frage gehört mit in den Zusammenhang auch der anderen Kondiktionen auf Grund originären Erwerbes und ist deshalb hier beiseite gelassen.

[45]) Für möglich hält das auch v. Koschembahr, a. a. O. I, S. 82 Anm. 6.

[46]) Vgl. Pernice, Labeo III, S. 214 Anm. 3; v. Koschembahr, a. a. O. I, S. 82 f.; zweifelnd v. Mayr, a. a. O. S. 150 Anm. 2.

[47]) Vgl. den Befund in VIR. s. v. condictio. Es heißt freilich in C. 2. 3. 10 = C. 5. 14. 1. Alexander (227) Legem, quam dixisti, cum dotem pro alumna dares, servari oportet. Nec obesse tibi potuit, quod dici solet ex pacto actionem non nasci: tunc enim hoc iure utimur, cum pactum nudum est: alioquin cum pecunia datur et aliquid de reddenda ea convenit, utilis est condictio. — Liegt hier eine klassische condictio utilis vor? Abgesehen davon, daß der Mittelsatz verdorben ist (vgl. de Francisci, Synallagma I, S. 275), wird man jeden-

Trotz des Widerspruchs von Pernice wird man hier an eine vindicatio utilis denken müssen, die die Byzantiner eingesetzt haben. Der Text ist ja stark verändert: Beseler[48]) streicht wegen des Gegensatzes „non est repetitio — dari solet repetitio" den letzten Satz; bei nochmaliger Durchsicht[49]) „ad repetendum .... repetitio". Seltsam erscheint, daß nun als klassisch eine nicht näher bezeichnete utilis actio stehen bleiben sollte. Gaius sprach an der Stelle doch von der in integrum restitutio. Er wird also an dieser Stelle die actio rescissoria gegeben haben. Das nimmt wohl auch Beseler an. Diese Klage haben die Byzantiner zu ihrer actio utilis ad repetendum gemacht. Im klassischen Recht erwähnte diese Stelle eine condictio nicht, der Ausdruck „repetitio" im ersten Teil der Stelle nötigt nicht zu einer entgegengesetzten Annahme[50]), die Stelle ist daher überhaupt auszuscheiden. Die Richtigkeit der vorstehenden Erwägungen bestätigt ein Vergleich mit Gai. II. 82.

At si pupillus idem fecerit, quia non facit accipientis sine tutoris auctoritate pecuniam, nullam contrahit obligationem: unde pupillus vindicare quidem nummos suos potest, sicubi extent, id est eos petere.

Diese Stelle bestätigt die vorstehend gegebene Exegese von D. 4. 4. 25 pr. Es kann, wie der Text der gaianischen Institutionen erweist, weder indebite noch ob rem futuram gegeben worden sein. Es bleibt nur übrig eine Leistung ob causam praeteritam. Hierzu sagt nun zwar D. 12. 1. 19 § 1, daß solche Leistung kondiziert werde, aber diese Stelle ist, wie oben[51]) gezeigt wurde, stark verändert. Zu der dort gegebenen negativen Exegese, die ergab, daß eine condictio des vom Pupillus gegebenen Geldes, das sine tutoris auctoritate gezahlt wurde, nicht stattfand, stellt D. 4. 4. 25 pr. nunmehr die positive Ergänzung, daß bei Verbrauch der gezahlten Summe die restitutio in integrum gegeben wird, sofern es sich um eine klaglose Verbindlichkeit des pupillus handelt. Im Fall klagbarer Verbindlichkeit tritt bei consumptio Befreiung des pupillus ein[52]).

2. Condictio wird gewährt in D. 12. 6. 41 Neratius 6 membranarum.

Quod pupillus sine tutoris auctoritate promiserit solverit, repetitio est [quia ... debet].

Neraz sagt, wenn ein pupillus ohne auctoritas tutoris eine Leistung ver-

---

falls „utilis" hier ganz untechnisch mit brauchbar übersetzen. Übrigens liegt hier eine causa condicendi vor, die in D. 4. 4. 25 pr. fehlt. Weitere Stellen mit condictio utilis sind mir nicht bekannt.

[48]) Beitr. II, S. 86.

[49]) Beitr. IV, S. 79.

[50]) Vgl. oben Kap. 4.

[51]) Kap. 5, S. 59.

[52]) Vgl. D. 46. 3. 14 § 8; D. 26. 8. 9 § 2.

sprochen hat, so kann er sie dann kondizieren, wenn er sie erbracht hat. Siber [53]) und Mommsen-Krüger ergänzen „et" solverit. Das ist abzulehnen. Wenn die tutoris auctoritas auch bei der solutio gefehlt hätte, so könnte der pupillus vindizieren: Gai. II. 82. Der Mangel des „et" zeigt, daß die solutio gültig sein sollte. Dennoch erhält der pupillus, weil eine ungültige Stipulation erfüllt worden ist, ein Rückforderungsrecht, aber nur die condictio, weil die gültige solutio den Empfänger zum Eigentümer macht. Die im Text gegebene Begründung ist itp. [54]). Das sine tutoris auctoritate vom pupillus Geleistete wird vindiziert. Hier ist die solutio gültig, aber auf Grund ungültiger stipulatio vorgenommen. Daher erhält der pupillus, wie auch ein Großjähriger, die condictio.

D. 12. 6. 29 Ulpian 2 disp. [Interdum persona locum facit repetitioni, ut puta] si pupillus sine tutoris auctoritate vel furiosus vel is cui bonis interdictum est solverit: [nam in his personis generaliter repetitioni locum esse non ambigitur. Et si quidem exstant nummi, vindicabuntur, consumptis vero condictio locum habebit.] [55])

Daß der Schlußsatz interpoliert ist, ist allgemeine Meinung aller, die diese Stelle seit Pernice bearbeitet haben, [56]) und bedarf keiner Begründung mehr. Daß auch der Satz „nam ... ambigitur" itp. ist, kann ebenfalls mit Beseler und Kretschmar, denen sich neuerdings auch Siber angeschlossen hat [57]), unbedenklich angenommen werden. Wenn hier repetitio [58]) mit condictio gleichzusetzen ist, so ist aber auch der erste Satz nicht in Ordnung, wie sich aus dem Widerspruch, in den er dann mit Gai. II. 82 gerät, ergibt. Sibers Ausführungen zeigen auch, daß die Fassung der Stelle zu weit ist. Auch im ersten Satz ist mithin „interdum .... ut puta" zu streichen. Der Satz ist eine προθεωρία [59]).

Das Ergebnis ist, daß als echt in der Stelle lediglich der gegebene Fall zu betrachten ist. Sie beweist also für das klassische Recht nichts. Man wird sich auf sie nicht berufen dürfen.

---

[53]) Naturalis obligatio, S. 50.

[54]) Vgl. Siber, Naturalis obligatio, S. 50 und die dort Zitierten.

[55]) Pernice, Labeo III, S. 256 Anm. 2.

[56]) Beseler, Beitr. II, S. 25; Krüger, D. ed. ster.; de Francisci, Trasf. S. 186; Siber, Naturalis obl. S. 50; Kretschmar, Die Erfüllung I, S. 87 ff.

[57]) Beitr. II, S. 25; Kretschmar, a. a. O.; Siber, a. a. O.

[58]) Bedenklich ist es aber, wenn Siber sagt, daß lediglich die vindicatio gewährt wurde, und daß das durch das Wort repetitio gesagt werde. Ob repetitio jemals gleich vindicatio ist, ist sehr zweifelhaft (vgl. oben Kap. 4), es wird durch den einzigen Grund, den Siber anführt, die grammatikalische Abhängigkeit von petere = dingliche Klage, jedenfalls nicht gesichert.

[59]) Vgl. Pringsheim, Freib. Festschr. f. Lenel, S. 266 f.

VI. Ferner sind die Fälle der Leistung an und durch einen procurator zu prüfen. Hier liegt im ersteren Fall zweifellos eine causa ob quam datur zugrunde. Diese causa ist aber nicht in erster Linie die solutio selber, es wird ja nur an den procurator geleistet. Vielmehr ist es die Erzielung der ratihabitio seitens des Gläubigers gegenüber dem procurator. Es wird ob rem futuram an den procurator geleistet, auch im Falle der Leistung eines indebitum. Deshalb wird der procurator „Zwischeneigentümer“ [60]). Im Falle, daß die ratihabitio verweigert wird, wird dem procurator, im Falle der Gewährung beim indebitum solutum dem dominus kondiziert. Auch im Falle der Leistung durch den procurator wird nur auf die Vollmacht abgestellt [61]).

D. 12. 6. 6 pr. Paulus 3 ad Sabinum. Si procurator tuus indebitum solverit et tu ratum non habeas, posse repeti Labeo libris posteriorum scripsit: quod si debitum fuisset, non posse repeti Celsus: ideo, quoniam, cum quis procuratorem rerum suarum constituit, id quoque mandare videtur, ut solvat creditori, necque postea exspectandum sit, ut ratum habeat.

Von Mayr [62]) bezieht diese Stelle auf eine condictio indebiti: er folgert dies aus dem technischen Ausdruck „indebitum repeti“, ferner daraus, daß die Entscheidung von Labeo stamme, der wahrscheinlich der Vater der condictio indebiti sei. Andererseits zweifelt von Mayr, ob bei der repetitio indebiti an eine condictio im technischen Sinne gedacht sei, „da ihr die debiti repetitio, die doch sicherlich nicht Gegenstand einer condictio sein konnte, gegenübergestellt wird.“

Das Ergebnis von Mayrs ist ein uneinheitliches: einmal glaubt er an die condictio, das andere Mal hält er sie für keine condictio im technischen Sinne, aber infolge Trugschlusses: das debitum a procuratore solutum ist ja gezahlt, um den Herrn zu befreien, und zwar unter der Voraussetzung der Zustimmung des dominus. Ohne diese erwirbt der creditor die fremden, ihm übergebenen Münzen nicht, oder der procurator verlöre bei Zahlung eigenen Geldes den Anspruch auf Ersatz dieser Aufwendung durch den dominus.

Die Stelle ist so zu erklären: der procurator, der ein indebitum aus dem Vermögen des Herrn bezahlt, überträgt Eigentum nicht, da seine Ermächtigung so weit nicht geht. War er selbst Eigentümer der nummi, so erwirbt der Empfänger an ihnen Eigentum gemäß Gai. III. § 91. Das Wort „repetere“ ist hier in doppeltem Sinne zu erklären, und das posse repeti, das ohne Subjekt gesetzt ist, beweist, daß der Klassiker diese Lösung gewollt hat, daß nämlich entweder der tu vindizieren oder der procurator kondizieren soll.

---

[60]) Vgl. Beseler, Beitr. IV. S. 54.
[61]) Vgl. Beseler, Beitr. IV. S. 52 ff.
[62]) Vgl. v. Mayr, a. a. O. S. 121 f.

Ein Anzeichen dafür, daß diese Lösung das Richtige ergibt, läßt sich auch aus der Fortsetzung der Stelle entnehmen:

> D. 12. 6. 6. § 1. Idem Labeo ait, si procuratori indebitum solutum sit et dominus ratum non habeat, posse repeti.

Die Stelle berücksichtigt deutlich die Ermächtigung des procurator und macht von ihr die Rechtsfolgen abhängig. Für das gestellte Problem läßt sich aus beiden Stellen nichts Endgültiges entnehmen, was sich ja auch schon daraus ergibt, daß die Stellen trotz ihrer anscheinend allgemeineren Fassung nur auf Geld abstellen.

> D. 12. 4. 14 Paulus 3 ad Sab. Si procuratori falso indebitum solutum sit, ita demum a procuratore repeti non potest, si dominus ratum habuerit, sed ipse dominus tenetur, ut Iulianus scribit. Quod si dominus ratum non habuisset, etiamsi debita pecunia soluta fuisset, ab ipso procuratore repetetur: non enim quasi indebitum datum repetetur, sed quasi ob rem datum nec res secuta sit ratihabitione non intercedente: [vel quod furtum faceret pecuniae falsus procurator, cum quo non tantum furti agi, sed etiam condici ei posse].

An dieser Stelle wird gesagt, daß bei der solutio an den falsus procurator ebenfalls, wie beim verus procurator, zum Zwecke der Erzielung einer ratihabitio seitens des Gläubigers geleistet wird. Dieser Gedanke ist klassisch, und deshalb ist die Stelle erst von „vel quod furtum ....“ itp.[63]). Auch der falsus procurator erwirbt ein Zwischeneigentum wie der wirkliche procurator[64]). Ähnliche Bestimmungen finden sich auch bei der Wahlschuld, besonders in D. 12. 6. 21[65]) und in D. 46. 3. 50. Hier der procurator, dort der Wahlberechtigte erhalten eine Art von Treuhandeigentum.

Weitergegeben werden die im Zwischeneigentum des procurator befindlichen Sachen dann ex causa negotiorum gestorum.

Auch diese Stelle (D. 12. 4. 14) handelt übrigens, wie ihr zweiter Satz besagt, von Geld. Auch wird, mindestens im zweiten Satz, ob causam tradiert. Der auch von Pernice[66]) nicht athetierte Satz von „non enim ... ob rem datum“ ist echt. Beselers[67]) Interpolationsannahmen kann nicht zugestimmt werden. Der Gedanke des Satzes ist eine Stütze der vorgetragenen Lehre, denn ob rem dare ist kausale Hingabe. Auch paßt der Satz zu der klassischen Anschauung über den procurator[68]).

---

[63]) Pernice-Krüger, D. ed. ster.
[64]) Beseler, Beitr. IV, S. 54, vgl. oben S. 75.
[65]) Vgl. u. Kap. 11, S. 123.
[66]) Labeo III, S. 289.
[67]) Beitr. IV, S. 53.
[68]) Vgl. Beseler, a. a. O.

Der weitere Inhalt des Fragments interessiert hier im Zusammenhang mit der Ansicht von Pernice [69]), daß neben der condictio ob rem dati die furtiva im vorliegenden Fall wahlweise gegeben werde. Wäre das richtig, so wäre nach dem Inhalt dieses Fragments kein Eigentum übergegangen. Diese Wahl ist jedoch unklassisch. Es gab außer der condictio furtiva im klassischen Recht keine condictio, die dem Eigentümer zustand. Das sagt deutlich Gai. IV. 4. Die condictio furtiva aber stand nur dem Eigentümer zu [70]). Also keine Wahl, trotz Gleichheit der Formel [71]).

VII. Schließlich sei im Anschluß an eine nicht ganz vorsichtige Äußerung bei Sohm [72]) auf die Tatsache hingewiesen, daß die Byzantiner das Anwendungsgebiet der condictio indebiti auf nichtkontraktliche Rechtsverhältnisse erweitert haben. Gerade die condictio indebiti (oder generalis? !) etwa ist in D. 14. 3. 17 §5 für die condictio furtiva [73]), ebenso ist D. 16. 3. 31 §1 in diesem Sinne itp. Itp. ist diese condictio etwa auch in D. 23. 3. 46 pr. und dieser Katalog ließe sich wohl unschwer erheblich vermehren.

Insgesamt ergibt sich aus den vorstehenden Ausführungen, daß eine condictio indebiti einer sine causa geleisteten, nicht vertretbaren Sache auch im Falle der mancipatio in den klassischen Quellen nicht gewährt wird. Daraus folgt, daß die condictio indebiti keinen Beweis für eine abstrakte Übereignung durch traditio im römischen Recht abgibt. Umgekehrt ist bereits hier zu erkennen, daß die Römer den Gedanken einer begrifflichen Trennung der Hingabe selbst von dem Zwecke der Hingabe gar nicht hatten, weil er ihnen zu unpraktisch erscheinen mußte. Man hat das „als die obligierende Kraft der res“ bezeichnet [74]). Dieser Gedanke scheint der römischen Anschauung besonders gerecht zu werden.

---

[69]) Labeo III, S. 289.

[70]) So die herrschende Meinung, vgl. Joers, Röm. R. S. 177 § 141.

[71]) Vgl. v. Mayr a. a. O. S. 73 ff.; Pflüger, Pro Roscio, S. 67 Anm. 106; Lenel, Ed. S. 240.

[72]) Institutionen, 17. Aufl. edd. Mitteis-Wenger, S. 285 f.

[73]) Vgl. v. Mayr a. a. O. S. 248 ff.; Pflüger, Pro Roscio, S. 76.

[74]) Bekker, Actionen I, S. 115 f.

8. Kapitel.

I. Condictio ob causam datorum ist auch Kondiktion von unvertretbaren Sachen. II. Datio dotis iustis nuptiis non secutis. Stellung im System. III. Besonders bei Fehlen der Rückgabestipulation. IV. Usucapio pro suo der dos ante nuptias data durch den sponsus. V. Res ante nuptias pro dote datae et usucaptae nuptiis secutis dotales fiunt. VI. Besondere Rechtslage der dos aestimata vor der Eheschließung. VII. Paraphernalien.

I. Aus der Lehre der condictio causa data causa non secuta, deren Titelüberschrift wohl sicher interpoliert ist [1]), läßt sich der Begriff der causa im klassischen Recht wiederum deutlich ableiten. Bereits im vorigen Kapitel handelte es sich um Gegenstände, die ob causam gegeben worden waren. Die dort besprochenen Stellen handelten nicht von einer condictio sine causa, denn eine solche condictio läßt sich überhaupt nur im Gebiet der Leistung von Geld und vertretbaren Sachen nachweisen. In diesem Kapitel wird, wenigstens äußerlich, dem von der Kompilation gegebenen System der Kondiktionen deshalb gefolgt, weil es sich hier am nächsten an die klassische Lehre anschließt, und weil von hier die Veränderungen des Kondiktionenrechts ausgegangen zu sein scheinen, die unter der Herrschaft einer stark individualisierenden Willenstheorie in Richtung auf den „quasi-contractus" von den Byzantinern vorgenommen wurden [2]).

Ob causam können Geld oder Sachen geleistet werden. Wenn die einleitende Stelle des byzantinischen Titels D. 12. 4. 1 pr. Ulpian 26 ad ed. [3]) auch von Geld handelt, das hingegeben wird, so ist das, wie in den folgenden Texten deutlich wird, keineswegs einziger Gegenstand dieser condictio. Auch die — im Text ausgesprochene oder zu vermutende — Hingabe von Sachen läßt diese condictio sowohl im klassischen wie im byzantinischen Recht entstehen. Wenn aber bereits unter der Rubrik condictio indebiti überall, wo unvertretbare Sachen kondiziert wurden, eine kausale Hingabe zu erkennen war, so wird das hier, wo die Byzantiner selbst die causa im Namen der condictio auftreten lassen, von vornherein wahrscheinlich. Vier Hauptfälle dieser condictio, die datio dotis iustis nuptiis non secutis, die donatio mortis causa, die Hingabe zwecks Abschlusses eines Innominat-Realkontraktes und die condictio der zuviel geleisteten Sachen, können daher als die zugleich am zahlreichsten bezeugten und am meisten zweifelhaften Fälle der kausalen condictio allein betrachtet werden. Läßt

---

[1]) Vgl. Joers, Röm. R. S. 177 Anm. 4.

[2]) Vgl. Perozzi, Obbligazione, S. 148; Mitteis RPR. S. 86 Anm. 38; Pringsheim ZSS. 42, S 278 f.

[3]) [ob rem non inhonestam] dürfte interpoliert sein, um der Stelle eine allgemeinere Bedeutung zu geben, die sie nicht hat. Das zeigt die mangelnde Verbindung dieses Stücks mit dem Fall. Krüger-Mommsen ergänzen „ut puta", um eine solche Verbindung zu schaffen.

sich die Lehre der condictio ob causam datorum in diesen Fällen mit der Lehre der traditio ex iusta causa in Einklang bringen, so werden andere Einzelfälle kein durchschlagendes Argument gegen die kausale Verknüpfung der traditio bilden [4]).

II. Datio dotis iustis nuptiis non secutis [5]).

Dieses Rechtsgebilde ist ein deutlicher Kausalakt. Gegeben wird mit Rücksicht auf die zu schließende Ehe, ex causa nuptiarum. Auf Grund dieser causa wird die dos Eigentum des sponsus, und diese causa bewirkt auch, daß iustis nuptiis non secutis kondiziert wird. Auf diese Wirkung der datio ob causam ist hier besonders hinzuweisen. Der Nichteintritt des beabsichtigten Erfolges wirkt wie eine Art Resolutivbedingung oder besser der Eintritt der res wie der Ausfall der suspensiven Bedingung für die condictio [6]). Der Vergleich ist auch darum berechtigt, weil die condictio, wie bereits betont, aus dem Rechtsgeschäft entstehende Klage ist.

Die Hingabe der dos erfolgte ante nuptias auf zwei Arten: Entweder so, daß die gegebenen Sachen erst bei Eheabschluß Eigentum des Gatten [7]), oder so, daß sie sofort Eigentum des Bräutigams werden. Bei Hingabe der dos mag auch im zweiten Fall eine Rückgabe-Stipulation für den Fall des Nichtabschlusses der Ehe stattgefunden haben, aus der die condictio sich ableitete. Doch wird die condictio auch gegeben, wenn eine Restitutionsklausel nur für den Fall der Wiederauflösung der Ehe vereinbart worden ist.

---

[4]) Zu bemerken ist, daß sich ein juristischer Unterschied, ein Unterschied in den Rechtsfolgen, der Ausdrücke datio ob rem und datio ob causam, der in der bisherigen Darstellung durch die Beiworte „praeterita, futura" aus Deutlichkeitsgründen gemacht wurde, in den einzelnen Texten trotz D. 12. 6. 52 Pomponius 27 ad Qu. Muc. und D. 12. 6. 65 pr. Paulus 17 ad Plaut. nicht feststellen läßt.

[5]) Vgl. Albertario, Rend. Ist. Lomb. vol. 58, 1925, dessen Arbeit mir erst nach Abschluß meiner Untersuchung bekannt wurde. Meine mit ihm im wesentlichen übereinstimmenden Ergebnisse haben mithin wenigstens die Bedeutung einer Bestätigung. Zu diesem Thema gehören auch die Stellen D. 12. 4. 10 Javolen 1 ex Plaut. u. D. 23. 3. 43 pr. Ulpian 3 disp. mit einer anscheinend ins klass. Recht gehörenden Kontroverse. Vgl. dazu de Francisci, Synallagma I, S. 240 f. Im Gefüge dieser Arbeit erübrigt sich die genauere Besprechung der beiden Stellen.

[6]) Vgl. D. 23. 3. 21 Ulp. 35 ad Sab. (echt? vgl. Riccobono, ZSS. 43, S. 355); D. 23. 3. 80 Javolen 6 ex post. Lab. und dazu Kaden, ZSS. 44, S. 172 ff.

[7]) Vgl. D. 23. 3. 7 § 3 Ulpian 31 ad Sab. (Die Stelle ist verändert: vgl. de Francisci, Synallagma II, S. 382 Anm. 1; Beseler ZSS. 45, S. 249; Biondi, Iudicia b. f., S. 51 Anm. 2; Siber, Rei vind., S. 48 Anm. 2 u. v. a.) Das gleiche sagt aber auch D. 23. 3. 9 pr. Ulp. 31 ad Sab., das Beseler, Beitr. IV, S. 309 für klassisches Recht in der Fassung einer Paraphrasis erklärt. Fand in diesem Falle eine fiduziarische Übereignung an den sponsus statt? Vgl. Mitteis, RPR., 201 Anm. 24. Albertario, a. a. O., Sonderdruck S. 5 hält beide Stellen für unecht.

Diese Entscheidung beruht dann wohl auf extensiver Interpretation des Stipulationstextes. Im allgemeinen ist überhaupt die gewährte condictio die Klage, mit der die Rückgabestipulation durchgesetzt wird. Diese Fälle interessieren hier nicht [8]).

III. Wichtig sind die Fälle, in denen lediglich eine dos gegeben, eine Rückgabeverpflichtung aber nicht übernommen ist. Hier handelt es sich nach herrschender Lehre um Leistung einer Nichtschuld. Das nimmt insbesondere Beseler [9]) an, wenn er als causa usucapionis „traditio an einen wirklichen maritus mit consensus de dote danda" bezeichnet. Diese Ansicht ist irrig. Sie widerspricht dem Quellenergebnis, wie im folgenden zu zeigen sein wird. Sie ist aber auch dogmatisch bedenklich. Beseler verkennt den Charakter der datio dotis als einer datio ex causa lucrativa, die sich ihre Rechtsgrundlage selbst schafft [10]). Diese Rechtsgrundlage entspricht auch schon vor dem Eheabschluß in ihren wesentlichen Zügen dem, was über die wahre dos Rechtens ist. Nur Einzelvorschriften, die die dos betreffen, finden nicht Anwendung. Das ist später zu besprechen. Zu betonen ist: Die datio mit einem bestimmten Zweck ist im römischen Recht causa. Causa, auf Grund deren der Empfänger Eigentum, der Geber eine condictio in dem Falle erwirbt, daß der den Parteien gemeinsame Zweck sich nicht verwirklicht [11]). Mit Rücksicht auf dieses gemeinsame Ziel werden die besonderen Rechtssätze gebildet, die diese einzelnen dationes ob rem voneinander unterscheiden.

Über dem römischen Dotalrecht steht der Satz: neque enim dos sine iustis nuptiis consistere potest. Dieser Satz bedeutet aber nicht, daß die Hingabe einer dos vor Eheabschluß Leistung einer Nichtschuld sei, weil die causa der Hingabe der dos der Eheabschluß ist. Dieser Gedanke wird nirgends als stichhaltig anerkannt. Daß auch die Römer Schwierigkeiten mit der Konstruktion der datio dotis hatten, ergibt sich daraus, daß sie gelegentlich das Verlöbnis als causa der datio dotis ansehen [12]). Wenn aber — und das geschieht in allen bezüglichen Texten — darauf hingewiesen wird, daß die dos an einen sponsus gegeben werde, so wird in erster Linie anzunehmen sein, daß diese Feststellung nur aufs Tatsächliche abzielt und lediglich

---

[8]) Zu diesen Stellen wird auch D. 12. 4. 7 § 1 Julian 16 dig. gehören, wo „fundus dotis nomine mancipatus" doch mindestens auf eine Erwähnung des Dotalcharakters der mancipatio in einer nuncupatio deutet.

[9]) ZSS. 45, S. 225.

[10]) Vgl. D. 23. 4. 20 § 1 Paulus 35 ad ed.

[11]) Das entspricht aber nicht der Ansicht von Beseler ZSS. 45, S. 226, vgl. zu D. 12, 4. 8 unten S. 81 Anm. 16.

[12]) Vgl. Pernice, Labeo III, S. 269 f., D. 42. 5. 17 § 1, wo der Braut als solcher gewisse Vorrechte eingeräumt werden.

verdeutlichen soll, daß die Ehe noch nicht geschlossen ist. Die datio dotis selbst, d. h. die Hingabe mit dem besonderen Rechtszweck, daß der hingegebene Gegenstand nach Eheabschluß Dotalgut werden soll, ist kausaler Rechtsakt.

Von den bezüglichen Texten ist D. 12. 4. 6 vollständig verändert [13]), dieser Text kann daher übergangen werden. Im übrigen sind die folgenden fünf zu nennen:

1. D. 12. 4. 8 Neratius 2 membr.

Quod Servius in libro de dotibus scribit, si inter eas personas, quarum altera nondum iustam aetatem habeat, nuptiae factae sint, quod dotis nomine interim datum sit, repeti posse, sic intelligendum est, ut, si divortium intercesserit, priusquam utraque persona iustam aetatem habeat, sit eius pecuniae repetitio, donec autem in eodem habitu matrimonii permanent, non magis id repeti possit, quam quod sponsa sponso dotis nomine dederit, donec maneat inter eos adfinitas: quod enim ex ea causa nondum coito matrimonio datur, cum sic detur tamquam in dotem perventurum, quamdiu pervenire potest, repetitio eius non est.

In dieser Stelle [14]) ist das Recht der dos ante nuptias data bereits gewissermaßen in nuce enthalten. Es handelt sich darum, daß eine Scheinehe zwischen eheunreifen Kindern — mindestens der eine Teil ist eheunfähig [15]) — geschlossen worden ist. Unter welchen Umständen kann die dos zurückgefordert werden? Der Klassiker sagt, jedenfalls nicht, solange die Scheinehe besteht. Er begründet das damit, daß auch vom Verlobten, solange das Verlöbnis besteht, die dos nicht zurückgefordert werden kann. Man erkennt bereits an dieser Stelle, daß die datio dotis ein eigenartiges, ziviles Geschäft ist, das, gegenüber einem Verlobten vorgenommen, grundsätzlich Eigentum an den hingegebenen Sachen für den Verlobten entstehen läßt. Das ergibt sich auch aus dem Wort „causa“, das sich doch nicht auf die noch nicht zur Entstehung gekommene dos beziehen läßt. Daß übereignet worden ist, zeigt die Gewährung der condictio.

Diesem Befund werden auch die anderen Quellenstellen entsprechen [16]):

---

[13]) Vgl. Krüger-Faber, D. ed. ster.; Lenel, Paling. Ulpian 57.

[14]) Sie wird v. Faber, Rat. ad h. l. (mir unzugänglich) verdächtigt. Bonfante, Corso I, S. 245 Anm. 3 erklärt sie ausdrücklich für echt, u. Pernice, Labeo III, 1, S. 269 u. de Francisci, Synallg. II, S. 382 behandeln sie mit Recht ebenso.

[15]) „altera pars — utraque pars“, wohl kein Gegensatz, der Interpolationsindiz bilden könnte.

[16]) Beseler will, ZSS. 45, S. 225, nur die Hingabe an einen wirklichen maritus mit consensus de dote danda Eigentum übertragen lassen: das widerspricht aber dem Quellenergebnis.

Es liegt hier ein Fall vor, wo die Usukapionskausa und die Traditionskausa verschieden zu sein scheinen; der Unterschied ist jedoch nur scheinbar, denn die dem sponsus gegebene dos ist noch keine vera dos mangels matrimonium subsequens, kann daher auch nicht pro dote ersessen werden. Vgl. unten S. 85 ff.

2. D. 12. 4. 9 pr. Paulus 17 ad Plaut.

Si donaturus mulieri iussu eius sponso numeravi nec nuptiae secutae sunt, mulier condicet. Sed si ego contraxi cum sponso et pecuniam in hoc dedi, ut, si nuptiae secutae essent, mulieri dos adquireretur, si non essent secutae, mihi redderetur, [quasi ob rem datur et re non secuta] ego a sponso condicam.

Diese Stelle gibt eine Erläuterung zu der Behauptung, es handele sich bei der datio dotis um ein besonderes Geschäft. Sie sagt, dies Geschäft sei eine Art Realvertrag mit paktierter Auflösungsklausel. Das läßt sich wohl aus der Stelle, deren letzter Teil „quasi .... non secuta" aber itp. ist [17]), entnehmen. Es ergibt sich vor allem aus dem „contraxi" des ersten Satzes — im Gegensatz zu „iussu mulieris sponso numeravi" —, daß das gegebene Geld zur dos werden sollte, und aus dem „in hoc dedi", das notwendig einen besonderen Kausalakt darstellt, der diesen contractus zur Wirksamkeit bringt. Das Geld wird unter dem Gesichtspunkt einer zukünftigen dos kausal gegeben.

Die Stelle wird in gleicher Weise von de Francisci [18]) erklärt. Er führt aus, gerade diese Stelle könne zum Beweise dienen, daß nuda pacta eine Klage nicht gewähren. „Die condictio, die die Klassiker gewähren, ist ein deutlicher Widerspruch gegen die Annahme, daß das pactum eine actio directa entstehen lasse, die seine Erfüllung erzwingen läßt. Die condictio dient nur dazu, die ob rem gegebene Sache in ihre frühere Rechtslage zurückzuführen". In D. 12. 4. 9 pr. sagt Paulus, wie de Francisci ausführt [19]), mit Recht „contraxi".

3. C. 2. 3. 10. Alexander (anno 227) = C. 5. 14. 1. Severus et Antoninus (anno 206).

Legem, quam dixisti, cum dotem pro alumna dares, servari oportet, nec obesse tibi potuit, quod dici solet ex pacto actionem non nasci: [tunc enim hoc iure utimur, cum pactum nudum est:] alioquin cum pecunia datur et aliquid de reddenda ea convenit, utilis est condictio.

Der Kaiser sagt, es liege ein besonders geformter Realvertrag vor. Darum gibt er die condictio. Dieser Realkontrakt entspricht auch seinem in Gai. III § 88 gegebenen Vorbilde. Schwierigkeiten hat dem Kaiser scheinbar die Trennung des Realvertrages vom nudum pactum gemacht. Aber gerade dieser Satz ist interpoliert [20]). Diese Schwierigkeit macht der Byzantiner, der die „obligierende Kraft der res" [21]) nicht mehr im gleichen Sinne versteht.

[17]) Gründe: Das Präsens „datur" nach dem Perfektum historicum „contraxi, dedi", der Subjektswechsel. Die condictio wird hier gegeben wie in C. 2. 3. 10, nicht weil eine stipulatio reddendi bestände, sondern auf Grund eines Realvertrages.

[18]) Synallagma I, S. 274.

[19]) Im Gegensatz zu den interpolierten Texten D. 12. 4. 9 § 1 und D. 50. 16. 240.

[20]) De Francisci, Synallagma I, S. 275.

[21]) E. I. Bekker, Aktionen I, S. 115 f.

Wenn de Visscher [22]) behauptet, in der Stelle D. 12. 4. 9 pr. finde sich eine condictio incerti, so ist darauf zu verweisen, daß sie von „pecunia", das heißt also wohl einer „certa pecunia" handelt. Diese pecunia geht auch nach den Grundsätzen von Gai. III § 91 auf den sponsus über [23]). Eine Bestätigung dieser Ansicht gewinnt man auch aus den folgenden Fragmenten:

4. D. 23. 3. 7 § 3 Ulpian 31 ad Sab. [24]).

... quid ergo, si ante matrimonium (sc. res in dotem dentur)? Si quidem sic dedit mulier, ut statim eius fiant, efficiuntur: enimvero si hac condicione dedit, ut tunc efficiantur, cum nupserit, sine dubio dicemus tunc eius fieri, [cum nuptiae fuerint secutae]. Proinde si forte nuptiae non sequantur [nuntio remisso], si quidem sic dedit mulier, ut statim viri res fiant, condicere eas debebit misso nuntio ..... [25])

Die Stelle ist sehr stark überarbeitet: 1. wechselt die Stelle hinter dentur plötzlich ins Aktiv, und es tritt eine mulier und ein is ein, die beide bisher nicht erwähnt sind. Der is wird später zum vir. Es läßt sich aber ein Teil der Einschübe sehr leicht feststellen: „nuntio remisso" [26]) kommt zweimal vor, ist also wohl, mindestens das eine Mal, Glossem. Ebenso wird „cum nuptiae fuerint secutae" Zusatz sein; mindestens ist es, nachdem gerade vorher „cum nupserit" gestanden hat, überflüssig. Die Stelle sagte wohl, daß res sponso in dotem datae, wenn sie nicht ausdrücklich — „condicione" = ausdrücklich vereinbarte Suspensivbedingung — bedingt durch den Eheabschluß in dotem gegeben wurden, ins Eigentum des sponsus kamen. Das scheint auch lex 8 D. 23. 3 zu bestätigen, und ebenso sagt es auch D. 23. 3. 9 pr. [27]). Es könnte hier eingewendet werden, daß, wenn es möglich sei, sich das Eigentum vorzubehalten, es auch möglich sein müsse, das Eigentum zu übertragen. Es folgt aber aus dieser Stelle jedenfalls nicht, daß es sich um ein klassisches pactum reservati dominii handele: vor allem weil die Stelle gerade hier formal

---

[22]) Condictio, S. 110.

[23]) Vgl. oben S. 55 ff.

[24]) Vgl. Senn, La donation à cause de mort, Paris 1914, S. 69 Anm. 2, 4; Beseler, Beitr. IV, S. 309 u. dort Zit.; Beseler, ZSS. 45, S. 249; Albertario, a. a. O., Sonderdruck S. 5 ff.

[25]) Den hier nicht wiedergegebenen Rest des Fragmentes erklärt de Francisci, Synallagma II, S. 382 Anm. 1 unter Berufung auf Pernice, Labeo III, S. 268 für itp. Pernice behandelt ihn a. a. O. aber als echt. In dieser Untersuchung ist er nicht von Bedeutung. Vgl. zu ihm Biondi, Iudicia b. f., S. 47.

[26]) Vgl. Levy, Ehescheidung, S. 55 Anm. 8 u. dort zit. Literatur.

[27]) Vgl. Eisele, ZSS. 13, S. 152, der in D. 23. 3. 7 § 3 „sed nisi .... actum fuerit" streichen will. Vgl. Beseler, Beitr. IV, S. 309, der die Stelle für klassisches Recht in einer Paraphrastenarbeit erklärt. Zu lex 8 u. 9 pr., wo gesagt wird, daß durch Hingabe von Sachen an einen sponsus zu dem Zwecke, daß sie später Dotalsachen werden sollen, Eigentum übergeht, vgl. Haymann, Schenkung unter Aufl. S. 127 f.; Schulz, Festschr. f. Zitelmann 1913, S. 72; Albertario, a. a. O. S. 5 ff.

sehr korrupt ist [28]). Ferner ist der Schluß auch unlogisch: wenn die Wirkung der causa für eine gewisse Zeit im Wege der Bedingung suspendiert werden kann, — der Jurist zieht daraus den Schluß, daß kein Eigentum erworben ist — so braucht daraus doch nicht gefolgert zu werden, daß eine Verfügung über das Eigentum an sich zulässig ist.

5. D. 42. 5. 17 § 1 Ulpian 63 ad ed.

Si sponsa dedit dotem et nuptiis renuntiatum est, tametsi ipsa dotem condicit, tamen aequum est hanc ad privilegium admitti, licet nullum matrimonium contractum est: idem puto dicendum etiam, si minor duodecim annis in domum quasi uxor deducta sit, licet nondum uxor sit.

Die Stelle besagt, daß auch die Braut und das eheunfähige Kind, das als Ehefrau im Hause des Konkursifex lebt, das Konkursprivileg der Ehefrau ausüben darf. Daß diese Vorschrift echt ist, folgt daraus, daß von Justinian, soweit bisher bekannt, keinerlei neue Konkursprivilegien geschaffen wurden [29]). Die Vorschrift zeigt, daß es sich hier bei dem Recht der dos ante nuptias data um freie Rechtsbildung der klassischen Zeit handelt, ferner, daß als Vorbild bewußt das Recht der rechtmäßigen Gattin angewandt wird, endlich, daß es sich bei der datio dotis ante nuptias um ein wirkliches Rechtsgeschäft handelt, denn sonst hätte man sie der datio dotis post nuptias nicht so ohne weiteres gleichsetzen können. Die Klage, die aus diesem Rechtsgeschäft resultiert, ist eine condictio.

Wichtig ist die Stelle auch deshalb, weil sie in ihrem zweiten Teil eine Parallele zu D. 5. 3. 13 § 1 abgibt. Dort steht, daß der sciens dotem ab uxore nondum duodecimo anno peracto accipiens nur Besitz pro possessore — also wohl kein Eigentum — erwirbt. Hier ist aber offenbar die dos ante nuptias gegeben, mithin Eigentum übergegangen, weil die dotis datio an einen Verlobten gültige causa ist. An der Echtheit der Stelle besteht wohl kein begründeter Zweifel [30]).

---

[28]) Vgl. Haymann, a. a. O.

Bemerkenswert das beziehungslose „efficiuntur", das „sic — ut", während es sich doch nicht um einen Konsekutivsatz, sondern um einen Finalsatz handelt, „dedit", während der Eigentumsübergang gerade verneint wird, „sine dubio dicemus", der Mangel des Objekts, das „hac condicione" gegeben wird, das alles sind Anzeichen verdorbenen Stils, die zwar nicht notwendig auf die Kompilatoren als Verfasser hindeuten (vgl. Beseler, Beitr. IV, S. 309), aber immerhin aus dem Text eine genaue Erkenntnis des klassischen Rechts nicht gewinnen lassen, weil er jedenfalls unter Einfluß nachklassischer Rechtsgedanken formuliert ist. Verdächtigt wird „sic dedit ... res fiant" von Siber, Passivlegitimation, S. 48 Anm. 2. Mit Recht? Über das pactum reservati dominii vgl. unten Kap. 14, S. 150.

[29]) Vgl. Pringsheim, Kauf, S. 150 Anm. 1.

[30]) Das erkennt auch Pringsheim, Kauf, S. 150 Anm. 1, an; dagegen aber Guarneri-Citati, Obbligazioni indivisibili I, S. 137 Anm. 1, wegen „aequum est" unter Berufung auf di

IV. Daß die datio dotis ante nuptias bereits im klassischen Recht als eine kausale Hingabe angesehen wurde, ergibt sich auch aus den Fragmenten betreffend die Usukapion solcher ante nuptias gegebenen dos. Diese erfolgte nämlich pro suo, und dieser Titel enthält einige „nicht benannte Titel“ [31]). Das ist im folgenden zu zeigen:

D. 41. 9. 1 § 2 [32]) Ulpian 31 ad Sab. [Et primum de tempore videamus, quando pro dote quis usucapere possit, utrum post tempora nuptiarum an vero et ante nuptias.] Est quaestio volgata, an sponsus possit [hoc est ... maritus est] [33]) rem pro dote usucapere? Et [Julianus inquit, si sponsa sponso ea mente tradiderit res, ut non ante eius fieri vellet, quam nuptiae secutae sint, usu quoque capio cessabit: si tamen non evidenter id actum fuerit, credendum esse] id agi Julianus ait, ut statim res eius fiant et, [si alienae sint], usucapi possint: quae sententia mihi probabilis videtur. [Ante nuptias autem non pro dote usucapit, sed pro suo.]

Das Fragment ist formal stark verfälscht: „Et primum .... ante nuptias“ ist das letzte Stück der bereits von Pringsheim [34]) in diesem Fragment beanstandeten Protheoria. „Hoc est .... maritus est“ streicht bereits Lenel [35]). In dem Julian-Zitat ist ebenfalls vieles verdächtig „ea mente“ im Gegensatz zu „non evidenter id actum fuerit“. Die mens ist wohl kaum evidens. Wenn an dem Gegensatz irgendetwas Klassisches ist, hat Julian vielleicht an dieser Stelle von einer fiduziarischen Übereignung gesprochen. „id actum fuerit .... id agi“ klingt sehr unrein, auch das zweite „Julianus ait“ ist überflüssig. Unklassisch ist „Julianus inquit .... credendum esse“. Auch „si alienae sint“ ist für Julian mindestens nicht erschöpfend. Auch der letzte Satz verrät durch den Subjektswechsel und die gesetzgeberische Fassung den Eingriff einer fremden Hand. Aber gerade dieser Satz sagt nichts Unklassisches [36]). Er wird gesichert durch Vat. 111 Paulus 8 respons.

..... quamvis enim Julianus et ante nuptias res dotis nomine traditas usucapi pro suo posse existimaverit et nos quoque idem probemus, tamen hoc tunc verum est, cum res dotales sunt.

Und nur dieser Satz ist hier entscheidend. Er und Vat. 111 geben die Erklärung für die klassische Bedeutung der usucapio pro suo der dos ante

---

Marzo, Matrimonio I, S. 20, das mir unzugänglich war. Die völlige Entfernung der aequitas aus dem klass. R. ist aber bedenklich. Vgl. Riccobono, Ann. Pal. 3/4, S. 362, 604; Mélanges Cornil II, S. 235 ff., der freilich in der entgegengesetzten Richtung zu weit geht. Vgl. a. Rabel, ZSS. 47, S. 485.

[31]) Rabel, Grundz. S. 440.

[32]) Vgl. Albertario, a. a. O. S. 4 der „si sponsa — usucapi possint“ streicht.

[33]) Krüger, D. ed. ster.; Lenel, Palingenesie, Ulpian 2758.

[34]) Freiburger Festschr. f. Lenel, S. 268.

[35]) Ulpian 2758.

[36]) Auch Tribonian hat die klassischen Texte häufig nur verkürzt, ohne ihren juristischen Inhalt zu verändern. Vgl. Beseler, Beitr. IV, S. 309.

nuptias data: die Dotalsachen werden nur ante nuptias pro suo usukapiert und nur dann, wenn sie dotales sind. Pro suo scheinen danach Sachen usukapiert zu werden, die, ex iusta causa — datio dotis ante nuptias — hingegeben, zu einem bestimmten Recht gelangen sollen, dies aber noch nicht einnehmen können, mangels Erfüllung gesetzlicher Vorschriften. Sicher ist die usucapio pro suo im klassischen römischen Recht kein Fall abstrakter Usukapion [37]).

Die beiden Stellen Vat. 111 und D. 41. 9. 1 § 2 geben übrigens wieder einen Beweis für die eigenartige Stellung der sogenannten Realverträge im römischen Recht: die usucapio soll nur dann pro suo erfolgen, „cum res dotales sint". Diese Bestimmung von Vat. 111 dient zwar zur Abgrenzung gegen die res der dos aestimata, die angeblich nicht „dotales" sind. Daraus werden dann Folgerungen für die Ersitzung abgeleitet, die später zu besprechen sind. Der Gegensatz „res dotales—res aestimatae" wird in D. 23. 3. 10 § 4 „aestimatae res dotales sunt" nicht gemacht; er ist aber in Vat. 111 besonders unberechtigt, da die res ja noch gar nicht „dotales" sein können, weil eine dos noch nicht besteht. Der Gegensatz wird geradezu unhaltbar, wenn man mit Beseler [38]) annimmt, daß res aestimatae auch ante nuptias ersessen werden können. Ob das beweisbar ist, ob insbesondere der zweite Teil von Vat. 111 ein nachklassisches Kaiserreskript ist [39]), muß zweifelhaft erscheinen. Die ältere Erklärung von Beseler [40]), wo die Stelle dem Paulus belassen wird — unter Andeutung einer Veränderung — ist vorzuziehen. Von „cum vero aestimatae dantur" an ist die Stelle verändert. Das ist klar bei Annahme eines Reskripts, wo der eine Fall zu erledigen ist und Variationen überflüssig

[37]) Vgl. dazu Pernice, Labeo II, 1, S. 391 ff. Eine Erläuterung hierzu findet sich z. B. auch in Vat. 260 Papinian 12 resp. In dieser Stelle hat ein filius emancipatus sein peculium behalten dürfen; es handelt sich um eine Schenkung. Er usukapiert „pro suo vel pro donato, quod iustam causam possidendi habet". Hier muß man fragen, was wird pro suo, was pro donato usukapiert? Die Antwort kann zusammenhängen mit dem Problem der Übertragung von ganzen Vermögenskomplexen: pro suo wird usukapiert eine fremde Sache im tradierten Vermögenskomplex, pro donato eine ehemals dem Schenker gehörige res mancipi. Wahrscheinlicher ist freilich die Ansicht Pernices, (Pernice, Labeo II,1, S. 395f.), die usucapio pro suo werde aus „eigenartigen Rechtsverhältnissen" gewährt. Ein solches liege hier vor, da die Gewährung des peculium an den emanzipierten Haussohn erst seit Papinian als Schenkung angesehen werde. (Pernice, ZSS. I, S. 80). In gleicher Weise kann von einer usucapio pro dote ante nuptias nicht die Rede sein (vgl. D. 23. 3. 3 Ulpian 63 ad ed.), denn sine iustis nuptiis keine dos. Dem sponsus wird aus diesem eigenartigen Rechtsverhältnis die usucapio pro suo gewährt, denn er hat sicher auch seinerseits eine iusta causa possidendi.

In D. 41. 10. 3 Pomponius 22 ad. Sab. findet nach klass. R. eine usucapio pro soluto, nicht pro suo statt.

[38]) ZSS. 45, S. 258.

[39]) Vgl. den Einspruch von Seckel-Levy, ZSS. 47, S. 177 Anm. 2.

[40]) Beitr. II, S. 5.

sind. Das ist aber sehr wahrscheinlich, auch wenn man das ganze Fragment für paulinisch hält. Merkwürdig ist der Widersinn „ante nuptias aut pendente venditione non prius usucapio sequi potest quam nuptiis secutis", daß also vor der Ehe erst nach Eheschließung ersessen werden könne. Er wird auch durch Beselers Streichung des [aut] nicht behoben [41]). Dagegen ist der Text bis „dotales sunt" gut. Er ist für sich allein verständlich, wenn man die Angleichung des Realvertrages „datio dotis ante nuptias" an das Dotalrecht verfolgt. Ja, er ist insoweit notwendig, wenn, wie unten zu zeigen ist, die usucapio pro suo nach Eheabschluß als usucapio pro dote fortgesetzt wird. Dann muß schon bei Hingabe zwischen der dos und anderen anläßlich der Eheschließung gegebenen Gegenständen — Paraphernalien o. ä. — geschieden werden.

Ist aber die Entscheidung in D. 41. 9. 1 § 2 klassisch, so muß die generelle Entscheidung der Paragraphen 3 und 4 derselben lex für unecht angesehen werden:

..... ceterum si cesset matrimonium, Cassius ait cessare usucapionem, quia et dos nulla sit. Idem scribit et si putavit maritus esse sibi matrimonium, cum non esset, usucapere eum non posse, quia nulla dos sit: quae sententia habet rationem.

Die Stelle ist nur dann haltbar, wenn man annimmt, sie besage, daß nach Auflösung der Ehe eine usucapio dotis causa nicht mehr stattfinde, auch nicht bei Gutgläubigkeit des Mannes. Sollte „cessat matrimonium" die Ungültigkeit der Ehe von Anfang an bedeuten [42]), so wäre der Widerspruch zwischen dem durch Vat. 111 gesicherten und durch D. 12. 4. 8 ergänzten § 2 und den §§ 3 und 4 unerträglich. Formales Interpolationsindiz ist die falsche Bezeichnung maritus, trotzdem ein matrimonium nicht besteht.

Interpoliert ist die usucapio pro suo in D. 23. 3. 67.

Proculus 7 epist. Proculus nepoti suo salutem. Ancilla quae nupsit dotisque nomine pecuniam viro tradidit, sive sciat se ancillam esse sive ignoret, non poterit eam pecuniam viri facere eaque nihilo minus mansit eius cuius fuerat antequam eo nomine viro traderetur, [nisi forte usucapta est]. Nec postea quam apud eundem virum libera facta est, eius pecuniae causam mutare potuit. Itaque nec facto quidem divortio [aut dotis iure] ⟨rei uxoriae actione⟩ aut per condictionem repetere recte potest, sed is cuius pecunia est recte vindicat eam. [Quod si vir eam pecuniam pro suo possidendo usucepit, scilicet quia existimavit mulierem liberam esse, propius est, ut existimem eum lucrifecisse, utique si, antequam matrimonium esse inciperet, usucepit.] Et in eadem opinione sum, si quid ex ea pecunia paravit, [antequam ea dos fieret], ita, ut nec possideat [43]) eam nec dolo fecerit, quo minus eam possideret.

---

[41]) Daher ist es bedenklich, wenn der Text von Seckel-Levy für unverfälscht erklärt wird. ZSS. 47, S. 177. Verändert ist er sicher.

[42]) So VIR. s. v. „cessare". [Denkbar ist, daß der Klassiker diese Entscheidung beim unheilbaren Ehehindernis traf. Es ergäbe sich dann eine gute Erläuterung zu „quamdiu pervenire potest" in D. 12. 4. 8.]

[43]) Die Florentina schreibt hier „possidet"!

Bonfante[44]) stellt diese Stelle neben Vat. 111 und D. 41. 9. 1 § 2. Er hat insofern recht, als es sich auch hier um Geld, das ante nuptias gegeben ist, handelt. Es ist aber nicht Mitgift[45]). Das Geld wird auch nicht ersessen, und „quod si .... usucepit" ist interpoliert trotz Mitteis Zögern[46]). Wichtig ist, daß hier, wo unwirksam gezahlt wird, die Zahlung mit „tradere", nicht mit „solvere", bezeichnet wird. Das spricht für die Annahme, daß „traditio" nur die körperliche Übergabe bezeichnet[47]). Anzumerken ist[48]), daß hier „repetere" die actio rei uxoriae mit umfaßt, eine Klage, die nicht stricti iuris ist.

V. Die Richtigkeit der vorstehenden Ausführungen, daß die datio dotis ante nuptias ein mit Rücksicht auf die dos geformter Realkontrakt ist, wird dann evident, wenn nachgewiesen werden kann, daß ein ante nuptias pro suo usukapierter Gegenstand nuptiis secutis unter Dotalrecht kommt. Damit wird nämlich bewiesen, daß die usucapio pro suo ex causa dotis ante nuptias datae erfolgt; nicht auf Grund abstrakter Übergabe zu Eigentum. Dies läßt sich aber — zwar nicht direkt — doch wohl durch Analogie aus den Quellen schlüssig erweisen. Dazu ist zunächst auszuschalten D. 23. 1. 10.

Ulpian 3. disp. In potestate manente filia pater sponso nuntium remittere potest et sponsalia dissolvere. Enimvero si emancipata est, non potest necque nuntium remittere necque quae dotis causa data sunt condicere: ipsa enim filia nubendo efficiet dotem esse [condictionemque extinguet, quae causa non secuta nasci poterit.

[44]) Scritti II, S. 634 Anm. 3.

[45]) Mitteis, ZSS. 22, S. 126.

[46]) Vgl. Pernice, Labeo II, 1, S. 398 ff.

Einspruch muß in diesem Zusammenhang erhoben werden sowohl gegen de Visscher, Condictio, S. 73, der hier eine Wahl zwischen actio rei uxoriae und condictio finden will, wie gegen de Francisci, Synallagma II, S. 379 Anm. 1, der darin eine Gegenüberstellung von condictio und vindicatio entdeckt. Die letztere Ansicht ist ganz unbegründet. Aktiv legitimiert zur condictio wäre die ehemalige Sklavin; aktiv legitimiert zur vindicatio ist ihr ehemaliger Herr. Eine Gegenüberstellung beider Klagen in dem Sinne, daß die vindicatio dem dominus zusteht, die condictio der non domina, liegt aber nicht vor, denn die condictio wird überhaupt nicht gewährt, weder dem dominus noch der ehemaligen ancilla. Es ist also kein Raum, über das Verhältnis beider Klagen zu sprechen.

Anders liegt es bei der Ansicht de Visschers. Das „aut .... aut" kommt auf Rechnung der Kompilatoren, die „dotis iure" für „rei uxoriae actione" schrieben. Tatsächlich also scheint hier eine elektive Konkurrenz zwischen actio rei uxoriae und condictio angedeutet. Aber diese Andeutung ist sehr schwach. Proculus will sich auf keinerlei Erörterungen möglicher Klagen einlassen, da die ehemalige ancilla ja doch jedenfalls unberechtigt ist, weil ihr ehemaliger Herr Eigentümer des peculium geblieben ist und vindizieren kann. Proculus nennt nur eben zwei, vielleicht naheliegende Klagen, ohne eine Konkurrenz zwischen ihnen andeuten zu wollen.

[47]) Vgl. oben Kap. 2.

[48]) Gegen Levy, ZSS. 37, S. 39.

Nisi forte quis proponat ita dotem patrem pro emancipata filia dedisse, ut, si nuptiis non consentiret, vel contractis vel non contractis repeteret quae dederat: tunc enim habebit repetitionem].

Die Stelle steht dem beabsichtigten Analogiebeweis deshalb entgegen, weil aus den Worten „ipsa enim filia nubendo efficiet dotem esse, condictionemque extinguet" geschlossen werden könnte, daß erst durch die Heirat für die vom Vater gegebenen Gegenstände die causa nuptiarum geschaffen werde, daß sie aber vor dem Eheabschluß der Bräutigam höchstens abstrakt zu Eigentum erworben habe. Dieses Eigentum könne deshalb vom Vater jederzeit mit Hilfe der condictio zerstört werden. Wäre diese Ansicht begründet, so wäre der beabsichtigte Analogiebeweis zwecklos; die Ersitzung pro suo vor Eheschließung wäre eine abstrakte Usukapion, die Übergabe der dos ante nuptias ein Fall abstrakter traditio. Die condictio wäre nur gehemmt von einer im Einzelfall wegen „venire contra factum proprium" zu gebenden exceptio doli. Alle diese Schlüsse stehen freilich schon deshalb auf schwachen Füßen, weil sie den bisherigen Ergebnissen widersprechen. Auch die bedenkliche Ähnlichkeit einer solchen Konstruktion mit dem nachklassischen Reuerecht, das in den letzten Satz hineininterpoliert ist[49]), macht stutzig. Immerhin muß den geschilderten Bedenken nachgegangen werden. Die Stelle besagt unzweifelhaft richtig, daß Vermögensstücke erst mit der Eheschließung dotis efficiuntur. Sie ist aber dort, wo sie dem Vater das unbedingte Kondiktionsrecht einräumt, im Gegensatz zu „.... necque remittere necque ... condicere potest" gefälscht. Pernice und Beseler[50]) streichen mit Recht den letzten Satz „nisi forte .... repetitionem". Der Satz schließt sich den vielen anderen interpolierten Nebenabreden, die in den Digesten mit nisi, nisi forte etc. eingeleitet werden, an[51]). Aber die Stelle ist auch außerdem verdorben: „causa non secuta", sinngemäß hätte „nuptiis non secutis" stehen müssen, der erste Ausdruck erinnert an den fatalen[52]) Titel D. 12. 4; „condictionem extinguere"[53]), die condictio hat vor der Hochzeit nicht bestanden, sie entsteht erst condicione deficiente, nuptiis non secutis durch Auflösung des Verlöbnisses, wenngleich ex causa dationis; sie kann also auch vorher nicht ausgelöscht werden. Auch der Gegensatz „condictionem extinguere — quae nasci poterit" (!) ist verdächtig. Die Stelle ist unecht von „condictionemque" bis „repetitionem". So sagt die Stelle nur, was auch die vorher zitierten Stellen sagten.

---

[49]) Pernice, Labeo III, S. 262 Anm. 2.

[50]) Beitr. IV, S. 234 f.; Pernice, a. a. O.; vgl. auch Pringsheim, ZSS. 42, S. 258 Anm. 2.

[51]) Vgl. insbesondere Levy, Konkurrenz I, S. 106 Anm. 3; Pringsheim, ZSS. 41, S. 258 Anm. 2; Albertario, La costruzione „nisi .... tunc enim", Pavia 1911.

[52]) Vgl. Joers, Röm. Recht, S. 173 Anm. 4.

[53]) Vgl. „substitutionem extinguere", Beseler, Beitr. IV, S. 117.

Jetzt ist der Analogiebeweis, der im Fruchterwerbsrecht des Ehegatten an den Früchten des Dotalvermögens gefunden wird, zu erbringen: Es läßt sich nämlich erweisen, daß Früchte, die vom sponsus aus den ante nuptias gegebenen Dotalsachen gezogen werden, nuptiis secutis in die dos mit eingerechnet werden. Ebenso wie die Früchte, die vor Eheabschluß perzipiert wurden, nuptiis secutis zum Dotalvermögen geschlagen werden, werden also auch ante nuptias pro suo vom sponsus ersessene Sachen nuptiis secutis als Dotalvermögen behandelt werden. Der Satz betreffend die Früchte findet sich in den folgenden Stellen [54]):

D. 23. 3. 7 § 1 Ulpian 31 ad Sab. Si fructus constante matrimonio percepti sint, dotis non erunt: si vero ante nuptias percepti fuerint, in dotem convertuntur. [Nisi forte aliquid inter maritum futurum et destinatam uxorem convenit: tunc enim quasi donatione facta fructus non redduntur.]

„Nisi .... redduntur" ist wahrscheinlich itp., auch sagt es Selbstverständliches [55]). Das übrige Fragment aber sagt deutlich, daß die fructus ante matrimonium percepti in dotem convertuntur. Daß freilich das dotis nomine gegebene Sondervermögen erst mit Eheabschluß zum Dotalvermögen wird, wurde oben bereits besprochen.

D. 24. 3. 6 Paulus 7 ad Sab. Si ante nuptias fundus [traditus] ⟨mancipatus⟩ est, ex die nuptiarum ad eundem diem sequentis anni computandus annus est: idem in ceteris annis servatur, donec divortium fiat. [Nam si ante nuptias traditus sit] et fructus inde percepti, hi restituendi sunt [quandoque divortio facto] quasi dotis facti [56]).

Die Stelle ist wohl sicher glossiert, ihr Text ist sehr kraus. Für „traditus" ist in beiden Stellen wohl mancipatus zu setzen [57]). Zum zweiten „traditus" fehlt das Subjekt. Es ist fundus aus dem ersten Satz. Zu dem inde fehlt die Angabe, daß nur vor der Ehe gezogene Früchte zurückzugeben sind. „Fructus percepti, hi restituendi sunt..." macht den Eindruck, als wäre irgend etwas ausgefallen. „Quasi dotis facti" steht sehr weit von dem bezüglichen Subjekt fructus entfernt. Zu streichen dürfte etwa sein [nam si .... traditus sit] .... [quandoque divortio facto]; das ist aber eine rein formale, keine sachliche Änderung des Textes, der inhaltlich klassisches Recht bietet, und der zeigt, wie vor der Ehe das Dotalvermögen, ohne wirklich als dos

---

[54]) Auch in D. 23. 3. 47 und D. 23. 4. 4 findet sich die Bestimmung, daß fructus ante nuptias percepti den Betrag der dos vermehren.

[55]) Solazzi, Atti Torino 1915/16, der diese Stelle bespricht, war mir leider unzugänglich.

[56]) Entsprechendes findet sich auch in der vorhergehenden lex 5.

[57]) Von Krüger D. ed. ster. u. Lenel, Palingenesie wird dieses freilich nicht angemerkt. Gründe dagegen sind nicht ersichtlich, zumal der Sabinus-Kommentar doch gerade Zivilrecht behandelt.

anerkannt zu sein, bereits in rechtlicher Beziehung gesondert gestellt ist, eben weil es dotis nomine datum ist.

Der Analogieschluß ist deshalb zwingend, weil es ein Schluß a fortiori ist. Die Früchte werden in der Ehe freies Eigentum des Mannes. Eine Argumentation wäre möglich, die sagte: vor der Ehe steht das zur dos gegebene Vermögen schon in so mannigfaltiger Beziehung unter Dotalrecht, daß dem Manne auch die freie Fruchtziehung gebührt. Dagegen wehrt sich die römische Wissenschaft: Die vor der Ehe zur dos gehörigen Früchte sollen das gleiche Recht haben wie alle anderen vor der Ehe zur dos gegebenen Sachen: Sie sollen mit Eheabschluß einen Teil der Mitgift bilden. Ebenso werden auch die pro suo vor Eheabschluß ersessenen Sachen nach der Eheschließung Dotalgut. Ebenso — so muß geschlossen werden — wird die pro suo begonnene Ersitzung nach Eheabschluß pro dote beendet[58]).

VI. Daß die dos ante nuptias data vor Abschluß der Ehe noch keine vera dos ist, ist bereits oben betont worden. Im wesentlichen steht das ante nuptias gegebene Dotalvermögen aber bereits unter Dotalrecht. Eine besondere Stellung nimmt jedoch in dieser Hinsicht die dos aestimata ein, die ante nuptias so behandelt wird, wie wenn die Ästimationsstipulation noch nicht vorhanden wäre. Diese Bestimmung findet sich in mehreren Stellen. Dennoch wird man daraus nicht den Schluß ziehen können, daß die dos aestimata sine causa an den sponsus übereignet worden sei. Causa ist auch hier der erstrebte Erfolg, res ante nuptias datae dotis effici. Im Gegenteil wird man sagen können, daß die durch den Eheabschluß bedingte Wirksamkeit der Ästimationsstipulation gerade bei kausaler Auffassung der datio dotis ante nuptias dem System entspricht. Entstände nämlich freies Eigentum des sponsus an den gegebenen Sachen und nur eine Verpflichtung zur Zahlung der Ästimationssumme, so könnte man sagen, daß die res aestimatae nicht ex causa nuptiarum futurarum gegeben seien, sondern abstrakt, da in der Ästimationsstipulation auf die Hingabe gar kein Bezug genommen zu werden brauchte.

Berührt zu werden verdient auch die Wirkung des Eheabschlusses deshalb, weil hier eine Vermischung der sonst gegensätzlich gebauten Geschäfte stipulatio und emptio venditio stattzufinden scheint. Die darauf bezüg-

---

[58]) Ob auch die Wirkung der lex Julia de fundo dotali schon mit dem Erwerb des fundus — also auch ante nuptias — begann, ist zweifelhaft. D. 23. 5. 13 § 2 Ulpian 5 de adulteriis gegen D. 23. 5. 4 Gai 11 ad ed. prov. Letztere Stelle erklärt Albertario, Rend. ist. Lomb. vol. 58, 1925, Sonderdruck S. 14 für unecht.

lichen Bemerkungen in den Quellen sind aber unecht [59]). Zu nennen sind folgende Stellen:

1. D. 23. 3. 17 § 1 Paulus 7 ad Sab.

Si re aestimata data nuptiae secutae non sint, videndum est, quid repeti debeat, utrum res an aestimatio. Sed id agi videtur, ut ita demum aestimatio rata sit, si nuptiae sequantur, [quia nec alia causa contrahendi fuerit], res igitur repeti debeat, non pretium.

Vor der Ehe sind res aestimatae in dotem gegeben. Die Ehe kommt nicht zustande. Ist die Ästimationssumme herauszugeben oder das Sachcorpus? Die Sachen stehen — das verlangt der Fall — bereits im Eigentum des Bräutigams. Das entspricht auch der klassischen Regelung. Es fragt sich nun, wie die aestimatio abgeschlossen wurde. Man muß annehmen, daß sie ein Teil der stipulatio de dote reddenda war [60]). Diese ging aber auf Rückgabe der dos nach Auflösung der Ehe, war mithin durch den Abschluß der Ehe suspensiv bedingt, die Entscheidung des Paulus mußte also lauten, wie sie gegeben ist.

Textlich scheint die Entscheidung irgendwie verstümmelt. Zu „contrahendi" fehlt das Objekt; das darauffolgende „debeat" ist offenbar von „id agi videtur, ut ...." abhängig, wovon es durch den auch gänzlich überflüssigen Satz „quia ....fuerit" sehr weit getrennt ist. Was hätte vor allem die causa contrahendi sein sollen? Es wird wohl richtig sein, den eingeklammerten Satz als Emblem auszugliedern. Daß er eine klassische Erörterung verdrängt hat, erscheint unwahrscheinlich wegen des konstruktionellen Zusammenhangs „id agi ut ... igitur debeat". Es ist wohl eine jüngere Einschiebung, die bereits von der byzantinischen Willenstheorie beeinflußt ist [61]).

2. D. 23. 3. 10 §§ 4. 5 Ulpian 34 ad Sab.

.... Si ante matrimonium aestimatae res dotales sunt, haec aestimatio quasi sub condicione est: namque hanc habet condicionem, si matrimonium fuerit secutum. Secutis igitur nuptiis aestimatio rerum perficitur [et fit vera venditio]. Inde quaeri potest, si ante nuptias mancipia aestimata deperierint, an mulieris damnum sit, et hoc consequens est dicere: nam cum sit condicionalis venditio,

[59]) Ausgangspunkt für die Entwicklung, die die aestimatio allgemein als emptio-venditio bezeichnet, ist die litis aestimatio. Vgl. Levy, ZSS. 42, S. 484 f. insbes. S. 485. Dort aber bestand ein Anlaß zu dieser Gleichsetzung wegen des Wortes „emit" in der Formel der a° Publiciana, unter das auch ex causa iudicati erworbene Gegenstände eingeordnet werden. Das hat Levy zutreffend gezeigt.

[60]) Zustimmend Girard, Manuel 1924, S. 1007. Von Diokletian in C. 5. 12. 10 wird von einem pactum gesprochen; vgl. dazu unten S. 94.

[61]) Beseler, ZSS. 45, S. 259 will die Stelle von [sed id agi ... pretium] für itp. erklären. Seine Begründung ist aber nicht ausreichend: „debeat" ist von „id agi videtur ut ..." abhängig. Der Anschluß mit „sed" ist nach der Alternativfrage immerhin erträglich; „agi" statt „actum" ist freilich auffällig, läßt sich aber vielleicht palaeographisch erklären.

pendente autem condicione mors contingens extinguat venditionem, consequens est dicere mulieri perisse, quia nondum erat impleta venditio, quia aestimatio venditio est.]

Diese Stelle entspricht zwar in der Entscheidung der vorhergehenden, sie ist ihr aber insofern entgegengesetzt, als sie den Inhalt der Ästimationsstipulation angreift, nicht nur die Frage des Eintritts der Wirkung dieser stipulatio behandelt:

Vor Eheabschluß sind aestimata mancipia, die dem Bräutigam zur dos übergeben waren, gestorben. Dieser Verlust soll auf Kosten der zukünftigen Gattin gehen, aus der Ästimationssumme ausscheiden. Dies erscheint zweifelhaft: sollte die zivile Stipulation ipso iure geändert werden? Fraglich erscheint ferner die Gleichstellung der datio dotis aestimatae mit einer emptio-venditio bei dem bekannten Gegensatz zwischen emptio-venditio und stipulatio. Es ist möglich, daß die vorstehende Entscheidung auf die byzantinische Lehre vom iustum pretium zurückzuführen ist. Deutlich ist der konstruktionelle Zusammenhang zwischen der Bezeichnung der aestimatio als einer venditio und der willkürlichen Veränderung der Ästimationssumme. Beseler [62]) hat nun einen großen Teil dieser Stelle als itp. gestrichen. Auf den Inhalt der Stelle geht er aber nicht ein [63]). Man wird sagen müssen, daß, wenn die aestimatio venditio ist, res dotales nicht übereignet werden können, ehe die Ehe geschlossen ist — wenigstens nach der in diesem Punkte mit der herrschenden Lehre übereinstimmenden, hier vorgetragenen Ansicht über die römische Übereignung ex causa emptionis, da eine Übereignung trotz suspensiv bedingter causa wohl als abstrakte Übereignung anzusehen wäre. Andererseits ist Beseler in den Beiträgen doch — zumindest an der Stelle, wo er vera durch pura ersetzt — zu vorsichtig in seiner Itp.-Annahme gewesen, zumal wenn er seine Begründung „Interpretamente“ aufrecht erhält. Er hat deshalb auch später mit Recht den Satz „et fit vera venditio“ ganz gestrichen. Man müßte sonst die aestimatio von vorneherein als bedingten Kauf abgeschlossen denken. Das steht aber im klassischen Recht mit der Tatsache, daß sie in Stipulationsform geschlossen wurde, im Widerspruch. Dies ändert sich erst unter den Byzantinern, bei denen der Unterschied zwischen der stipulatio und den Geschäften des ius gentium verwischt wird [64]). Auch der jetzt von Beseler freigegebene Satz „quia aesti-

[62]) Beitr. II, S. 58 [namque ... condicionem] .. [vera] ⟨pura⟩ .... [hoc] ... [nam .... dicere] ... [quia ... est] u. ZSS. 45, S. 259: [dotales ... vera venditio] ... [an mulieris] ... [hoc consequens ... extinguat venditionem] ... [mulieri] ⟨viro⟩ ... [quia nondum ... venditio] quia aestimatio venditio est.

[63]) Sachlich vgl. aber Haymann, ZSS. 41, S. 85, der den ganzen Paragraphen 5 streicht.

[64]) Zu erinnern ist dabei an die Stipulationsklausel „eperotetheis homolo-

matio venditio est" [65]) ist also byzantinisch. Die doppelte quia-Begründung sichert nicht wenigstens den einen angegebenen Grund den Klassikern. Nicht nur sachlich, wie es Haymann tut, sondern auch formal ist der § 5 den Byzantinern zuzuweisen [66]).

Auch in D. 23. 3. 16 Ulpian 34 ad Sab. ist „aestimatio venditio est" wohl sicher itp. [67]).

3. C. 5. 12. 10 Diocl. et Max. (anno 286).

Cum dotem te aestimatam accepisse profitearis, apparet iure communi [per pactum quod doti insertum est formato contractu ex empto actionem esse. Quis enim dubitet] aestimationem a te mulieri deberi, cum periculo tuo res deteriores fiant vel augmenta lucro tuo recipiantur?

Diese Stelle ist wohl in erheblich größerem Umfange itp. als Pringsheim [68]) es annimmt: das, was der Anfragende wissen will, ist doch nur, ob er die Ästimationssumme trotz Verminderung des Wertes der dos zu leisten hat. Mit welcher Klage gegen ihn vorgegangen werden muß, interessiert ihn doch jedenfalls nicht, zumal wenn man mit Partsch [69]) dem amtlichen Kognitionsverfahren eine besonders große Bedeutung beimißt. „per pactum ... quis enim dubitet" dürfte itp. sein, zumal der a. c. i. „aestimationem deberi" gut zu „apparet", aber schlecht zu „dubitet", das mit quin konstruiert werden müßte, paßt. Hingewiesen sei übrigens hier auf C. 5. 12. 5, wo der Satz „aestimatio venditio est" in einer Konstitution des Kaisers Alexander (anno 226) noch fehlt. Hingewiesen sei ferner auf C. 5, 13 un. § 9 a, von Justinian (anno 530), wo die serva aestimata in dotem data überhaupt als dotalis nicht mehr anerkannt wird. Zwischen diesen beiden Konstitutionen muß sich die Rechtsentwicklung, die die aestimatio dotis dem Kaufrecht anglich, abgespielt haben [70]).

---

gesa". Hier werden, wie die Urkunden zeigen, alle Geschäfte doppelt, d. h. einmal als Kauf, Tausch, Miete oder ähnl., außerdem aber noch als stipulatio abgeschlossen.

[65]) In Beitr. II, S. 58 hatte Beseler den Satz mit Recht angefochten.

[66]) Daß aestimatio nicht venditio ist, ergibt sich aus der Anerkennung des merkwürdigen Wahlrechts h. l. § 6.

[67]) Beseler, Beitr. II, S. 111; zustimm. Levy, Privat-Strafe, S. 113 Anm. 7; Pringsheim, ZSS. 42, S. 262 Anm. 4.

[68]) ZSS. 42, S. 289.

[69]) Schriftformel i. röm. Prov. Proz., S. 67.

[70]) Zweifellos gibt es noch mehrere Stellen, die den angefochtenen Satz teils enthalten — teils zu enthalten scheinen. Zu vergleichen ist z. B. Vat. 111, wo im letzten Satz, der zweifellos verdorben ist, insoweit hat Beseler, ZSS. 45, S. 258 recht, [quoniam .... venditione] wohl als Glossem ausfällt. Ferner Vat. 105, das offenbar umredigiert ist, denn woher käme sonst das Sechstel, das der Gatte zurückbehalten darf? — Es ist aber nicht Aufgabe dieser Arbeit, diese Stellen sämtlich als itp. zu erweisen; es genügt zu zeigen,

Über die Usukapion der dos aestimata handelt als Gegenstück zu D. 41. 9. 1 § 2:

D. 41. 9. 2. Paulus 54 ad ed. Si aestimata res ante nuptias tradita sit, [nec pro emptore] ⟨pro soluto⟩ nec pro suo ante nuptias usucapietur.

Leider ist die Stelle so kurz, daß ihr formaler Gehalt nicht genau festgestellt werden kann; sie scheint durchaus in Ordnung zu sein. Vergegenwärtige man sich aber, was sie besagt: die in den Digesten ausgeführte Lehre vom Erwerb der dos sagt, daß die dos aestimata erst secutis nuptiis zu Kaufrecht übereignet sei; daß die venditio vorher nur suspensiv bedingt, d. h. ohne augenblickliche rechtliche Wirksamkeit sei. Andererseits ist im klassischen röm. Recht lediglich die vollendete emptio-venditio möglicher Usukapionstitel [71]). Der Klassiker hätte mit „nec pro emptore" etwas ganz Selbstverständliches gesagt, wenn im klassischen Recht „aestimatio venditio est" gälte. Im byzantinischen Recht dagegen gibt es wirksame Putativtitel. Dort konnte die Frage nach der Ersitzung pro emptore wohl auftauchen. Anders steht es für das klassische Recht mit dem Titel pro suo. Die dos non aestimata wird pro suo usukapiert, wenn sie ante nuptias tradiert ist. Die dos aestimata steht deshalb anders, weil die suspensiv bedingte aestimatio nach Eheabschluß die Dotalsachen zum freien Eigentum des Mannes macht. Der Titel pro suo findet aber seine Fortsetzung nur in der usucapio pro dote [72]). Schon vor Eintritt der Bedingung kann dagegen bei der dos aestimata der Gatte, wenn die aestimatio nicht suspensiv bedingt stipuliert ist, ersitzen und zwar pro soluto. Vielleicht sagte die Stelle im klassischen Text gerade dies. Auffällig ist, daß sie in der Palingenesie [73]) weder zu ihrer Vorgängerin noch zu ihrer Nachfolgerin paßt. Sie würde aber nach Verlust des [nec pro emptore] sehr gut hinter das Fragment Nr. 671

daß es sich beim Erwerb der dos aestimata ante nuptias data nicht um abstrakte Übereignung handeln muß, trotzdem die aestimata dos schon vor Eheabschluß erworben wird. Eine abstrakte causa ist auch dann nicht anzunehmen, wenn der Satz „aestimatio venditio est" schon im klassischen Recht galt. Mag auch der Kauf, um als iusta causa traditionis wirken zu können, effektiven Bestand haben müssen, so ist die Übereignung der dos aestimata ante nuptias doch nicht abstrakt, sondern sie geschieht zu dem Zwecke, die Ansprüche aus dem Kaufrecht entstehen zu lassen.

Wahrscheinlich ist es indessen, daß der Satz „aestimatio venditio est" im klassischen Recht nicht gilt. Notwendig wäre eine einheitliche Untersuchung über das ganze Gebiet der aestimatio im röm. Recht, auch jenseits der Grenzen des Trödelvertrages.

[71]) Insbes. ist die Hingabe der dos ante nuptias deshalb keine Leistung eines indebitum, weil das indebitum, wenigstens wenn es eine condictio gewähren soll, per errorem solutum sein muß. Das liegt bei einer Mitgiftbestellung ante nuptias nicht vor. Beseler, ZSS. 45, S. 225.

[72]) Vgl. Bonfante, Scritti II, S. 634.

[73]) Paulus 670.

passen. Nach alledem erscheint es nicht allzu gewagt, dieses Stück für ein Emblem zu erklären. Beseler[74]) streicht „nec pro emptore nec pro suo" und setzt dafür „etiam", was sachlich der vorstehend gegebenen Erklärung entspricht.

VII. Im Zusammenhang mit der Lehre von der dos ante nuptias data steht die Lehre von den Paraphernalien. Paraphernalien sind nach den Untersuchungen von Castelli[75]) solche Gegenstände, die die Frau zum persönlichen Gebrauch in der Ehe in das Haus des Mannes einbringt. Durch die genannten Untersuchungen ist nun erwiesen, daß diese Paraphernalien grundsätzlich im Eigentum der Frau bleiben. Es ist vor allem die Ansicht widerlegt, daß es einer besonderen Vorbehaltserklärung der Frau bedürfte[76]). In diesem Sinne erklärt sich auch D. 39. 5. 31 § 1 = Vat. 254.

Papinian 12 resp. Species extra dotem a matre filiae nomine viro traditas filiae quae praesens fuit donatas et ab ea viro traditas videri respondi nec matrem offensam repetitionem habere vel eas recte vindicare, quod vir cavisset extra dotem usibus puellae sibi traditas, cum ea significatione non modus donationis declaretur nec ab usu proprietas separetur, sed peculium a dote puellae distingueretur. [iudicem .... sententiam][77]).

Die causa traditionis ist die Schenkung von seiten der Mutter an die Tochter. Diese — nicht der Gatte der Tochter — hat die res traditas auch zu freiem Eigentum erworben[78]). Daß der Schlußsatz itp. ist, ist allgemeine Meinung und ergibt sich aus dem Vergleich mit dem Vat. Fragment. Die gleiche Erklärung findet auch Paulus sent. V. 11 § 1[79]). In keinem der beiden Texte liegt eine abstrakte Tradition an den Gatten vor.

D. 23. 3. 9 § 3. Ulpian 31 ad Sab. Ceterum si res dentur in ea quae Graeci parapherna dicunt quaeque Galli peculium appellant, [videamus, an statim efficiuntur mariti. Et putem, si sic dentur ut fiant, effici mariti: et cum distractum fuerit matrimonium, non vindicari oportet, sed condici,] nec [dotis][80]) actione peti, ut divus Marcus et imperator noster cum patre rescripserunt .....

In der Stelle ist mancherlei auffällig: der Satz „si sic dentur ut fiant" scheint hier eine abstrakte traditio zuzulassen. Er sagt folgendes: grund-

---

[74]) ZSS. 45, S. 259.

[75]) Scritti giuridici, Mailand 1923, S. 1 ff., insbes. S. 80 ff.

[76]) Castelli, a. a. O. S. 52 ff., gegen Bechmann, Dotalrecht I, S. 44 f. Über den Eigentumsvorbehalt vgl. unten Kap. 14.

[77]) Vgl. Krüger, D. ed. ster.; Pernice, Labeo III, S. 88 Anm. 1; Schulz, Einf. S. 67, 69 f.; Levy, Ehescheidung, S. 72 Anm. 4; Beseler, Beitr. II, S. 52; IV, S. 19; Gradenwitz, Interpolationen, S. 29.

[78]) Vgl. Pernice, Labeo III, S. 15; Schulz, Einf. S. 67.

[79]) Schulz, a. a. O. S. 69; Castelli, a. a. O. S. 78.

[80]) ⟨rei uxoriae⟩, Krüger, D. ed. ster.

sätzlich werden die Paraphernalien nicht Eigentum des Gatten; nur wenn sie in dieser Absicht hingegeben werden, werden sie übereignet. Wenn hier eine abstrakte Übereignung möglich wäre, so wäre das offenbar der bequemste Weg zur Umgehung des Verbots der donatio inter virum et uxorem. Es muß daher auffallen, daß diese Möglichkeit bei der donatio inter virum et uxorem nie erwähnt wird. Der Satz ist mithin sachlich anstößig. Er paßt auch inhaltlich nicht in den Zusammenhang der Stelle, wenigstens, wenn richtigerweise mit Castelli [81]) angenommen wird, daß ein essentiale des Begriffes der Paraphernalien der Katalog der eingebrachten Sachen ist [82]). Auch schon die Frage .... „videamus an statim efficiuntur mariti ..." ist in diesem Zusammenhang kaum verständlich. Zu vergleichen ist dazu C. 5. 14. 8 Theodos. und Valentinian (anno 450), wo ausdrücklich gesagt wird:

> Hac lege decernimus, ut vir in his rebus, quas extra dotem mulier habet, quas Graeci parapherna dicunt, nullam uxore prohibente habeat communionem nec aliquam ei necessitatem imponat .....

Diese Bestimmung richtet sich gegen orientalische und hellenistische Gebräuche, die dem Gatten von vornherein ein Recht an den Paraphernalien geben. Hier liegt der Ursprung der Frage, „an statim eius fiant". Nach alledem erscheint es wahrscheinlich, daß der Satz „videamus ... sed condici" itp. ist [83]). Das „sic" ist ganz unbestimmt, zu fiant fehlt das Objekt, der Klassiker hätte schreiben müssen „si sic dentur ut eius (sc. mariti) fiant". Die Stelle ist auch außerdem in ihren hier nicht wiedergegebenen Teilen angegriffen [84]), sodaß man es wohl für wahrscheinlich halten kann, daß auch hier eine Interpolation vorliegt, zumal auf das „et putem ... effici mariti" nicht in der gleichen Konstruktion fortgefahren wird, sondern ein Hauptverb mit neuem Subjekt „oportet" folgt. Es ist auch die Möglichkeit zu erwägen, ob, trotz des Widerspruches von Castelli [85]), der Klassiker nicht doch von einer Zuwendung seitens eines Dritten handelte, wie im Falle D. 39. 5. 31 § 1. Fand diese in Form einer mancipatio an den Ehemann statt, so versagte der Klassiker deshalb mit Recht die rei vindicatio. Das würde den farblosen Einschub „si sic dentur ut fiant" erklären und zugleich

---

[81]) Vgl. a. a. O. S. 86 Anm. 1.

[82]) Mag er immerhin keine rechtliche Wirkung haben, vgl. Levy, Ehescheidung, S. 72 Anm. 4.

[83]) Zust. Pampaloni, Riv. ital. per le scienze giur. 52, 1913, S. 162—168.

[84]) Vgl. de Francisci, Trasf. S. 195; Riccobono, ZSS. 34, S. 250; Beseler, Beitr. I, S. 24.

[85]) a. a. O. S. 83 Anm. 1.

die Versagung der vindicatio für das klassische Recht retten [86]). Genaues läßt sich nicht erkennen. Man könnte auch aus dem Gesetz des Theodosius entnehmen, daß bis zu seinem Erlaß die Paraphernalien mit der actio rei uxoriae zurückgefordert wurden, und daß dieser Erlaß erging, um das Paraphernalgut von der retentio propter mores und propter liberos zu befreien.

Zu der Annahme einer abstrakten Übereignung kann auch nicht führen: C. 5. 16. 17.

Diocl. et Max. (anno 293) De his, quae extra dotem in domum illata a marito erogata commemoras, si quidem te donante consumpta sunt, intellegis adversus heredes non nisi in quantum locupletior fuit habere te actionem: si vero contra voluntatem tuam, omnia tibi restitui oportere.

Diese Konstitution ist wohl echt, wenngleich sie recht unsorgfältig stilisiert ist. Es scheint, als würde in dieser Konstitution eine Schenkung inter virum et uxorem als rechtswirksam angesehen; ferner ist völlig unpassend das Stück „nisi ... fuit" [87]), das ohne Rücksicht auf das Subjekt eingefügt ist, endlich ist ungeschickt die Abhängigmachung des letzten Satzes von dem weit entfernten und gleichgültigen „intellegis". Alles sind Anzeichen großer Flüchtigkeit der Konzeption. Der Inhalt der Konstitution ist aus der Tatsache, daß die Paraphernalien konsumiert worden sind, zu erklären. Der Kaiser gab wohl die condictio [88]). Daß es sich an der fraglichen Stelle um Paraphernalien handele, kann überhaupt zweifelhaft sein, es wird aber in der Literatur angenommen [89]).

9. Kapitel.

I. Consensus de donando ist nicht genügende causa. II. Die donatio mortis causa. III. Die donatio inter virum et uxorem.

I. Die Quellen geben die condictio ob causam datorum vor allem auch im Gebiet des Schenkungsrechts, und diese Tatsache hat Beseler [1]) dazu veranlaßt, anzunehmen, daß traditio mit consensus de donando geeigneter

[86]) Aber wäre das vom Klassiker nicht als dos adventicia angesehen worden? Dann hätte doch jedenfalls die actio rei uxoriae gewährt werden müssen. Vielleicht wurde sie verweigert, weil die res ausdrücklich als Paraphernalien bezeichnet worden waren.

[87]) Dieses Stück hält Rotondi, Scritti II, S. 389 Anm. 1 für itp.

[88]) Die condictio rerum consumptarum ist freilich immer eine condictio incerti und unterliegt daher dem Verdacht, dem alle condictiones incerti unterliegen.

[89]) Vgl. Castelli, a. a. O. S. 81 f.; Taubenschlag, Recht Diokletians, S. 223 Anm. 1.

[1]) ZSS. 45, S. 225.

Usukapionstitel war. Zur Stützung dieser Ansicht könnte sich Beseler in erster Linie auf das Institut der donatio mortis causa [2]) berufen [3]). Man könnte nämlich sagen, die donatio mortis causa werde eine wirkliche Schenkung erst beim Tode des Schenkers. Bis zu seinem Tode bestände nur der consensus de donando. Das wäre eine abstrakte — wenigstens nur bedingt kausale — Übereignung. Die Entstehung der causa wäre bedingt durch den Tod des Schenkers, aber ohne Rücksicht auf Entstehung oder Wegfall der causa ginge das Eigentum sofort auf den zu Beschenkenden über.

Der Quellenbefund entspricht dieser Ansicht nicht:

II. Die Klärung der Lehre der donatio m. c. ist insbesondere den Arbeiten Félix Senns zu verdanken, der seine Ergebnisse in seiner — leider wenig bekannten [4]) — Monographie zusammengefaßt hat. Senns Ergebnisse werden im folgenden kurz vorgetragen werden. Daß das Gebiet ganz besonders stark byzantinisch überarbeitet ist, erkennt die neuere Lehre an [5]). Joers geht sogar so weit, alle die Fälle, in denen der Gegenstand der mortis causa donatio sofort Eigentum des Beschenkten wird und eine bedingte Rückgabeverpflichtung entsteht, für verdächtig zu erklären. Zur Begründung führt er an, daß das klassische Recht ja keine resolutive Bedingung kennt. Das ist richtig, genügt aber zu einer so weitgehenden Schlußfolgerung nicht.

Der deutlichste Fall des klassischen Rechts, in dem solche Rückforderung des übereigneten Geschenkes erfolgt, findet sich in einer Reihe von Stellen, die von Senn für die fiduziarische Veräußerung mortis causa in Anspruch genommen werden [6]). Diese Stellen sind von den Kompilatoren in ihrem

---

[2]) Vgl. Haymann, ZSS. 38, S. 233 u. das. Anm. 3; Biondi, Appunti intorno alla donatio m. c. 1914; Senn, La donation à cause de mort, Paris 1914.

[3]) Er spricht freilich nur von derjenigen m. c. donatio, bei der das Eigentum erst im Zeitpunkt des Todes des Schenkers auf den Erwerber übergehen soll. A. a. O. S. 219 f. Hier soll nach sabinianischer Lehre der „Eigentumsübertragungsvertrag" (abstrakt gedacht? oder meint B. den Schenkungs„vertrag"?) erst im Augenblick des Todes zustandekommen. Entsprechend wird man bei der donatio m. c. mit sofortigem Übergang als Beselers Ansicht annehmen sollen, daß der „Eigentumsübertragungsvertrag" sofort, die Schenkung erst mortis tempore wirksam wird. Wie Beseler diese Ansicht mit de Franciscis Lehre von der Übereignung, der er a. a. O. Anm. zustimmt, in Einklang bringt, verstehe ich nicht.

[4]) Auch im Interpolationen-Index ist sie — soweit ich sehe — nicht verwertet.

[5]) Vgl. Joers, Röm. R. S. 254 Anm. 3.

[6]) D. 39. 6. 2 Ulp. 32 ad Sab., dazu Senn, a. a. O. S. 44 f.; D. 39. 6. 38 Marcellus 1 ad legem Juliam et Pap., Senn, a. a. O. S. 130 f.; D. 39. 6. 23 Afric. 2 quaest., Senn, a. a. O. S. 161; D. 39. 6. 30 Ulpian 21 ad ed., Senn, a. a. O. S. 57; vgl. ferner Pernice, Labeo III, S. 267 Anm. 4; Haymann, ZSS. 38, S. 242. Über den Ursprung des Instituts der donatio

Kampfe gegen die mancipatio verändert worden. In diesen Fällen ist Eigentumsübertragungscausa die donatio. Die fiduziarische mancipatio, in der das pactum fiduciae die Bedingung der Rekonvaleszenz enthielt, ist das Mittel, durch das die Schenkung vollzogen wurde. Der wirklich zustandegekommenen Schenkung gesellt das pactum fiduciae das aufschiebend bedingte Rückforderungsrecht des Schenkers nach seiner Rekonvaleszenz. An Stelle des fiduziarisch bestellten Rückforderungsrechtes wird im byzantinischen Recht, abgesehen vom Falle der Sondervereinbarung, ipso iure die condictio causa data causa non secuta gewährt [7]). Das ist gerade bei den Texten geschehen, die am meisten für Beselers Ansicht zu sprechen scheinen. So ist die Revokation der donatio mortis causa besser erklärt [8]) als durch Beseler. Im übrigen ist Beseler [9]) freilich recht zu geben, wenn er bei anderen Schenkungen ein „retro agi donationem" für unklassisch erklärt.

Ferner führt Senn zutreffend aus [10]), daß man annehmen müsse, neben der mit pactum fiduciae versehenen fände sich eine andere donatio mortis causa mit Aufpfropfung einer stipulierten Nebenabrede. Diese enthielt die Rückgabeverpflichtung im Falle der Genesung des Schenkers. Damit erledigt sich Haymanns [11]) Bemerkung, daß im klassischen Recht die nach der Errettung des Schenkers nichtige donatio mortis causa auch das Erfüllungsgeschäft nichtig mache [12]); denn die Schenkung ist nach Errettung des Gebers nicht von selbst nichtig, und ebensowenig ist es das Erfüllungsgeschäft. Das hat Senn zutreffend ausgeführt [13]): nur der suspensiv bedingte, in der Stipulation niedergelegte contrarius consensus verleiht dem Schenker nach seiner Genesung ein Rückforderungsrecht, und die dingliche Klage in D. 39. 6. 29 Ulpian 17 ad ed. ist als iustinianisch anzusehen [14]). Die „Auflage" [15]) gewährt ein neues, vertragliches Rückforderungsrecht. Beselers [16]) „sabinianische Theorie" vom Eigentumsübergang mortis causa ist dahin zu ver-

---

m. c. vgl. gegen Senn Biondi, a. a. O. S. 5—34; hinsichtlich der klassischen Konstruktion des Instituts widerspricht Biondi Senn nicht. Vgl. z. B. S. 35. Nur über die revocatio si voluero hat Biondi eine eigene Ansicht. S. 36 ff.

[7]) Vgl. Biondi, a. a. O. S. 36.

[8]) Senn, a. a. O. S. 46 f.

[9]) ZSS. 45, S. 220.

[10]) Senn, a. a. O. S. 45 Anm. 1.

[11]) ZSS. 38, S. 209 ff.

[12]) Haymanns Interpolations-Behauptungen zu D. 39. 6. 29; 39. 6. 30; 39. 6. 37 sind zutreffend; zu lex 29 vgl. Rabel, Grundz. S. 516 Anm. 3.

[13]) Das hält auch Joers, Röm. R. S. 254 Anm. 3 für wahrscheinlich.

[14]) Senn, a. a. O. S. 97 f.

[15]) Haymann, ZSS. 38, S. 213.

[16]) ZSS. 45, S. 219.

stehen, daß der „Schenkungsvertrag" entweder durch den Tod des Schenkers suspensiv bedingt oder mit bedingter Rückgabestipulation geschlossen ist. Im ersteren Fall ist er bis zum Tode des Schenkers in der Schwebe und unwirksam; mit dem letzten Atemzug des Schenkers wird er perfekt. Ein besonderer „Solutionsvertrag", der auf die von Beseler geschilderte merkwürdige Weise geschlossen wird, ist nicht notwendig [17]).

Die Betrachtungen Senns haben die Anschauung von der kausalen Verknüpfung der Eigentumstradition zur Lösung der Probleme der donatio mortis causa zur notwendigen und eingestandenen [18]) Voraussetzung. Seine Ergebnisse werden den Quellen durchaus gerecht. Die Verweisung auf seine Ausführungen erspart hier den eigenen Aufbau einer Theorie mit besonderem Bezug auf die traditio.

III. Die Lehre von dem Genügen des beiderseitigen consensus de donando bei der traditio als causa für den Eigentumserwerb wird aber nicht nur durch die Betrachtung der donatio mortis causa, sondern auch durch die Lehre von der donatio inter virum et uxorem widerlegt, denn trotz einhellig gewollter donatio geht das Eigentum an den geschenkten Sachen nicht über. Das ist freilich wahrscheinlich Folge einer positiven Gesetzesbestimmung [19]), aber es hat anscheinend die römische Theorie auch in bezug auf die donatio m. c. stark beeinflußt. Solche Grenzfälle sind in den beiden von Beseler [20]) zitierten Stellen D. 24. 1. 25 [21]) und D. 41. 6. 3 enthalten:

D. 24. 1. 25 Terentius Clemens 5 ad legem Jul. et Pap. Sed et si constante matrimonio res aliena uxori a marito donata fuerit, dicendum est confestim ad usucapionem eius uxorem admitti, quia et si non mortis causa donaverat ei, non impediretur usucapio. Nam ius constitutum ad eas donationes pertinet, ex quibus et locupletior mulier et pauperior maritus in suis rebus fit: itaque licet mortis causa donatio interveniat, quasi inter extraneas personas fieri intellegenda est in ea re, quae quia aliena est usucapi potest.

Es ist möglich, daß die von Rabel [22]) geteilte herrschende Meinung die Stelle nicht durchaus richtig interpretiert [23]). Es muß doch zweifelhaft

---

[17]) D. 24. 1. 11 §§ 2—9 Ulp. 32 ad Sab. und dazu Senn, a. a. O. S. 142 ff. u. ö.; Beseler, ZSS. 45, S. 220 f.; zu § 2 Lenel, Palingenesie, Ulp. 2762; zu § 3 Lenel, Paling., Sab. 106; zu § 7 Guarneri-Citati, Obbligazioni indivisibili I, S. 234 Anm. 2.

[18]) Vgl. Senns Ausführungen über den Begriff „acte juridique causale" a. a. O. S. 1 Anm. 1.

[19]) Rabel, Grundz. S. 530.

[20]) ZSS. 45, S. 226.

[21]) Vgl. Senn, a. a. O. S. 74 Anm. 1; 150 f., der die Stelle für nur auf die donatio mortis causa bezüglich erklärt.

[22]) Grundzüge, S. 440.

[23]) Rabel nimmt an, daß hier eine „sinngemäße Ausnahme" vorliege, „daß Ersitzung möglich ist, wenn ein Ehegatte eine fremde Sache schenkt". „Hier macht zwar das gesetz-

sein, ob die römische Doktrin das starre Verbot des iulischen Gesetzes so restriktiv auslegte, daß sie eine Ersitzung zuließ. Aber, wenn man daran zweifelt, so handelt die Stelle nur — wie bereits von Senn behauptet worden ist [24]) — von der donatio mortis causa, für die eine gesetzliche Ausnahme bestand, wie die Stelle angibt „... quia [et] si [non] mortis causa ....", so ist dann der anstößige Satz zu bereinigen, wofür auch die Inkonzinnität zwischen der ersten und zweiten Hälfte der vorgetragenen Stelle spricht. In Anlehnung hieran mag auch D. 41. 6. 3 Pomponius 24 ad Qu. Muc. nur auf die donatio mortis causa zu beziehen sein. Andererseits ist in den Stellen D. 26. 7. 56 Scaevola 4 dig. [25]) und D. 41. 4. 2 § 8 Paul. 54 ad ed. [26]) eine starke Stütze der herrschenden Theorie vorhanden. Hier wird nämlich eine ähnliche gesetzliche Vorschrift, das Verbot, daß der tutor etwas ex re pupilli erwerben dürfe, aus demselben Grunde „quod deterior causa non fit" gemäß einer kaiserlichen Konstitution Traians restriktiv interpretiert. Diese Entscheidung läßt sich schwerlich mit einer nicht formal unterbauten Interpolationsbehauptung beseitigen [27]).

Man sollte es aber vermeiden, das kausale Geschäft in diesen Stellen für nichtig zu erklären. Es war, wie der Klassiker ausdrücklich betont, geeigneter Usukapionstitel. Davon, daß es ungültig wäre, steht in den zitierten Stellen nichts.

---

liche Verbot auch das obligatorische Geschäft nichtig, aber es ist zugunsten des Ehegatten .... erlassen; nicht des Eigentümers". Es ist nicht einzusehen, wie Rabel seine Annahme, es liege hier eine Ersitzung sine causa vor, begründen will. Ließen die Römer eine solche Ersitzung — doch jedenfalls pro donato — zu, so war die donatio hier ebenso gültig wie im Falle der Gelegenheitsgeschenke (D. 24. 1. 31 § 8).

[24]) a. a. O. S. 150 f.

[25]) Tutor rerum et animalium pupilli venditionem fecit, sed quaedam animalia emptoribus pretium non solventibus retinuit et apud se habuit, pretium idem rationibus pupilli accepto tulit: ex his aliquot nata sunt: defuncto tutore heres eius eandem tutelam administravit et animalia annis plurimis possedit: quaesitum est, an, cum is cuius tutela administrata est annis viginti quattuor esset, iure animalia vindicaret. Respondit secundum ea quae proponerentur pupillum ea vindicare non posse.

[26]) Tutor ex pupilli auctione rem, quam eius putabat esse, emit. Servius ait posse eum usucapere: in cuius opinionem decursum est eo, quod deterior causa pupilli non fit, si propius habeat emptorem ... idque et a divo Traiano constitutum dicitur.

[27]) Das tut Beseler, ZSS. 45, S. 227. Freilich ist der „pupillus" in der Entscheidung der lex 56 auffällig, auch das in lex 2 § 8 ausgelassene Stück vielleicht nicht völlig intakt, aber für eine Veränderung der Entscheidung ist weder ein formaler noch ein dogmatischer Grund erkennbar. Man wird sie daher für echt halten müssen.

10. Kapitel.

I. Innominat-Realkontrakt und abstrakte Übereignung. II. Contractus aestimatorius. III. Innominat-Realkontrakte schon in klass. Zeit negotia. IV. Tausch („do ut des"). V. „Do ut facias."

I. Seitdem Perozzi[1]) und Beseler[2]) die actio praescriptis verbis als byzantinisch erwiesen haben, ist anerkannt, daß die condictio ob causam datorum das Hauptrechtsmittel ist, um durch Rückforderung der eigenen Leistung einen Zwang auf den Vertragsgegner eines Innominat-Realkontraktes auf Erbringung der Gegenleistung auszuüben[3]). Es fragt sich, ob die condictio hier vertragliche Klage ist. Es könnte nämlich gesagt werden: durch abstrakte Hingabe entstände eine vom Rechtsgeschäft unabhängige condictio. Da im Falle des Innominat-Realkontraktes nach dem Schema „do ut des" oder „do ut facias" aber bei Ausbleiben der Gegenleistung nur eine condictio bestehe, so folge daraus, daß der Innominat-Realkontrakt aus abstrakten Leistungen und Gegenleistungen bestehe. Daß diese Argumentation falsch ist, ergibt sich vor allem aus dem Begriff „abstrakte Übereignung". Abstrakte Übereignung liegt dann vor, wenn die Parteien nicht über das rechtliche Ziel, das durch die Übereignung erreicht werden soll, einig sind, oder wenn keinerlei rechtliches Ziel außer dem Eigentumserwerb des Empfängers besteht. Beim Innominat-Realkontrakt ist das rechtliche Ziel die Erbringung der Gegenleistung durch den Empfänger. Daß es sich hier um ein rechtliches Ziel handelt, ergibt sich daraus, daß nach klassischer Auffassung ein Reuerecht dem, der die Gegenleistung erbracht hat, nicht gewährt wird[4]). Daß das Ziel klageweise nur indirekt erreichbar ist, schließt seine Charakterisierung als rechtliches nicht aus. Mithin entsteht auch hier die condictio nicht als „quasi kontraktliche" Klage, sondern deutlich aus einem Rechtsgeschäft.

Zur Erläuterung des Vorstehenden ist besonders auch darauf hinzuweisen, daß die benannten Realkontrakte ebenfalls einseitig verpflichtende Verträge in dem Sinne sind, daß erst die Hingabe von der einen Seite die Verpflichtung auf der Gegenseite entstehen läßt[5]).

---

[1]) Istituzioni Bd. II, S. 278 ff., vgl. de Francisci, Synallagma I, S. 33 ff. Anders Meylan, L'action praescriptis verbis, 1919, doch ohne Erfolg. Vgl. Lenel, Ed. S. 300 ff.; Joers, Röm. R. S. 169; Siber, Röm. R. S. 208 ff.

[2]) Beitr. II, S. 156 ff., vgl. de Francisci, a. a. O. S. 35 ff.

[3]) Vgl. Rabel, Grundz. S. 469 f.

[4]) Vgl. Biondi, Donatio m. c. S. 54 Anm. 1, der jede Zulassung eines Reuerechtes für nachklassisch erklärt.

[5]) Für das mutuum vgl. D. 12. 1. 2 pr. u. § 2; Gai. III, 90. Für das commodatum und depositum ergeben das die Formeln: Gai. IV, 47, für das pignus vgl. Lenel, Ed.

II. Der deutlichste Fall eines Innominat-Realkontraktes ist — trotz Buckland [6]) — der contractus aestimatorius, wo die Rückgabe der „ob rem" gegebenen Sache ausdrücklicher Vertragsinhalt ist [7]). Das ergibt sich aus D. 19. 5. 13 pr. Ulpian 30 ad Sab., wo gesagt wird, daß mit der Hingabe die Vertragsverpflichtung zur Rückgabe oder Leistung entstehen soll. Erkennbar ist das daran, daß in dieser Stelle nur eine actio in factum gewährt wird. Für die Echtheit der Stelle spricht sich Partsch [8]) aus, aber mit einer von Buckland mit Recht als zweifelhaft bezeichneten Begründung. Buckland selbst hält mit Rücksicht auf den Widerspruch zwischen D. 19. 5. 13 pr. und D. 17. 2. 44 eine Interpolation eines der beiden Texte für möglich, sagt aber nicht ausdrücklich, welcher Text verfälscht sei. Anzunehmen ist, daß er D. 19. 5. 13 pr. für itp. hält, da er die actio in factum ablehnt [9]). Die beiden genannten und die dritte dazu gehörige Stelle seien hier nebeneinander vorgeführt:

D. 17. 2. 44 Ulpian 31 ad ed. Si margarita tibi vendenda dedero, ut, si ea decem vendidisses, redderes mihi decem, si pluris, quod excedit tu haberes, mihi videtur, si

---

S. 254 ff. Die fiducia ist in diesem Zusammenhang insofern nicht zu nennen, als sie pactum neben einer abstrakten mancipatio war. Es könnte hier eingewendet werden, daß die erst in nachklassischer Zeit erfolgte Unterstellung der verschiedenen Realkontrakte unter diesen einen Oberbegriff (vgl. Rabel, Grundz. S. 458 f. § 62) erweise, daß auch die Gleichstellung der Eigentums-traditio mit den übrigen traditiones erst nachklassisch sei, denn in Gai. III § 90 werde nur das mutuum und die Hingabe eines indebitum als „re contrahi" bezeichnet, die anderen von Justinian in Inst. III, 14 angeführten Geschäfte aber würden von Gaius nicht unter diesen Titel gebracht. Gaius hatte aber noch gar nicht die Möglichkeit, Kommodat, Depositum und Pignus als Kontrakte anzusehen, da sie zu seiner Zeit nur durch amtsrechtliche Klagen geschützte negotia waren; eine Eingliederung unter die Realkontrakte kam daher für ihn nicht in Frage. (Noch in den Texten der spätklassischen Periode ist die Verwendung von „contrahere" und „contractus" für commodatum, depositum und pignus stets Interpolationsindiz. Vgl. de Francisci, Synallagma II, S. 405 ff.) Ferner aber entspricht „res" nicht traditio, was sich am deutlichsten darin zeigt, daß die locatio conductio rei nicht als Realkontrakt angesehen wird; „res" ist vielmehr ein — mit der gemeinrechtlichen Theorie zu reden — Formerfordernis der fraglichen Geschäfte, also eine zweckgebundene traditio.

[6]) Buckland, Mélanges Cornil Bd. I, S. 139 ff.

[7]) Unrichtigerweise sagt de Francisci, Synallagma I, S. 105 f., der Fall „do rem ut pecuniam des" bedeute einen Kauf. Der Fall steht dem aestimatum näher als der emptio-venditio. Vgl. D. 12. 4. 16, unten S. 110 f. Das aestimatum ist ein Sonderfall von „do ut des". Darum rechtfertigt sich seine Vorwegnahme, denn es verdeutlicht den allgemeinen Fall „do ut des". Wohl gleicher Ansicht — trotz Synallagma I, S. 86 — ist de Francisci über das Verhältnis von „aestimatum" und „do ut des".

[8]) ZSS. 35, S. 237; vgl. de Francisci, Synallagma I, S. 94 ff.

[9]) Vgl. aber Beseler, Beitr. II, S. 39; III, S. 59; Pringsheim, ZSS. 42, S. 284; Pernice, ZSS. 9, S. 257 Anm. 1; de Francisci, Synallagma I, S. 97 ff.

animo contrahendae societatis id actum sit, pro socio esse actionem, si minus, praescriptis verbis.

D. 19. 5. 13 pr. Ulpian 30 ad Sab. Si tibi rem vendendam certo pretio dedissem, ut, quo pluris vendidisses, tibi haberes, placet neque mandati neque pro socio esse actionem, sed in factum quasi alio negotio gesto, quia et mandata gratuita esse debent, et societas non videtur contracta in eo, qui te non admisit socium distractionis, sed sibi certum pretium excepit.

D. 19. 3. 1. pr. Ulpian 32 ad ed. Actio de aestimato proponitur tollendae dubitationis gratia: fuit enim magis dubitatum, cum res aestimata vendenda datur, utrum ex vendito sit actio propter aestimationem, an ex locato, quasi rem vendendam locasse videor, an ex conducto, quasi operas conduxissem, an mandati. melius itaque visum est, hanc actionem proponi [..... —][10]).

Die Stellen machen den Eindruck, als werde hier eine kurze Aufzählung aller Rechtsgeschäfte des römischen Obligationenrechtes gegeben, und es ist begreiflich, wenn Buckland an einer Lösung dieses Wirrwarrs verzweifelt. Immerhin fällt D. 19. 3. 1. pr. völlig aus, wie Beseler[11]) mit Recht festgestellt hat. Den Widerspruch der beiden anderen Stellen zu lösen, ist hier unnötig, da es nur auf zwei Dinge ankommt:

1. Zu betonen ist, daß Klage erst mit Hingabe der res vendenda entsteht. Das sagen sowohl lex 44, wo die bloße Absicht der Hingabe mit „daturus essem" hätte ausgedrückt werden müssen, wie lex 13 pr., wo „dedissem" geschehene Hingabe bezeichnet. Damit wird aber lex 44 verdächtigt, denn die societas braucht nur Parteikonsens, um eine Klage entstehen zu lassen. Ulpian hätte die Hingabe als beabsichtigt hinstellen müssen, wenn er auf a⁰ pro socio hinaus wollte. Das wird um so deutlicher, wenn man lex 13 § 1 vergleicht, wo gesagt wird, „nemo societatem contrahendo rei suae dominus esse desinit". „Dare" bezeichnet aber technisch Übergabe zu Eigentum, also ist Ulpians Argumentation in lex 44 unmöglich. Das wiegt schwerer, als das, allerdings nicht unzweifelhafte, „placet" in lex 13 pr.

Der Interpolationsverdacht in lex 44 wird aber ganz besonders verstärkt, wenn man das Fragment mit der, wie betont, unechten Stelle D. 19. 3. 1. pr. vergleicht, wo als dem aestimatum ähnliche Geschäfte nur Konsensualkontrakte genannt werden[12]). Zweifel könnte an der gegebenen Interpretation freilich die Tatsache wecken, daß Buckland diesen Fall des limitierten Kaufpreises in lex 13 pr. ausdrücklich als nicht in die Reihe der Stellen über das aestimatum gehörig bezeichnet[13]). Aber er tut das offenbar nur, weil

[10]) Gradenwitz-Krüger, D. ed. ster.

[11]) Beitr. IV, S. 135; vgl. Lenel, Ed. S. 301.

[12]) Vgl. aber Lenel, Palingenesie, Ulp. 953; Gradenwitz, Interpolationen, S. 109, 126, die das hier verwertete Stück nicht beanstanden.

[13]) a. a. O. S. 143.

in der Quellenstelle das Wort „aestimare“ fehlt, und ist darin nicht konsequent [14]). Daß nun aber die Interpretation von D. 19. 5. 13 pr. als Fall des aestimatum trotz der aus den Parallelstellen und der Literatur geschöpften Einwände richtig ist, lehrt D. 19. 5. 17 § 1, wo der Vertrag „aestimatum“ durch Hingabe perfekt wird [15]).

Ulpian 28 ad ed. Si margarita tibi aestimata dedero, ut aut eadem mihi adferres aut pretium eorum, deinde haec perierint ante venditionem, cuius periculum sit? Et ait Labeo, quod et Pomponius scripsit, si quidem ego te venditor rogavi, meum esse periculum: si tu me, tuum: [..... —] [16]).

Da hier die Gefahrverteilung nicht unter dem Gesichtspunkte der bona oder mala fides dessen, bei dem die Perlen verloren gehen, erfolgt, sondern unter dem Gesichtspunkte des Vertragsinhaltes, so ergibt sich daraus, daß sie nicht vertragslos erworben sind, sondern daß eine Erwerbscausa von der römischen Doktrin angenommen wird. Dem widerspricht nicht die in diesem Fragment getroffene Gefahrverteilung. Auch die herrschende Lehre hält den Trödelvertrag für einen Realkontrakt [17]). Fraglich erscheint in D. 19. 3. 1 pr., ob die hingegebene Sache übereignet wurde. Die anderen Quellen setzen das aber voraus.

2. Der zweite Punkt ist der, daß eine actio in factum auf die Gegenleistung zu entstehen scheint [18]). Das scheint den Schluß auf andere Realkontrakte unmöglich zu machen. Es fragt sich, ob neben dieser actio in factum, deren Echtheit durchaus nicht unzweifelhaft ist, auch eine condictio gewährt wurde. Das ist wahrscheinlich, wenn die Annahme, daß das aestimatum ein Realvertrag sei, richtig ist. Denn aus Gai. III § 91 .... „re obligatur: nam proinde ei condici potest ....“ ergibt sich, daß aus der Tatsache, daß die condictio gewährt wird, zu schließen ist, daß ein Realvertrag vorliege. Umgekehrt muß auch der Schluß zulässig sein, daß, wo ein Realvertrag vorliegt, die condictio gegeben wird [19]). Über die Konkurrenz der amtsrechtlichen actio in factum und der zivilrechtlichen condictio läßt sich nichts ermitteln, da Quellen, die ein Nebeneinander beider Klagen ausdrücklich bestätigen, fehlen.

---

[14]) Vgl. a. a. O. S. 144 f., wo er die Stelle doch denen über contractus aestimatorius zurechnet.

[15]) Vgl. Haymann, ZSS. 40, S. 178; Gradenwitz, Interpol. S. 135/36; Lenel, Palingenesie Ulp. 806; Beseler, Beitr. III, S. 92, die alle nicht das hier wesentliche Stück beanstanden.

[16]) Gradenwitz und Segré-Krüger, D. ed. ster.

[17]) Vgl. Joers, a. a. O. S. 169.

[18]) Vgl. D. 19. 5. 13 pr., vgl. auch Lenel, Ed. S. 300 ff.

[19]) Vgl. de Francisci, Synallagma I, S. 121 f.; II, S. 378 ff.

III. An Hand der Quellen soll nun erwiesen werden, daß auch die Innominat-Verträge „do ut des, ut facias“ — nur diese beiden Formen kommen hier in Betracht [20]) — durch die Leistung des einen Teils abgeschlossen werden.

Die condictio der erbrachten Leistung, die dem Leistenden gegeben wird, falls er die Gegenleistung nicht erhält, ist dann eine condictio ob causam. Direkt beweist die Untersuchung ferner, daß die datio im Falle der Innominat-Realkontrakte keine abstrakte traditio ist.

Nur gelegentlich kann auf das Verhältnis des Tausches, der zuerst behandelt werden soll, zum Kauf eingegangen werden. Das muß allerdings überall dort geschehen, wo es darauf ankommt zu zeigen, daß der Tausch ein Realvertrag ist [21]).

Daß die Innominat-Realverträge causae schon für die Erbringung der ersten Leistung darstellen, zeigt:

D. 2. 14. 7 § 2 Ulpian 4 ad ed.

Sed et si in alium contractum res non transeat, subsit tamen causa, eleganter Aristo Celso respondit esse obligationem. Ut puta dedi tibi rem ut mihi aliam dares, dedi ut aliquid facias: .... [22]).

Der hier vorgelegte Teil der Stelle wird, bis auf den letzten Satz, nirgends angegriffen. Er sagt folgendes: Wenn eine Sache nicht auf Grund eines contractus übergegangen sei, „subsit tamen causa“, so entstehe eine obligatio. Aristo betont, notwendig sei das Vorhandensein der causa, die einerseits das Eigentum, andererseits die obligatio entstehen lasse. Solche causa seien der Tausch und das Geschäft „do ut facias“ [23]).

IV. Bei der Untersuchung, ob Tausch und do ut facias-Geschäft causae sind, ist größte Vorsicht geboten wegen der von Justinian eingeführten Verpflichtung des Schuldners zur Gegenleistung beim Innominatvertrag. Es wäre nämlich möglich, daß erst Justinian überhaupt diese Geschäfte des Titels D. 19. 5 als negotia, als causae anerkannt hätte.

[20]) Die Form facio ut facias scheidet aus, weil bei ihr keine traditio stattfindet. Bei dem Vertrag facio ut des wird auf Grund der causa geleistet, wenn erwiesen ist, daß mit der ersten Leistung eine causa für die Gegenleistung geschaffen wird.

[21]) Es ist auffällig, daß über die Abgrenzung zweier Geschäfte, die zu verschiedenen Vertragskategorien gehören, Streit entstehen konnte. Wie konnte die sabinianische Schule den Realvertrag Tausch mit dem Konsensualvertrag Kauf gleichsetzen? Vgl. Gai. III § 141; Inst. III, 23 § 2; D. 18. 1. 1 § 1; D. 19. 4. 1, de Francisci, Synallagma I, S. 106 ff. Die Vermutung ist wohl haltbar, daß die Scheidung zwischen Real- und Konsensualverträgen jünger ist als der Beginn des Schulenstreites.

[22]) Der Rest ist ohne Interesse und stark verfälscht. Vgl. Beseler, Beitr. II, S. 158; de Francisci, Synallagma I, S. 108 ff.; Pernice, ZSS. 9, S. 248 ff.

[23]) Den anschließenden Satz [hoc ... nasci] behandelt Levy, Konkurrenz I, S. 85 als echt. Mit Recht?

Dieser Gedanke liegt besonders nahe bei Betrachtung von D. 5. 3. 25 § 11:

Ulpian 15 ad ed. ... nec si donaverint, locupletiores facti videbuntur, [quamvis ad remunerandum sibi aliquem naturaliter obligaverunt]. Plane si antidora acceperunt, dicendum est eatenus locupletiores factos, quatenus acceperunt: [velut genus quoddam hoc esset permutationis].

Daß hier mindestens „quamvis .... obligaverunt" und „velut genus .... permutationis" interpoliert ist [24]), dürfte kaum zu bezweifeln sein. Daß bei einer Schenkung der Empfänger naturaliter zu einer Gegenschenkung verpflichtet sein könnte, ist im römischen Recht sicher unmöglich. Es erinnert an gewisse germanische Vorstellungen [25]), kraft deren die Schenkung zu ihrer Perfektion einer Gegengabe bedarf. Jedenfalls ist dieser Gedanke erst in nachklassischer Zeit in den Text hineingeraten. Und der Satz „velut genus ... permutationis" gehört gedanklich so eng zu diesem beanstandeten Stück „quamvis ... obligaverunt", daß auch er zu streichen ist, zumal die von de Francisci aufgeführten formalen Bedenken zu einer solchen Streichung raten.

Es könnte aus dieser deutlichen Interpolation geschlossen werden, daß erst in byzantinischer Zeit die Gegenleistung beim Tausch naturaliter geschuldet werde. Dieser Schluß ist auch von Siber [26]) gezogen worden. Dann wäre der Tausch kein Rechtsgeschäft, sondern eine abstrakte Hingabe einer Sache, die selbst in dem Falle zurückgefordert werden könnte, wenn die Gegenleistung erbracht ist. Höchstens könnte man annehmen, daß irgendwie eine exceptio doli wirkte, die aber jedenfalls ein retro agi permutationem — Rückforderung der Leistung unter Angebot der Rückgabe der Gegenleistung — nicht hätte hindern können. Diese Ansicht könnte sich auch auf ein Fragment aus dem Gebiet „do ut facias" stützen:

D. 12. 4. 3 § 2 Ulpian 26 ad ed. Sed si tibi dedero, ut Stichum manumittas: si non facis, possum condicere, [aut si me paeniteat, condicere possum].

Der Schluß „aut .... possum" scheint solch unbegrenztes Reurecht zuzulassen, aber er ist interpoliert, wie bereits seit Faber feststeht [27]). Daß der Tausch bereits in klassischer Zeit als negotium anerkannt ist, läßt sich aus der Tatsache erweisen, daß er bereits von Gai. III § 141 als negotium erwähnt wird. Aus dieser Stelle ist nicht zu entnehmen, daß zur Zeit des Gaius der Tausch als ein Konsensual-Kontrakt betrachtet wurde. Daß er

---

[24]) Vgl. Beseler, Beitr. II, S. 72; IV, S. 31, 39, 128; de Francisci, Synallagma I, S. 175 Anm. 3; Siber, Naturalis obligatio, S. 77.

[25]) Vgl. O. v. Gierke in Holtzendorff-Kohler, Enzykl. Bd. I, S. 270 a. E.

[26]) Naturalis obligatio, S. 77.

[27]) Vgl. de Francisci, Synallagma I, S. 195 und die dort in Anmerkung 1 zitierte Literatur.

Realvertrag war, stand damals ebenso fest, wie daß der Kauf Konsensualvertrag sei [28]).

Den Gegensatz von Kauf und Tausch drückt Paulus klar aus:

D. 19. 4. 1 § 2 Paulus 32 ad ed. Item emptio ac venditio nuda consentientium voluntate contrahitur, permutatio autem ex re tradita initium obligationi praebet: [alioquin .... mandato] [29]).

Soweit diese Stelle nicht von Krüger und Perozzi angefochten ist, ist sie echt. Das ergibt schon die vorsichtige Fassung: „emptio-venditio contrahitur" gegenüber „permutatio ..... initium obligationi praebet". Dieser verschiedenartigen Formulierung entspricht auch eine verschiedenartige rechtliche Gestaltung, denn die emptio-venditio wird durch Klagen auf die gegenseitigen Leistungen sanktioniert. Das Wort „obligatio" muß im Gebiet der emptio-venditio jedenfalls nur im Plural gebraucht werden. Die permutatio läßt dagegen mit Übergabe der res eine obligatio zugunsten dessen, der die res übergibt, entstehen.

Auch D 41. 3. 4 § 17 Paul. 54 ad ed. vermag einen gewissen Anhalt dafür zu gewähren, daß der Tausch als causa anzusehen ist, insofern als hier

---

[28]) Sollte hier der Ausgangspunkt für die Entwicklung des rein konsensualen Kaufes liegen? Sollte die „elegantia" des celsinischen responsum in D. 12. 4. 16 (unten S. 110 f.) darin liegen, daß ein Kauf nur consensu partium abgeschlossen werden könne, daß die Leistung des einen Teils bei Vertragsabschluß deshalb einen Kauf ausschließt, weil nach Celsus Ansicht der Kauf im Wege eines Realvertrages nicht abgeschlossen werden kann? Sollte der Schulenstreit seinen Ausgangspunkt deshalb von der Frage nach dem Preis nehmen, weil die Ausgliederung der Preiszahlung aus der mancipatio die Frage akut machte, ob die Verpflichtung zu manzipieren erst nach Erbringung des Preises oder schon vorher entstehe? Nimmt man das an, so ergibt sich eine reizvolle Hypothese: die Ausgliederung der Preiszahlung aus der mancipatio hätte den Anstoß zur Entwicklung des konsensualen Kaufs gegeben. Dieser wäre dadurch entstanden, daß man auf die Vorleistung des Käufers verzichtete und zwei Klagen — empti und venditi — bildete. Die Sabinianer waren bereit, die actio venditi auch für den Tausch, der Realkontrakt war, zur Verfügung zu stellen. Dem treten die Prokulianer entgegen, indem sie darauf verweisen, daß der Tausch ein Realkontrakt sei, und daß man den Fortschritt, den man durch Einführung des konsensualen Kaufs gemacht hatte, zurücktun würde, wenn man Kauf und Tausch verschmelze. Daran, den Tausch rein konsensual zu gestalten, wie es das deutsche BGB. tut, konnte keine der Schulen denken.

[29]) Perozzi-Krüger, D. ed. ster.; de Francisci, Synallagma II, S. 368 behauptet, die Kontrastierung von Real- und Konsensualverträgen sei interpoliert. Dieser Ansicht wird man nicht folgen können: es soll hier nicht auf die Frage eingegangen werden, worin das Erfordernis des subjektiven Tatbestandes für die Realkontrakte im klassischen Recht bestand. Jedenfalls findet eine Abgrenzung zwischen Realkontrakt und Konsensualkontrakt in dem Sinne statt (in D. 19. 4. 1 § 2), daß gesagt wird, beim Kauf beginne die Verpflichtung mit der voluntas, beim Tausch mit der res. Ob auf die „nuda voluntas" so großes Gewicht zu legen ist, wie de Francisci tut, muß bezweifelt werden.

der Tausch mit anderen einseitigen Kausalakten, denen der datio in solutum und (wohl auch) der donatio zusammengestellt ist [30]).

Zu dem gleichen Ergebnis führt auch die Betrachtung der folgenden drei Stellen:

1. D. 19. 5. 5 § 1. Paulus 5 quaest. Et si quidem pecuniam dem, ut rem accipiam, emptio et venditio est: sin autem rem do, ut rem accipiam, quia non placet permutationem rerum emptionem esse, dubium non est nasci civilem obligationem, in qua actione id veniet, non ut reddas quod acceperis, sed ut damneris mihi, quanti interest mea illud de quo convenit accipere: vel si meum recipere velim, repetatur quod datum est, quasi ob rem datum re non secuta .... [31]).

2. D. 12. 4. 16. Celsus 3 dig. Dedi tibi pecuniam, ut mihi Stichum dares: utrum id contractus genus pro portione emptionis et venditionis est an nulla hic alia obligatio est quam ob rem dati re non secuta? In quod proclivior sum: ed ideo ....

3. C. 4. 6. 10. Diocl. et Max. (anno 294) Pecuniam a te datam, licet causa, pro qua data est, [non culpa accipientis, sed][32]) fortuito casu secuta non est, [minime][32]) repeti posse certum est.

Diese sämtlichen drei Stellen beweisen übereinstimmend, daß die Hingabe von Sachen oder von Geld, zwecks Abschlusses eines Innominat-Realkontraktes als kausaler Akt aufgefaßt wird, mögen sie auch über die Rechtsfolgen dieses Kausalaktes untereinander uneins sein. D. 19. 5. 5 § 1 ist stark verändert, doch auch sie entspricht, wie die beiden andern Stellen genau dem, was in D. 19. 4. 1 § 2 ausgesprochen ist [33]). Sachlich ist zu bemerken: Gradenwitz und Krüger halten in D. 19. 5. 5 § 1 die condictio für interpoliert und die Klage auf das Vertragsinteresse für echt. Dem wird man schwerlich zustimmen können. Das hat schon Beseler [34]) richtig erkannt. Und diese Feststellung ist wichtig, gerade wenn man mit Beseler [35]) annimmt, daß die ganze lex 5. D. 19. 5. ein nachklassischer Schulvortrag ist. Dann gibt nämlich nicht die Klage auf das Vertragsinteresse, sondern die condictio die Anlehnung an den klassischen Rechtszustand, und erst dann ist die volle Parallelität zu D. 19. 4. 1 § 2 erreicht [36]).

---

[30]) Vgl. aber Steiner, Datio in solutum, S. 73ff., der die datio in solutum hier für itp. erklärt, sie außerdem für ein besonderes negotium hält. Vgl. oben Kap. 5.

[31]) Vgl. quellenkritisch Lenel, Palingenesie, Paulus 1322; Pernice, Labeo III, S. 304; Seckel sub verbo „custodia" Nr. 1 a; Haymann, Schenkung, S. 130 Anm.

[32]) Pernice, Labeo III, S. 303 f.

[33]) So Beseler, Beitr. II, S. 161 f.; Pernice, Labeo III, S. 303 Anm. 5.

[34]) Beitr. II, S. 162.

[35]) a. a. O. Vgl. de Francisci, Synallagma I, S. 136, Seckel-Levy, ZSS. 47, S. 132 mit weiterer Literatur.

[36]) Daß beide Klagen im nachklassischen Recht — wohl auch noch bei Justinian — nebeneinander gewährt werden, ergibt der im folgenden zu betrachtende § 2 von D. 19. 5. 5.

Aber, so kann man einwenden, für sich selbst genommen beweisen diese Stellen doch nur, daß mit der Hingabe eine condictio entsteht — als solche kann auch die in D. 19. 5. 5 § 1 gewährte „civilis obligatio" gedeutet werden —, diese condictio aber ist nach herrschender, hier freilich bekämpfter Lehre vertragslose Klage, also ist die traditio sine causa erfolgt und bewirkt trotzdem die Übereignung.

Dieser Einwand ist schon auf dem Gebiet des Tauschrechtes nicht fest begründet. Bedenken erregt bereits D. 19. 4. 2.

Paulus 5 ad Plaut. Aristo ait, quoniam permutatio vicina esset emptioni, sanum quoque furtis noxisque solutum et non esse fugitivum servum praestandum, qui ex causa daretur.

Aristo deduziert hier aus der Verwandtschaft des Tausches mit dem Kauf Gewährleistungspflichten des Veräußerers. Dabei kann es für die Betrachtung gleichgültig sein, daß der Sklave manzipiert worden ist. Denn eine abstrakte mancipatio läßt keine Gewährleistungspflichten entstehen; diese entstehen, wie Aristo ausdrücklich sagt, aus dem Kausalverhältnis, dem Tausch. Zweifelhaft kann nur sein, ob der Sklave als erste Leistung oder als Gegenleistung gegeben worden ist. Aber daß davon gar nicht gesprochen wird, macht es wahrscheinlich, daß es darauf auch nicht ankam, daß vielmehr in beiden Fällen Garantiepflichten entstehen. Welches das prozessuale Mittel war, diese Garantieansprüche geltend zu machen, ist hier nicht zu untersuchen. Wahrscheinlich war es die condictio der eigenen gegebenen Leistung; möglich ist auch, wie de Francisci aus D. 21. 1. 19 § 5 folgert, daß mit einer ädilizischen Mängelklage vorgegangen werden konnte.

In C. 4. 64. 4 Diocletian et Max. (ohne Jahresangabe) findet sich ferner zur Begründung des Eigentums eines Tauschsachenempfängers, „cui te tradidisse titulo permutationis non negasti". Dieser Ausdruck steht aber, da die Stelle erheblich verändert ist[37]), unter Interpolationsverdacht. Ebenso verdächtigt Haymann C. 4. 64. 5. Er bestreitet freilich nicht, daß der Tausch, wie dort ausgeführt wird, ein Rechtsgeschäft sei, aber die fragliche Konstitution ist gerade im entscheidenden Teil sehr schlecht gefaßt:

C. 4. 64. 5. Diocl. et Max. (o. J.) Quoniam adseris patrem tuum ei contra quem preces fundis ea condicione dedisse fundum, ut invicem domum certam acciperet, aditus praeses provinciae [placitis eum parere vel, si causam, propter quam fundus datus est, sequi non perspexerit], condictionis ratione datum restituere, sicut postulas, iubebit.

Haymann streicht die condictio, doch ist die hier vorgeschlagene Interpretation vorzuziehen, da „eum" sich grammatikalisch auf patrem, dem Sinne nach auf den Gegner des Auftragenden bezieht. „Datum restituere"

[37]) Haymann, Schenkung unter Auflage, S. 129 ff. Anm.

dagegen bleibt in der Konstruktion. Sonst ist anstößig: „sequi" anstatt „secutam". Ferner „sequi non perspexerit" anstatt „non sequi perspexerit", endlich sachlich, daß der praeses erst das eine Rechtsmittel zur Verfügung stellen, bei Ungehorsam aber nicht Zwang anwenden, sondern ein anderes Rechtsmittel gewähren soll.

V. Daß die condictio im Gebiet der Innominat-Realverträge nicht vertragslose Klage ist, zeigt eine Betrachtung der „doutfacias"-Geschäfte. Man wird die Ergebnisse aus diesem Rechtsgebiet unbedenklich auch auf das Tauschrecht anwenden können, selbst wenn man — mit Recht — die Systematik in D. 19. 5. 5 pr. für nachklassisch hält.

Im Gebiet der doutfacias-Geschäfte kann auch quellenmäßig der Beweis erbracht werden, daß die Hingabe als kausaler Rechtsakt [38]) wirkt.

D. 19. 5. 5 § 2 At cum do ut facias, si ... pecunia data locatio erit, sicut superiore casu emptio: si rem do, non erit locatio, sed nascetur [vel] civilis actio [in hoc quod mea interest vel] ad repetendum [condictio]. Quod si tale est factum, quod locari non possit, puta ut servum manumittas, sive certum tempus adiectum est, intra quod manumittatur idque, cum potuisset manumitti, vivo servo transierit, sive finitum non fuit et tantum temporis consumptum sit, ut potuerit debueritque manumitti, condici ei potest [vel praescriptis verbis agi]: quod his quae diximus convenit. Sed si dedi tibi servum, ut servum tuum manumitteres, et manumisisti et is quem dedi evictus est, si sciens dedi, de dolo in me dandam actionem Julianus scribit, si ignorans, in factum civilem.

D. 19. 5. 7 Papinian 2 quaest. Si tibi decem dedero, ut Stichum manumittas, et cessaveris, [confestim agam praescriptis verbis, ut solvas quanti mea interest: aut, si nihil interest,] condicam tibi, ut decem reddas.

Diese Stellen ergeben zwar im wesentlichen das gleiche Bild wie die der Gruppe „do ut des", zeigen aber genauer die Rechtsfolgen der Hingabe und sind daher geeignet, die condictio als aus dem Rechtsgeschäft der datio ob causam entspringend zu erweisen:

Die erste Stelle ist Gegenstand verschiedener Auslegung durch Franz Haymann [39]) und Beseler [40]), der sich hierbei auf Pernice [41]) stützt, geworden. Haymann, dessen Ansicht sich Krüger anschließt, nimmt an, daß bereits die späten Klassiker einen Erfüllungsanspruch des Gebers im Innominat-Realkontrakt zugelassen hätten. Die condictio in unserer Stelle sei mithin nicht paulinisch, da Paulus die vermutete ältere condictio auf Rückleistung

---

[38]) Vgl. z. Begriff „kausaler Rechtsakt" D. 50. 16. 19 Ulpian 11 ad ed.

[39]) Freilassungspflicht, S. 40, 46 Anm. 1; Schenkung unter Auflage, S. 129 Anm. 1, 131 Anm.

[40]) Beitr. II, S. 162.

[41]) Labeo III, S. 302 ff.; II, 1, S. 209 Anm. 1, vgl. ferner Gradenwitz, Interpolationen, S. 157.

des Gegebenen, nachdem er sich zu einer actio in factum entschlossen hatte, nicht wahlweise hätte stehen lassen können, während die Gewährung der condictio seitens der Kompilatoren eine — verhüllte — Anerkennung des von ihnen geschaffenen Reuerechts enthalte. Zur Unterstützung seiner Ansicht führt Haymann C. 4. 64. 5 Diocletian et Max. (ohne Jahresangabe) an [42]), wo dem Erfüllung weigernden Tauschsachenempfänger vom Richter Auflösung des Tauschgeschäftes „condictionis ratione" befohlen wird, eine Stelle, die Haymann für itp. erklärt. Gegen die Möglichkeit einer elektiven Konkurrenz beider Klagen stützt sich Haymann auf die Analogie der Nichtgewährung der condictio neben der actio ex stipulatu. An sachlichen Indizien nennt Haymann die Trivialität des Ausdrucks „ad repetendum condictio" und die Tatsache, daß das „nascetur vel civilis actio in hoc, quod mea interest, vel ad repetendum condictio" ja gar keinen Gegensatz darstellt, da die condictio ja ihrerseits auch zivil sei. Haymanns Ausführungen würden die volle Bestätigung der Ansicht erbringen, daß mit Hingabe der einen Leistung der Innominatvertrag geschlossen sei. Sie lassen aber viele Zweifel übrig. Vor allem sind diese Ausführungen dort anfechtbar, wo Haymann erklärt, daß Paulus, nachdem er die actio in factum geschaffen hatte, die Alternative condictio — actio in factum nicht mehr zulassen konnte. Die Analogie aus dem Stipulationsrecht ist von zweifelhaftem Beweiswert, wenn man bedenkt, daß die actio ex stipulatu und die condictio incerti die gleiche Formel [43]) hatten. Aber Paulus konnte als Jurist wohl die actio in factum als nur möglich und als praktische Lösung empfehlen, aber kaum die condictio vorbehaltslos als unzulässig bezeichnen [44]). Nahezu unglaublich ist es jedenfalls, daß die neue Klage des Paulus eine civilis actio in factum sein sollte [45]).

Beseler [46]) streicht — aus formalen Gründen — den oben zitierten Satz „nascetur ... interest, vel". Aber auch so gibt die Stelle keinen Sinn, zumal das triviale Wort „ad repetendum condictio" erhalten bleibt und zu dem Vorausgehenden auffallend schlecht paßt. Beselers Meinung von der Nichtklassizität der actio civilis auf das negative Vertragsinteresse ist vorzuziehen,

---

[42]) Vgl. dieses Kapitel IV, S. 111.

[43]) Vgl. Rabel, Grundz. S. 461; Pernice, Labeo III, 1, S. 226.

[44]) Daß die unbeschränkte Konkurrenz unklassisch sei, wird man aber freilich annehmen müssen. v. Mayr, a. a. O. S. 259.

[45]) Dieser terminus ist justinianisch. So die herrschende Lehre, vgl. Rabel, Grundz. S. 470; Joers, Röm. R. S. 169; trotzdem vermutet Boyer, Résolution des contrats 1924, S. 191, daß bereits das klassische Recht eine zivile Klage auf die Gegenleistung im Falle der Innominatkontrakte gab. Anders de Francisci, Synallagma I, S. 154; Beseler, Beitr. II, S. 168.

[46]) Beitr. II, S. 162 f., zustimmend de Francisci, Synallagma I, S. 193 Anm. 2, 194 ff.

angesichts der großen Bedenken gegenüber Haymanns Lehre; als Interpolation kommen aber nur die Worte „[vel] .... [in hoc .... interest vel] ... [condictio]“ in Betracht; ferner aus dem Fragment D. 19. 5. 7 „confestim ... nihil interest“ wegen des sinnlosen confestim.

Doch auch im Falle, daß man mit Beseler nur die condictio als klassisch anerkennt, ergeben sich vertragliche Bindungen. Die Anstrengung der condictio war nämlich bereits im klassischen Recht bis zum Ablauf einer gewissen Frist unzulässig [47]). Die Hingabe der res erzeugte also bei dem Hingebenden nicht nur Rechte sondern auch Pflichten zugunsten des Empfängers. Läge in der Hingabe eine abstrakte Übereignung, so wäre nicht einzusehen, inwiefern der Hingebende verpflichtet sein könnte, mit der Rückforderung zu zögern. Diese Pflicht kann nicht aus der abstrakten Hingabe stammen sondern ist mit Rücksicht auf den Realvertrag, auf die naturale Verpflichtung zur Gegenleistung, geschaffen. Dem Empfänger soll Zeit für die Erfüllung seiner natürlichen Verpflichtung gegeben werden [48]).

Es kann nicht eingeworfen werden, daß also aus einem einseitigen Akt Vertragsverpflichtungen entspringen sollen. Ein solcher einseitiger Akt liegt ja gar nicht vor; vielmehr hat sich der Empfänger naturaliter zur Gegenleistung verpflichtet, und diese naturalis obligatio des Empfängers wirkt auch auf die Rechtsstellung des Hingebenden zurück. Es findet also keine bloße Hingabe statt, sondern neben ihr stehen Vereinbarungen der Parteien (die freilich nicht erzwingbar sind). Aus der Hingabe im Zusammenhang mit diesen Vereinbarungen entstehen condictio und Wartefrist [49]).

Daß die Hingabe „ut facias“ noch andere Rechtsfolgen hatte als die bloße condictio des Geleisteten zeigt auch

D. 12. 4. 5 § 4 Ulpian 2 disp. Sed ubi accepit, ut manumitteret, deinde servus decessit, si quidem moram fecit manumissioni, consequens est, ut dicamus refundere eum quod accepit: quod si moram non fecit, sed cum profectus esset ad praesidem vel apud quem manumittere posset, servus in itinere decesserit, verius est, si quidem distracturus erat vel quo ipse usurus, oportere dici nihil eum refundere debere. Enimvero si nihil eorum facturus, ipsi adhoc servum obisse: decederet enim etsi non accepisset ut manumitteret: [nisi forte profectio manumissionis gratia morti causam praebuit,

---

[47]) Vgl. Pernice, Labeo III, S. 302 ff.

[48]) Vgl. D. 12. 4. 3 § 3 Ulp. 26 ad ed.; D. 12. 1. 19 pr. Julian 10 dig. Hierher gehört wohl auch D. 12. 4. 5 pr. Ulpian 2 disp., wo aber vielleicht die Abstellung auf das Verschulden dessen, der die Leistung empfangen hat, wie Faber, Rat. ad h. l. annimmt, unecht ist. Anders Pernice, Labeo III, S. 306.

[49]) Anders Boyer, Recherches historiques sur la résolution des contrats 1924, S. 181 f., doch gibt er zu, daß die datio ob rem vertragliche Verpflichtungen hervorruft. Pernice, Labeo III, S. 304 hält die Annäherung des Tausches an die bonafide-Verträge für justinianisch. Vorhandensein vertraglicher Verpflichtungen gibt er zu. Vgl. ZSS. 9, S. 258.

ut vel a latronibus sit interfectus, vel ruina in stabulo oppressus, vel vehiculo obtritus, vel alio quo modo, quo non periret, nisi manumissionis causa proficisceretur.]

Die Stelle ist mannigfach verändert [50]). Aber der hier interessierende Teil bis „.... quod accepit" gibt klassisches Recht [51]). Er bestätigt, daß sich aus der datio noch andere Vertragsfolgen ergeben als die bloße condictio, insbesondere die Wartefrist. Daß der pluralis maiestatis „dicamus" auf byzantinischer Formulierung beruhen kann, ist zuzugeben; aber der Schulzweck, dem die disputationes Ulpians gewidmet sind, macht es wahrscheinlich, daß dieses „dicamus" aus dem klassischen Text stammt. Auch in den dem gleichen Zweck gewidmeten gaianischen Institutionen findet sich solche Verwendung des Plurals [52]). Sachlich wird der Text auch durch die andern Paragraphen der gleichen lex gesichert. Die rigorose Entfernung der ganzen lex aus dem klassischen Bestande der disputationes Ulpians von seiten Fabers und Krügers ist doch wohl unberechtigt. Es wird sich um eine nachklassische Umformung und Erweiterung des alten Textes handeln.

Zweifel daran, ob das Geschäft do ut facias als Realkontrakt anzusehen ist, könnten auch an D. 12. 4. 3 § 4 sich knüpfen:

Ulpian 26 ad ed. Quin immo et si nihil tibi dedi, ut manumitteres, placuerat tamen, ut darem, ultro tibi competere actionem, quae ex hoc contractu nascitur, id est condictionem defuncto quoque eo.

„Placuerat ut darem si manumiseris" scheint auf einen Konsensualvertrag zu deuten. Es erscheint also zweifelhaft, ob das Geschäft „do ut facias" notwendig ein Realvertrag ist. Die Stelle scheint vielmehr die getroffene Vereinbarung der locatio conductio operis annähern zu wollen. Sie ähnelt insofern der Stelle D. 19. 5. 5 § 1, wo zwischen dem Vertrag „do ut des" und dem Kauf eine Verbindung geschaffen werden soll. Auch lex 3 § 4 ist aber mit Recht von Pernice [53]) und Beseler [54]) angefochten worden. Auch Lenel [55]) verdächtigt die Stelle. Eines nur läßt sich mit einiger Sicherheit sagen: Die Stelle bezog sich im klassischen Recht nicht auf den Fall do ut facias, sondern auf den „facio ut des" [56]).

---

[50]) Vgl. de Francisci, Synallagma I, S. 197 f. und die dort Anm. 1 zitierte Literatur ferner Rotondi, Scritti III, S. 482, der den ganzen Paragraphen für itp. hält.

[51]) Auch de Francisci, a. a. O. hält den Inhalt dieses Stückes für klassisches Recht. Die Fassung erklärt er ohne nähere Begründung für tribonianisch. Für Interpolation gerade dieses Stückes VJR. s. v. consequi.

[52]) Vgl. Lenel, ZSS. 48, S. 11; 49, S. 21.

[53]) Krit. V.J.-Schrift X, S. 100; ZSS. 9, S. 251 Nr. 5.

[54]) Beitr. II, S. 159, vgl. auch de Francisci, Synallagma I, S. 196.

[55]) Palingenesie, Ulpian 772 Anm. 3, 4.

[56]) Vgl. Pernice; Beseler, a. a. O.; zust. de Francisci, a. a. O.; Biondi, Iudicia b. f. S. 83.

Auszuscheiden ist auch D. 17. 1. 27 § 1.

Gaius 9 ad ed. prov. Si servum ea lege tibi tradidero, ut eum post mortem meam manumitteres, constitit obligatio: potest autem et in mea quoque persona agendi causa intervenire, veluti si paenitentia acta servum reciperare velim.

Hier kann zweifelhaft sein, ob es sich für Justinian um eine datio ob causam oder um ein Mandat handelt [57]). Im klassischen Recht handelt diese lex gar nicht von einer datio ob causam. Es ist deshalb hier gleichgültig, daß nach ihrem Wortlaut frei kondiziert werden kann. Das freie Reuerecht ist außerdem aber, wie Franz Haymann [58]) erwiesen hat, justinianisch. Die vorgetragene Stelle, lex 27 § 1, handelt im klassischen Recht von fiduziarischer Manzipation [59]). Mag sein, daß die actio fiduciae, wie Haymann [60]) will, trotz der Zeitbestimmung, ex poenitentia gegen den Fiduziar durchgriff. Die condictio ex poenitentia ist unklassisch; eine condictio ob causam datorum gibt es erst deficiente causa, also frühestens bei Verzug des Empfängers. Auch diese Stelle ist daher aus der Untersuchung auszuscheiden.

Nicht in diesen Zusammenhang gehört ferner D. 19. 5. 8 Papinian 27 quaest. Diese Stelle handelt von einer Hingabe eines Sklaven quaestionis habendae gratia mit Ästimationsstipulation. Solche Hingabe fand in Manzipationsform statt [61]), und dieser Formalakt begründet hier den Eigentumsübergang. Außerdem aber ist, wie sich aus dem Fragment selbst ergibt, hier die Erfüllung der Ästimationsstipulation causa der Übereignung; der Tradent soll nämlich ein Wahlrecht zwischen der Rückgabe des Sklaven und der Zahlung der Ästimationssumme haben, falls die Untersuchung nicht mit der Überführung des Sklaven endet [62]).

---

[57]) Ähnlich biegt Justinian einen Fall der fiduziarischen mancipatio zwecks Freilassung in D. 17. 1. 30 Julian 13 dig. ins Mandatsrecht um. Vgl. Haymann, Freilassungspflicht, S. 48.

[58]) Freilassungspflicht, S. 35 ff.

[59]) Vgl. Pernice, Labeo III, S. 109 f.; Lenel, Gaius 232; Ed. S. 291 Anm. 5; v. Koschembahr-Lyskowski, Condictio I, S. 50.

[60]) a. a. O. S. 37 Anm. 2.

[61]) Rabel, Grundz. S. 406.

[62]) Einen Sonderfall bildet auch die datio ad inspiciendum vel experiendum. Hier findet regelmäßig keine Übereignung statt. Vgl. de Francisci, Synallagma I, S. 286 ff.

11. Kapitel.

I. Wird zuviel Geleistetes ex causa geleistet? II. Zuvielleistung vertretbarer Sachen. III. Zuvielleistung unvertretbarer Sachen. IV. Ergebnisse der Untersuchung des Kondiktionenrechts.

I. Ein besonderer Fall der datio ist der Fall der Zuvielleistung. Wenn es nämlich im römischen Recht eine allgemeine Lehre von der Zuvielleistung gab, so könnte daraus geschlossen werden, daß hier, wenigstens soweit sie über das geschuldete Maß hinausgeht, die Leistung sine causa erfolgt sei, insoweit läge also eine abstrakte Übereignung vor. Könnte nun das zuviel Geleistete kondiziert werden, so hätte man da auch eine abstrakte condictio. Diese Argumentation ist besonders da von Bedeutung, wo es sich um die Zuvielleistung verkaufter vertretbarer Sachen handelt. Die zuviel geleisteten Sachen sind ja nicht mit verkauft. Sie können aber auch nicht solvendi causa geliefert sein, weil der Kauf eine solutio nicht zuläßt.

Nun ist aber von Seckel-Levy [1]) mit Recht darauf hingewiesen worden, daß das Lieferungsgeschäft über vertretbare Sachen im klassischen römischen Recht nur im Wege der getrennten Stipulation über Ware und Preis geschlossen wurde. Die Zuvielleistung erfolgte bei vertretbaren Sachen also immer ex causa solvendi. Außerdem war sie gültige Eigentumserwerbscausa im Sinne von Gai. III, 91. Diese causa solvendi aber ist in Ordnung, wenn beide Parteien darüber einig sind, daß die veräußerte Sache ex causa solvendi übergehen solle, ohne Rücksicht darauf, ob die obligatio tatsächlich besteht[2]). So findet der Sachübergang zuviel geleisteter vertretbarer Sachen stets ex causa statt, wenn nur die Parteien über den Übergang ex causa solvendi einig sind.

II. Nur beim Verkauf aus beschränkter Gattung können also Zweifel entstehen. Diese könnten sich in erster Linie an D. 4. 3. 18 § 3 knüpfen:

> Paul. 11 ad ed. De eo qui sciens commodasset pondera, ut venditor emptori merces adpenderet, Trebatius de dolo dabat actionem. [Atquin si maiora pondera commodavit, id quod amplius mercis datum est repeti condictione potest, si minora, ut reliqua merx detur ex empto agi potest: nisi si ea condicione merx venit, ut illis ponderibus traderetur, cum ille decipiendi causa adfirmasset se aequa pondera habere].

---

[1]) Vgl. ZSS. 47, S. 122 ff.; insbesondere vgl. S. 137—139. Der Widerspruch Franz Haymanns, ZSS. 48, S. 314 ff. und Beselers, Tijdschrift for Rechtsgeschiedenis 1928, S. 279 ff. hat mich von der Unrichtigkeit der Seckel-Levyschen These nicht überzeugt.

[2]) Vgl. Rabel, Grundz. S. 440 ff.

Es handelt sich hier um einen beschränkten „Gattungskauf" aus vorhandenem Vorrat, und diese Fälle unterstehen dem Kaufrecht [3]). Die Stelle ist aber stark überarbeitet: übereinstimmend nehmen Haymann [4]) und Heldrich [5]) an, daß es sich hier nur darum handelte, daß maiora pondera verliehen worden seien. In diesem Fall sei der Kaufvertrag nicht über die geforderte, sondern über die zugewogene Menge entstanden, und diese sei auch übereignet worden, falls der Käufer gutgläubig war [6]). War er das nicht, so stand dem Verkäufer gegen den Käufer die condictio furtiva zu. In diesem Falle hatte ein Kaufvertrag nicht stattgefunden, der Käufer erwarb kein Eigentum. In beiden Fällen hatte der Verkäufer gegen den Verleiher, sofern dieser bösgläubig war, die actio doli. Die condictio indebiti ist in dieser Stelle itp. Fälschlich nimmt Heldrich [7]) an, daß der Verkäufer keine actio venditi gegen denKäufer hatte [8]), sondern daß dem Verkäufer die condictio indebiti gegen den gutgläubigen Käufer zugestanden hätte. Der Satz „atquin .... pondera habere" wird auch von ihm gestrichen und ist mindestens sehr verdächtig: denn in D. 19. 1. 32 Ulpian 11 ad ed. sind die pondera minora zweifellos interpoliert [9]). Auch wird eine condictio indebiti in keinem der parallelen Fälle, die von verliehenen falschen Gewichten handeln, gewährt. Die condictio, die in D. 19. 1. 32 in seiner echten Form gewährt wurde, war die furtiva. Eine andere Lösung gibt Mela in D. 47. 2. 52 § 22 Ulpian 37 ad ed. Nach seiner Ansicht findet ein Kauf nicht statt, wenn mit zu schweren Gewichten zugewogen ist, soweit zuviel geleistet ist. Deshalb werde kein Eigentum erworben, also vindiziert.

Die Tatsache, daß der reine „Gattungskauf" im Wege wechselseitiger stipulatio geschlossen wurde, daß aber die causa solvendi zum Eigentumserwerb wirksam ist, ohne daß eine gültige, zivile obligatio besteht, paßt sehr gut zu der oben gegebenen Auslegung von Gai. III, 91. Die emptio-venditio ist das Geschäft über unvertretbare Sachen, die traditio ex causa venditi überträgt nur Eigentum, wenn die emptio-venditio gültig war; entsprechend findet an unvertretbaren Sachen ein gutgläubiger Eigentums-Erwerb, sofern sie indebite gegeben worden sind, regelmäßig nicht statt. Die stipulatio ist das übliche Geschäft auf Leistung vertretbarer, nur nach Maß, Zahl oder Gewicht bestimmter Sachen. Die solvendi causa traditio

---

[3]) Vgl. Seckel-Levy, a. a. O. S. 189 ff.

[4]) ZSS. 40, S. 354; zustimmend Wlassak, Klass. Prozeßformel I. S. 41 Anm. 1.

[5]) Verschulden bei Vertragsabschluß, Leipz. 1925, S. 35 f.

[6]) So Haymann, a. a. O.; im Sinne einer abstrakten Übereignung Heldrich.

[7]) a. a. O. S. 36 Anm. 2.

[8]) Vgl. D. 11. 6. 3 § 3, richtig Haymann, a. a. O. S. 356.

[9]) Vgl. Beseler, Beitr. IV, S. 133; Heldrich, a. a. O. S. 15; Haymann, ZSS. 40, S. 353.

überträgt Eigentum auch bei Nichtbestehen einer obligatio; entsprechend findet Erwerb indebite geleisteter Gattungssachen gemäß Gai. III, 91 statt. Daß ein Erwerb solvendi causa übergebener unvertretbarer Sachen trotz Nichtbestehens einer zivilen obligatio stattfindet, ist zuzugeben [10]), insofern schließt sich der Kreis nicht völlig, denn Gai. III, 91 ist nur auf Gattungssachen gemünzt, wie sich aus der analogen Anwendung der Vorschriften über das Darlehn in diesem Text ergibt.

III. Der einzige denkbare Fall einer Zuvielleistung einer Einzelsache ist der, daß im Falle einer Wahlschuld die eine alternative Leistung zum Teil, die andere ganz erbracht wurde. Ist zuerst die Teilleistung erbracht worden, so ist ex causa geleistet worden; eine Befreiung ist aber nicht eingetreten. In diesem Fall tritt vielmehr eine Pendenz ein, es kann der geleistete Teil nicht kondiziert werden, ohne daß die geschuldete Leistung erbracht wird, es kann diese geschuldete Leistung aber auch durch Lieferung des fehlenden Teils erbracht werden. Da auch die Wahlschuld nur im Wege der stipulatio — vielleicht in spätester klassischer Zeit auch schon durch Innominatkontrakt — begründet wurde, erfolgte die Teilleistung ex causa solvendi.

Im folgenden werden die 6 Texte vorgeführt, die die condictio indebiti im Falle der Zuvielleistung bei einer Wahlschuld geben. Als causa der Übereignung ist die Wahlschuld vorhanden. Diese wird stets nur durch stipulatio begründet: sie stellt daher mindestens einen gültigen Putativtitel dar, wie oben gezeigt worden ist. Auf diese Weise sind zu erklären:

1. D. 45. 1. 2 § 1 Paulus 12 ad Sab.

> Et harum omnium quaedam partium praestationem recipiunt, veluti cum decem dari [stipulamur: quaedam non recipiunt, ut in his, quae natura divisionem non admittunt, veluti cum viam iter actum stipulamur: quaedam partis quidem dationem natura recipiunt, sed nisi tota dantur, stipulationi satis non fit], vel[uti cum] hominem generaliter stipulor aut lancem aut quodlibet vas: nam si Stichi pars soluta sit, nondum in ulla parte stipulationis liberatio nata est, sed [aut statim repeti potest aut] in pendenti est, donec alius detur. Eiusdem condicionis est haec stipulatio: Stichum aut Pamphilum dari [11]).

In der Stelle wird zunächst die Zulässigkeit von Teilzahlungen mit teilweise befreiender Wirkung erwähnt. Sie ergibt sich zwanglos aus der kausalen Verknüpfung des Erfüllungs- mit dem Verpflichtungsgeschäft. Wer 10 Einheiten schuldet, wird durch Leistung von 10 mal je einer Einheit befreit, sofern die Hingabe zum Zwecke der Befreiung von dieser bestimmten

---

[10]) Vgl. oben Kap. 6.

[11]) Bonfante, Obbligazioni, Pavia 1911/12, der auf S. 208 f. diese Stelle bespricht, war mir unzugänglich.

Schuld erfolgte [12]). Anders soll es bei der Individualschuld liegen. Das ergibt sich aus dem zweiten Teil der Stelle. Zu fragen ist nun, ob dennoch die Leistung eines Teils der geschuldeten Sache ex causa solvendi erfolgt. Wird das bejaht, so zeigt auch diese Stelle die Entstehung der condictio aus der causa, auf Grund deren geleistet wird. Da die Stelle, wie im folgenden zu zeigen, vielfach verändert ist, so kann sie allein den Beweis nicht liefern, daß sich auch bei einer solchen Teilleistung Wirkungen des Kausalgeschäfts ergeben. Dafür, daß auch die Teilleistung einer Individualsache ex causa erfolgt, wenn die ganze Sache geschuldet ist, spricht aber auch D. 46. 3. 9 § 1.

Ulpian 24 ad Sab. Qui decem debet, partem solvendo in parte obligationis liberatur [et reliqua quinque sola in obligatione remanent]: item qui Stichum debet, parte Stichi data in reliquam partem tenetur. Qui autem hominem debet, partem Stichi dando nihilo minus hominem debere non desinit: denique homo adhuc ab eo peti potest. Sed si debitor reliquam partem Stichi solverit vel per actorem steterit, quominus accipiat, liberatur.

Die Stelle scheidet drei Fälle: homo generaliter stipulatus; Stichus stipulatus; decem stipulati.

Im ersteren Fall wirkt die Teilleistung keine teilweise Befreiung. Eine Rückforderung findet aber — der Gläubiger hat ein Retentionsrecht, weil indebitum sciens solutum vorliegt — bis zur Erbringung der ganzen Leistung nicht statt. Diese ganze Leistung kann auch durch Erbringung des Restes der Teilleistung bewirkt werden. Wird sie auf andere Weise bewirkt, so kann die Teilleistung kondiziert werden, wie D. 46. 3. 34 pr. im Zusammenhang mit der Lehre von der Zuvielleistung erweist.

Bei der nur gattungsmäßig bestimmten Mengenschuld und der Individualschuld bewirkt nach Angabe des Textes die Teilleistung auch Teilbefreiung. Begründet wird die verschiedene Entscheidung mit der Inkongruenz von Verpflichtung und Leistung im Falle der Schuld eines homo generalis: „partem Stichi dando .... hominem debere non desinit“ [13]).

D. 46. 3. 9 § 1 beweist also, daß die Entscheidung in D. 45. 1. 2 § 1 insoweit zutrifft, als sie erklärt, bei der Leistung eines Teils einer wahlweise geschuldeten Sache träte eine Pendenz hinsichtlich der Rückforderung ein. Es sei zwar keine Befreiung erzielt, sei aber doch immerhin solvendi causa geleistet worden.

---

[12]) Vgl. D. 46. 3. 1.

[13]) Die Stelle D. 46. 3. 9 § 1 ist in ihrem Anfang verändert: „partem solvendo ... reliqua quinque remanent“. Wie weit die Änderung reicht, läßt sich nicht sagen. Die gegebenen Entscheidungen zeigen keine Unechtheitmerkmale. Mit Guarneri-Citati, Contributi alla dottrina della mora, annali Palermo XI, Sonderdruck S. 36 ff., ist zu streichen [et reliqua quinque sola in obligatione remanent]. Ob auch „vel per actorem steterit quominus solverit“ sei dahingestellt.

In D. 45. 1. 2 § 1 ist der Gedanke der Inkongruenz zwischen „homo generalis“ und „pars Stichi“ offenbar durch zweierlei Einschübe verdorben worden: einmal durch den, doch wohl trotz Rotondi [14]) unechten, Einschub [stipulamur .... satis non fit] vel[uti cum] hominem .... Daß hier eine fremde Hand am Werke war, zeigt sich deutlich darin, daß der angefochtene Satz an das im Beispiel enthaltene Wort „natura“ anknüpft, nicht die begonnene Einteilung fortsetzt. Dabei ist es doch unbegreiflich, wie der homo generalis geteilt werden soll. Auch der Numerus-Wechsel „stipulamur ... stipulor“ ist verdächtig. Das alles wird bereinigt durch die vorgeschlagene Streichung. Möglicherweise ist auch „aut lancem ... quodlibet vas“ itp. oder eher Glossem [15]). Ferner ist die condictio wohl auch unecht. Der Gedanke, daß entweder statim repetitio oder Pendenz eintreten solle, ist unklar; weder würde eine solche Pendenz gegen den Gläubiger wirken, denn D. 46. 3. 9 § 1 sagt, daß der Gläubiger sein Forderungsrecht unbeschränkt behält, freilich vielleicht modifiziert durch eine exceptio doli wie in D. 46. 3. 50 [16]). Noch auch wirkt sie gegen den Schuldner, weil „statim repetere“ nur möglichst bald bedeutet, vgl. D. 46. 3. 105 [17]), und keine Ausschlußwirkung für einen nicht rechtzeitig kondizierenden Schuldner enthält. Diese Interpolationsannahme von D. 45. 1. 2 § 1 stützt sich auch auf formale Indizien: repeti potest bezieht sich auf pars Stichi, während in pendenti est richtig zu dem nächstgelegenen liberatio zu beziehen, von diesem Wort aber durch das Einschiebsel unbillig weit getrennt ist. „Aut ... aut“, während doch ein vel genügt hätte, ist, da kein kontradiktorischer Gegensatz vorhanden ist, auch anstößig. „Aut statim .... potest, aut“ ist also zu streichen.

Die Pendenz allein behauptet auch D. 12. 6. 26 § 4 Ulpian 26 ad ed., wo die causa ob quam datur eine datio in solutum für eine vermeinte Schuld ist [18]). Ebenso D. 12. 6. 63 Gaius lib. sing. de casibus [19]), wo auch ausdrücklich „quod debitum dederit“ steht.

2. D. 46. 3. 34 pr. Julian 54 dig.

Qui hominem aut decem tibi aut Titio dari promisit, si Titio partem hominis [tradiderit] [20]), mox tibi decem numeraverit, non Titio, sed tibi partem hominis condicet, quasi indebitum tua voluntate Titio solveret. Idemque iuris erit etiam, si mortuo Titio decem solverit, ut tibi potius quam heredi Titii partem hominis condicat.

---

[14]) Scritti II, S. 204, der sich mit diesem „natura“ nicht auseinandersetzt.

[15]) Gründe: „aut ... aut“ für „vel ... vel“; „quodlibet“.

[16]) Vgl. oben S. 67.

[17]) Formal itp. vgl. Lenel, Paling. Paulus 921; ist der Gedanke aber unklassisch?

[18]) Vgl. Steiner, Datio i. s., München 1914, S. 48 Anm. 1.

[19]) Vgl. zur Stelle Beseler, ZSS. 47, S. 365..

[20]) „mancipaverit“ Krüger, D. ed. ster.

Die Stelle ist echt und gibt wohl eine Erläuterung zu dem vorher Gesagten: der Ton der Stelle ruht auf dem Wort „tua voluntate". Titius ist solutionis causa adiectus. Die Leistung an ihn wirkt als Leistung an den tu. Die stipulatio ist erst mit Erbringung der ganzen Leistung getilgt. Diese bewirkt, daß die frühere Teilleistung zur indebita wird. Die condictio, die zum Ausgleich, und zwar gegen den tu als Geschäftsherrn, gegeben wird, entsteht mit der solutio der decem, diese erst hat die Teilleistung nachträglich zu einer indebita gemacht.

Der Schluß der Stelle zeigt die kausale Entstehung der condictio noch besonders deutlich: Hier wird gesagt, der Verpflichtete kondiziere die pars hominis vom Berechtigten auch dann, wenn der solutionis causa adiectus zwischen dem Empfang der pars hominis und der Zahlung an den Berechtigten gestorben sei. Der Zweifel darüber entstand offenbar deshalb, weil der heres Titii nicht mehr solutionis causa adiectus ist, die pars hominis also nicht mehr in der mittelbaren Gewalt des Berechtigten ist, vielmehr in der Gewalt eines beiden Parteien Fremden. Dennoch kann eine condictio nur gegen den Berechtigten gegeben werden, denn die condictio gegen den heres Titii würde eine rechtsgeschäftliche Bindung zwischen dem Verpflichteten und Titius voraussetzen, die tatsächlich nicht bestand. Titius war ja nur Empfangsbevollmächtigter des Berechtigten.

Es wurde bereits erwähnt, daß eine mancipatio der pars hominis stattgefunden hat. Die Stelle ergibt daher einen Beweis für die kausale Verknüpfung der traditio nur auf dem Umwege, daß sie die rechtsgeschäftliche causa der condictio erweist [21]).

3. D. 12. 6. 32 § 3 Julian 10 dig.

> Qui hominem generaliter promisit, similis est ei, qui hominem aut decem debet: et ideo si, cum existimaret se Stichum promisisse, eum dederit, condicet, alium autem quemlibet dando liberari poterit.

Es ist ein homo generalis stipuliert worden. Hingegeben wird der irrtümlicherweise für geschuldet gehaltene Stichus. Das ist nach Ansicht Julians eine andere Leistung als geschuldet war, obwohl Stichus ex causa geleistet worden ist, deshalb wird eine condictio gewährt. Es handelt sich hier wohl um eine Zuvielleistung. Es ist besonders zu betonen, daß ja nicht die stipulatio die causa ist, sondern die solutio, auch dann, wenn nur auf Grund vermeinter stipulatio gegeben ist. So wird, was sich wirtschaftlich als Zuvielleistung darstellt, juristisch als solutio indebiti angesehen. Die condictio entsteht auf Grund solcher solutio. Da die Stelle ursprünglich von einer

---

[21]) Zur Sache vgl. v. Koschembahr, a. a. O. I, S. 107; Levy, Konkurrenz I, S. 372 Anm. 4.

mancipatio gehandelt hat, kann auch hier wieder nicht direkt auf die kausale Verknüpfung der traditio geschlossen werden. Die Stelle beweist ebenfalls indirekt, indem sie die rechtsgeschäftliche causa der condictio zeigt.

4. D. 12. 6. 19 § 3 Pomponius 22 ad Sab.

Si putem me Stichum aut Pamphilum debere, cum Stichum debeam, et Pamphilum solvam, repetam quasi indebitum solutum: nec enim pro eo quod debeo videor id solvisse.

Eine echte Wahlschuld liegt in dieser Stelle nicht vor. Das ist entgegen von Koschembahr [22]) zu betonen, der annimmt, daß es sich hier um eine condictio indebiti „quasi plus debito soluto" handelt. Pamphilus ist in Wahrheit weder alternativ geschuldet, noch alternativ in solutione mit Stichus. Causa ist auch hier wieder die solutio einer vermeinten Stipulation. Diese causa „indebiti solutio" [22a]) läßt die condictio entstehen. Da auch hier eine mancipatio stattgefunden hat, ist ein direkter Schluß auf die kausale traditio unmöglich.

5. D. 12. 6. 21 Paulus 3 quaest.

Plane si duos reos non eiusdem pecuniae, sed alterius obligationis constitueris, ut puta Stichi aut Pamphili, et pariter duos datos, aut togam vel denaria mille, non idem dici poterit in repetitione ut partes repetant, quia nec solvere ab initio sic potuerunt. Igitur hoc casu electio est creditoris, cui velit solvere, ut alterius repetitio impediatur.

Es handelt sich um einen stipulierten Tausch: A hat sich von B und C die Leistung des Stichus oder des Pamphilus versprechen lassen. Die Leistung soll bedingt sein durch Gegenleistung einer Toga oder Zahlung von tausend Denaren. Geleistet werden, wahrscheinlich in Form der mancipatio, beide Sklaven. Sie waren ja auch beide in obligatione, und die Leistung erfolgt solvendi causa, zwecks Erfüllung der Stipulation. Der Jurist entscheidet, der A sei weder berechtigt, noch verpflichtet, nun seinerseits an B und C je eine Teilleistung zu erbringen. Damit werde der Stipulation nicht genügt. A dürfe vielmehr an einen der beiden, nach eigener Wahl, leisten. Der vom anderen manzipierte Sklave werde dann kondiziert.

Die Entscheidung beruht darauf, daß die Schuldner untereinander offenbar ausgleichsverpflichtet waren, daß aber die Leistung nur von dem einen oder dem anderen, nicht durch Teilleistung von seiten aller beider geschehen konnte. Deshalb wird dem Gläubiger prinzipiell ein Wahlrecht zuerkannt. Er empfängt beide Sklaven auf Grund gültiger Stipulation solvendi causa. Aus der Zuvielleistung entsteht die condictio. Für die kausale

---

[22]) a. a. O. I, S. 110 Anm. 2. u. 4.

[22a]) Vgl. D. 10. 3. 27 § 3 der aber itp. ist, Lenel, Ed. S. 213.

Tradition ergibt diese Stelle in gleicher Weise einen indirekten Beweis wie die vorhergehenden. Allgemein spricht über die Frage der Zuvielleistung

6. D. 50. 17. 84 pr. Paulus 3 quaest.

Cum amplius solutum est quam debebatur, cuius pars non invenitur quae repeti possit, totum esse indebitum intellegitur manente pristina obligatione.

Der Text enthält das gleiche Problem, das konkret in den vorstehend besprochenen Stellen D. 12. 6. 19 § 3 und D. 12. 6. 32 § 3 erörtert wurde. Auch das Wort „solutum est“ deutet darauf hin, daß es sich um Erfüllung einer zivilen Verbindlichkeit handelt. Auch die Entscheidung entspricht — unter dieser Voraussetzung — der dort gegebenen. Die Stelle mag also in dieser Form im klassischen Text gestanden haben. Eine allgemeine Lehre von der Zuvielleistung hat erst Justinian in ihr gefunden.

IV. Die bisherigen Erörterungen ergeben, daß die condictio im Falle einer datio gegeben wird, wenn die causa dieser datio fehlerhaft ist. Die causa dationis ist gleich der causa condictionis. Alle Quellenstellen zeigen, daß die condictio wegen der Beschaffenheit der causa gegeben wird. Solche causae sind die solutio, die Innominatverträge, die modale Schenkung, die dos ante nuptias data. Alle diese causae haben gemeinsam, daß mit ihnen ein zukünftiger Rechtserfolg erstrebt wird. Bei der solutio die Haftungslösung, bei der modalen Schenkung der modus, bei der dos ante nuptias das „vera dos effici“, bei den Innominatverträgen die Gegenleistung.

Es ist eine besondere Gattung „causae“, die das römische Recht hier als iustae causae dationis anerkennt. Sie sind solche Geschäfte, deren rechtliches Ziel sich nicht klageweise durchsetzen läßt, entweder weil es überhaupt unerreichbar ist (solutio indebiti), oder weil es nach der römischen Rechtsanschauung nicht rechtsschutzfähig ist (dos ante nuptias, modale Schenkung, Innominatverträge). Als Rechtsgeschäfte erkennt der Römer sie aber an und stellt diesen Geschäften, die sich einer kausalen Einordnung in den numerus clausus obligatorischer Klagen entziehen, die Klage zur Verfügung, die ihrer abstrakten Formel wegen einzig dafür geeignet war, die condictio.

So stehen diese dationes ob causam auf der Grenzscheide zwischen abstrakter und kausaler Übereignung. Sie sind wohl als negotia re contracta anerkannt, doch das ihnen zur Seite gestellte Rechtsmittel enthält selbst keine Beziehung auf die causa dationis, charakterisiert das Geschäft nicht als Rechtsgeschäft.

Causa und datio, Verpflichtungs- und Verfügungsgeschäft sind in eins verschmolzen, werden vom Recht als Einheit behandelt. Noch in der Spätzeit, wo die Scheidung des obligatorischen und des dinglichen Geschäftes anerkannt ist, wird für diese causae, die sog. Innominat-Realkontrakte, die Einheit erfordert [23]).

---

12. Kapitel.

I. Die beiden klassischen Texte, die causa fordern: Gai. II. 19, 20; Ulpian XIX. 7. II. Datio und traditio. III. Einheit des Rechtsgeschäftes von der Verpflichtung bis zur Erfüllung. IV. Traditio beim Konsensualkontrakt. V. Traditio als Zeitpunkt des Eigentumserwerbes.

I. Die Betrachtung analoger Rechtsbildungen hat zu der Überzeugung geführt, daß das klassische Recht eine kausale traditio zum Eigentumserwerb verlangt haben muß. Es sind nunmehr die Quellenzeugnisse für die Verknüpfung von causa und traditio vorzulegen.

An erster Stelle stehen hierbei zwei Stellen aus Werken, die außerhalb der justinianischen Kompilation überliefert worden sind. Es sind Gai. II. 19, 20 und epit. Ulp. XIX. 7:

1. Gai. II §§ 19, 20. Nam res nec mancipi ipsa traditione pleno iure alterius fiunt, si modo corporales sunt et ob id recipiunt traditionem. § 20. Itaque si tibi vestem vel aurum vel argentum tradidero sive ex venditionis causa sive ex donationis sive quavis alia ex causa, statim tua fit ea res, si modo ego eius dominus sim.

2. epit. Ulpiani, XIX § 7. Traditio propria est alienatio rerum nec mancipii. Harum rerum dominium ipsa traditione adprehendimus, scilicet si ex iusta causa traditae sunt nobis.

Die beiden Stellen sind ihrem juristischen Gehalte nach nicht gleichwertig: Gaius sieht die iusta causa als durchaus selbstverständliches Erfordernis der Eigentumstraditio an, das nicht weiter erläutert zu werden braucht. Daher kann in seinem Text durch Argumente textkritischer Art eine Trennung zwischen kausalem und Erfüllungsgeschäft nicht erkannt werden. Andererseits ist es aber freilich möglich, die mit „sive ... sive" angeschlossenen causae n u r als Beispiele anzusehen. Man könnte trotz dieser Stelle an eine abstrakte Übereignung glauben, indem man sagte, daß Gaius natürlich von den Hauptfällen ausgeht, und die abstrakte Übereignung als Sonderfall gar nicht erörtert [1]). Das ist aber deshalb unglaubhaft,

---

[23]) Vgl. D. 19. 5. 8 itp. Gradenwitz, Interpolationen, S. 127, 131; D. 2. 14. 45, Hermogenian 2 epit. itp. vgl. Pernice, Labeo III. S. 89 Anm. 7; C. 2. 3. 10 Alexander (anno 227) itp. de Francisci, Synallagma I, S. 274; C. 2. 3. 20 Diocletian et Max. (anno 293) itp. vgl. o. S. 8 u. 9; C. 4. 64. 8, Diocl. et Max. (anno 294) itp. Beseler, Beitr. II, S. 168; IV, S. 311; de Francisci, Synallagma I, S. 263.

[1]) So z. B. Windscheid, Pandekten, § 171 Anm. 5.

weil Gaius doch veranlaßt gewesen wäre, das Prinzip der abstrakten Übereignung zu erläutern. Wenn, wie Windscheid [2]) annimmt, die kausalen Verträge von Gaius als Symptom der dinglichen Einigung gewertet werden, so muß das Erfordernis dieser Einigung wenigstens erwähnt werden.

Gaius verwendet aber den Begriff „traditio" nicht zur Bezeichnung des „rechtsgeschäftlichen Übereignungsaktes", sondern nur um den Zeitpunkt des Erwerbes zu fixieren. „Ipsa traditione .... alterius fiunt" in § 19 entspricht dem „statim tua fit" in § 20. Die traditio ist hier nur der Zeitpunkt, in dem der Empfänger die Sache erwirbt, das Geschäft sich erledigt.

Diese traditio nun läßt sich textlich von den causae, die im § 20 genannt werden, nicht isolieren, und auch eine sachliche Trennung ist unbegründet. Daß die in § 20 aufgeführten causae eine beliebige, beispielhafte Auswahl darstellen, liegt gleichwohl auf der Hand. Der Ausdruck „quavis alia ex causa" meint jedenfalls eine größere Anzahl von nicht erwähnten causae und charakterisiert die vorhergehende Aufzählung als eine zufällige. Ferner wird die beispielhafte Bedeutung noch besonders durch das „alius" unterstrichen, das auf kongruente causae hinweist.

Der Text in den regulae des Ulpian ist von dem gaianischen sachlich nicht unterschieden. Auch hier beginnt die Erörterung damit, daß gesagt wird „ipsa traditione" werde das Eigentum an res nec mancipi erworben. Dann aber fügt Ulpian hinzu, die traditio müsse ex iusta causa erfolgen. Ebenso erörtert Gaius im § 19 die Wirksamkeit der traditio und führt erst im § 20 die causae als selbstverständliches Erfordernis ein. Wenn man dennoch Ulpians Text dem gaianischen an Wert nachstellen muß, so ist der Grund dafür sein erster Satz. „Traditio est alienatio", das würde kein Jurist sagen, wenn traditio nur die Form des Geschäftes bezeichnete. Traditio scheint hier also bereits bis zu einem gewissen Grade selbständiges Rechtsgeschäft zu sein. Der Text ist vielleicht eine Etappe auf dem Wege der Trennung des verpflichtenden vom Verfügungsgeschäft. Aber freilich gehört er in die nachklassische Epoche.

Andererseits ist der Text eine Stütze für die hier gegebene Auslegung der Gaius-Stelle. Er läßt es nicht zu, daß man ihn damit erklärt, er handele von dem „nächstliegenden" Fall, wo der Eigentumsübertragungs- und Eigentumserwerbswille durch eine der Tradition vorhergehende Tatsache außer Zweifel gestellt ist [3]). Weder spricht die Stelle von einer vorhergehenden Tatsache, noch von dem animus transferendi et accipiendi dominii. Sie

[2]) Im Anschluß an Savigny, vgl. o. Kap. I.

[3]) Windscheid, a. a. O. § 171 Anm. 5.

stellt vielmehr die Lehre auf, daß nur traditio ex iusta causa zur Übereignung genüge.

II. Wenn oben behauptet wurde, daß nicht gesagt werden könne, daß „traditio alienatio est", wenn traditio nur die Form des Geschäftes darstellt, so war damit an E. J. Bekkers [4]) Erörterung über die obligierende Kraft der res gedacht. Das klassische Recht bezeichnete solche Geschäfte als dationes. Nicht die „res", das erstrebte Ziel [5]), sondern die datio gibt die Bezeichnung für das gesamte Geschäft. Datio aber ist Hingabe wegen des erstrebten Ziels [6]).

Die datio ist aber für die Römer nicht die bloße Übereignung, sondern, und insofern trifft Bekker mit seiner Formulierung das Richtige: Hingabe zu Eigentum in einer bestimmten, rechtlichen Absicht. „Datio" umfaßt das ganze zweckerfüllte Geschäft [7]), und dieses hat obligierende Kraft.

Andererseits ist aber „dare" terminus technicus für Übereignung. Das zweckerfüllte Geschäft „datio" verschafft also dem Empfänger Eigentum. Der Geber erhält auf Grund der „datio" dagegen die condictio. Freilich erhält der Geber diese condictio nur, wenn die „res", der rechtliche Zweck, nicht erfüllt ist. Sonst erhält er den Rechtsschutz für die empfangene Gegenleistung. Im Falle der Zweckerreichung erwirbt der Geber die condictio also nicht. Quellenmäßig läßt sich diese Behauptung freilich nicht belegen, weil die Quellen theoretische Erörterungen über diese Frage nicht geben. Ob also dem Geber, der trotz Zweckerreichung klagen will, die condictio denegiert wird, oder ob dem Empfänger nur eine exceptio doli gewährt wird, lassen die Quellen nicht erkennen. Das hat aber für die systematische

---

[4]) Pand. II, S. 93 f., 95 ff.

[5]) anders Bekker, a. a. O. S. 93 Anm. g.

[6]) Daß dem mutuum eben die Hingabe und nicht das erstrebte Ziel, nämlich die Rückgabe, seinen Namen gibt, sagt D. 12. 1. 2 § 2 Paul. 28 ad ed., wo aber auch die Entstehung der obligatio vom Erfolg der datio abhängig gemacht wird.

[7]) Der Ausdruck „datio" findet sich in den Rechtsquellen fast immer nur als Bezeichnung der rechtsgeschäftlichen Hingabe, vgl. „datio cognitoris, tutoris, curatoris, fideiussoris", „datio dotis", im Gegensatz zur stipulatio „dictio dotis" in D. 23. 3. 23; „datio legati" = Bestellung eines Legats in Gai. II § 243; D. 29. 7. 14 pr.; D. 34. 4. 3 § 8; D. h. t. 9; 14 § 1; 26 pr.; D. 34. 5. 10 pr.; D. 35. 1. 82; D. 36, 1. 32 § 2. „Datio libertatis" = manumissio in D. 1. 1. 4; 40. 9. 20. und durch testamentarische Bestimmung in D. 28. 5. 6 § 4; D. 33. 5. 9 § 2; D. 40. 7. 2. § 2. Daß „datio" als Rechtsgeschäft angesehen wird, zeigt deutlich, D. 15. 1. 8, wo die traditio als eine „naturalis datio" bezeichnet ist, also eine Gleichstellung der traditio, die, wie im Kap. 2 gezeigt wurde, nur körperliche Übergabe ist, abgelehnt wird. Wo „datio" anstelle von traditio verwandt ist, es gibt nur einen solchen Fall, D. 45. 1. 2. § 1, da ist es itp. vgl. o. Kap. 11, S. 119. Typisch für die rechtsgeschäftliche Bedeutung von „dare" sind die Stellen D. 23. 3. 14 u. D. 43. 26. 18, wo von „dare" gesprochen wird, obwohl eine traditio nicht stattgefunden hat.

Frage, für die Konstruktion des Geschäftes „datio“ keine Bedeutung. Im Gegenteil: eine denegatio condictionis nach Zweckerreichung würde nur beweisen, wie sehr der Zweck, die „res“, Inhalt des Geschäftes ist, das also mehr enthält als die bloße Übereignung.

III. Neben der „datio“, der Übereignung durch Realkontrakt, die auch verdeutlichend als „ob rem datio, ob causam datio“ bezeichnet wird, steht das Kompositum, die traditio, der Besitzübergang. Die Frage, die der römische Jurist stellt, ist, in welcher Weise die traditio mit dem Erwerb des Eigentums einerseits und dem Kausalgeschäft andererseits verknüpft ist. Diese Frage hat ihre Bedeutung nur außerhalb des Gebietes der „dationes“. Dieses Gebiet scheint sich mit dem der Realverträge nicht ganz zu decken, wenigstens wenn man der allgemeinen Gedankenführung von D. 12. 6. 65 pr. trauen kann [8]). Die dort erwähnte transactio ist jedenfalls kein Realvertrag.

Ähnlich wie dort die datio mag — wenigstens wenn von der Übereignung gesprochen wird — auch die traditio den Vorrang vor der Vielzahl möglicher causae gewonnen haben. Dennoch darf aus dieser Betonung der traditio, die gewissermaßen das gemeinsame der vielen möglichen causae vor die Klammer zieht, nicht geschlossen werden, daß traditio ein besonderes Geschäft darstellte:

Nach römischem Recht bildet vielmehr das Rechtsgeschäft von der Eingehung der Verpflichtung bis zu seinem Erlöschen, etwa durch „Erfüllung“, eine Einheit. Dem widerspricht die Trennung von stipulatio und solutio nur scheinbar. Die stipulatio ist für den Klassiker ein Geschäft der Selbstverknechtung, das seine Erfüllung in sich trägt. Sie ist — trotz ihrer modernen, wechselähnlichen Wirkung — in ihrer Konstruktion ein durchaus altertümliches Geschäft. Die solutio steht selbständig neben ihr als ein anderes Geschäft, nämlich die Lösung aus der Haftung. Das wird deutlich, wenn man sieht, daß beide Geschäfte, stipulatio und solutio, durch dieselbe Klage geschützt werden, die condictio. Die Koordination beider Geschäfte läßt sich nicht aus einer Dogmatik des materiellen Rechts, wohl aber aus der prozeßrechtlichen Einstellung der Römer erklären, die grundsätzlich die obligatio re der obligatio verbis an die Seite setzt. Die solutio ist aber eine datio ob rem, nämlich eine Hingabe in der Absicht der zu erreichenden Haftungslösung. Darum wird, wenn diese Absicht sich nicht erfüllen läßt, die condictio gewährt.

IV. Die solutio ist aber nur einer von vielen Realkontrakten. Bei ihnen allen liegt die einheitliche Konstruktion des Rechtsgeschäftes schon in ihrem äußeren Hergang. Sie sind notwendig Handgeschäfte. Anders ist

---

[8]) Im einzelnen ist natürlich vieles itp.

es aber bei den Konsensualkontrakten und insbesondere beim Kauf. Überall, wo sich das Geschäft aus verschiedenen Akten zusammensetzt, ist zu prüfen, an welchen der verschiedenen Akte — obligatorisches Geschäft oder traditio oder beide — sich der Eigentumserwerb knüpft. Das Erfordernis der iusta causa praecedens [9]) könnte zu dem Gedanken führen, daß iusta causa etwas Negatives sei [10]). Man könnte nämlich annehmen, daß das Rechtsgeschäft traditio, Erfüllung, nur dann wirksam sein solle, wenn die causa praecedens nicht mangelhaft wäre. Die Gültigkeit der in der traditio enthaltenen besonderen Einigung könnte durch die Wirksamkeit der causa praecedens bedingt sein.

Schon Rabel [11]) hat aber richtig erkannt, daß man „in Nachwirkung des Bargeschäftssystems ... Kauf und Übergabe der Ware als eine untrennbare Aufeinanderfolge" denkt [12]).

Erläuterung findet das auch in einem anderen Text aus den Institutionen des Gaius, der in diesem Zusammenhang, soweit ich sehe, noch nicht verwendet worden ist:

Gai. III § 146. Item quaeritur si gladiatores ea lege tibi tradiderim, ut in singulos qui integri exierint, pro sudore denarii XX mihi darentur, in eos vero singulos qui occisi aut debilitati fuerint, denarii mille, quaeritur utrum emptio et venditio an locatio et conductio contrahatur: et magis placuit eorum qui integri exierint, locationem et conductionem contractam videri at eorum qui occisi aut debilitati sunt, emptionem et venditionem esse; idque ex accidentibus apparet, tamquam sub condicione facta cuiusque venditione aut locatione.

Die Stelle wird gewöhnlich nur im Zusammenhang mit dem Kaufrecht behandelt [13]). Sie hat besondere Bedeutung gerade bei der Frage nach der Wirkung der traditio. Die Stelle handelt nämlich von einer abstrakten traditio. Die causae, auf Grund deren tradiert wird, sind beide bedingt und daher im Augenblick der traditio kraftlos. Die traditio allein findet statt. Über die Wirkung der traditio sagt Gaius nichts; nur am Schluß ergibt sich daraus, daß die eine oder andere causa wirksam wird, ob der Empfänger an dem übergebenen Fechter bonitarisches Eigentum oder nur eine detentio er-

---

[9]) Vgl. D. 41. 1. 31 pr.

[10]) Exner, Tradition, S. 338 ff.

[11]) Grundz. S. 440; vgl. Haftung, S. 59 f.

[12]) Das ist wirklich eine Nachwirkung des Bargeschäftssystems. Die Preiszahlung steht darum außerhalb, weil sie bei den Römern ein besonderes Geschäft war. Vgl. o. Kap. 6.

[13]) Vgl. Siber, Rei vindicatio, S. 55; de Francisci, Synallagma I, S. 299. De Francisci stellt die Stelle neben die Texte, die vom inspiciendum und experiendum dare handeln. In diesem Zusammenhang erscheint das im Text Gesagte besonders deutlich. Ähnliche Fälle enthalten, weniger deutlich ausgeprägt, D. 48. 8. 11 § 2 und epit. Ulpiani I § 11.

worben hat. Mehr als das: Aus der Tatsache, daß der Jurist schweigt, ist zu entnehmen, daß bis zum Wirksamwerden der causa nur Besitz entsteht, daß erst die wirksame causa über die rechtliche Natur der Innehabung entscheidet.

V. Wie aus der vorstehend besprochenen Gaius-Stelle sich ergibt, findet beim Kauf der Eigentumserwerb nicht immer gleichzeitig mit dem Besitzerwerb, der traditio, statt [14]). Nun ist aber gerade beim Kauf die Verpflichtung des Verkäufers darauf beschränkt, „rem habere licere praestare“. Die traditio braucht also nicht traditio zu Eigentum zu sein. Der Eigentumsübergang ist mithin beim Kauf nicht notwendig an die traditio geknüpft, da diese dem Käufer nur den Besitz zu verschaffen braucht, um das Geschäft zu erfüllen. So konnte hier die Frage auftauchen, ob erst die traditio dem Käufer Eigentum verschafft, oder ob er es schon früher erwirbt.

Die Frage nach dem Augenblick des Erwerbes wird nun beim Erwerb des Eigentums selten gestellt. Wichtig wird sie bei der usucapio. Hier finden sich nun einige Stellen, wo über einen Zeitpunkt gestritten wird. Nach dem Inhalt der Stellen ist die Frage so gestellt, ob der Käufer bereits beim Kaufabschluß oder erst bei der traditio bona fide sein muß. Diese Beziehung auf die bona fides ist zwar, wie oben [15]) erwiesen wurde, in zwei Stellen, D. 41. 3. 48 und D. 41. 4. 2 pr., itp. Sie führt aber auf eine echte Streitfrage zwischen Sabinianern und Prokulianern zurück, wie D. 41. 3. 10 pr. Ulpian 16 ad ed. beweist [16]). Es kann also als wahrscheinlich angenommen werden, daß die Prokulianer bona fides bereits beim Kaufabschluß verlangten. Nun ergeben sich zwei Möglichkeiten: Entweder muß der Verkäufer sowohl beim Kaufabschluß wie bei der Übergabe gutgläubig sein [17]), oder der Kauf als solcher hat auch bereits dingliche Wirkung [18]). Es wäre nämlich unlogisch, wenn man den Satz mala fides superveniens non nocet schon in einer Zeit gelten ließe, wo die usucapio mangels der dinglichen Rechtsstellung des Käufers noch gar nicht zu laufen begonnen hat. Man muß vielmehr anneh-

[14]) Freilich kann bei dieser Stelle die Analogie mit der traditio brevi manu herangezogen werden, wo in ähnlicher Weise die nachträglich entstehende causa allein den Eigentumserwerb bewirkt. Vgl. u. Kap. 14.

[15]) Vgl. Kap. 6.

[16]) Weitere Texte sind D. 41. 3. 44 § 4 itp. Beseler, Beitr. II, S. 90; ZSS. 45, S. 227; Bonfante, Scritti II, S. 529 Anm. 1; Alibrandi, Possesso, S. 125; D. 6. 2. 7 § 17 itp. Beseler, Beitr. III, S. 198; IV. 234; Alibrandi, Possesso, S. 120; Bonfante, Istituzioni, 8. Aufl., S. 282 Anm. 1; Scritti II, S. 599; Pampaloni, Arch. giur. LV (1893), S. 506. Zweifelnd Pernice, Labeo II. 1, S. 345 Anm. Von Bonfante, Scritti II, S. 581 wird noch D. 41. 4. 7 § 4 genannt, die aber nichts ausgibt, weil „vendere“ häufig verkaufen und übergeben heißt.

[17]) So in einer Reihe von Interpolationen; vgl. Siber, Röm. Privatr. S. 91 Anm. 3.

[18]) So Rabel, Haftung I, S. 57 f.

men, daß die Prokulianer eine Rückziehung des Ersitzungsbeginns bis zum Kaufabschluß lehrten, wenn der Käufer die Sache überhaupt tradiert erhalten hatte. Das wird umso wahrscheinlicher, als die Beziehung der fraglichen Texte auf die bona fides zweifelhaft sein kann [19]). Jedenfalls muß bei Ersitzungsbeginn bona fides des Käufers vorhanden sein. Die Fragen sind also eng miteinander verwandt. Ob aber im klassischen Recht wirklich die sabinianische Ansicht, daß bona fides und also auch Ersitzungsbeginn erst bei der traditio vorliegen müssen, den Sieg davongetragen hat, kann gerade wegen D. 41. 3. 48 fraglich sein, wo Paulus schreibt „in emptione autem contractus tempus inspicitur", ebenso wie in D. 41. 4. 2 pr. Auch widersprechen sich die Ulpianstellen D. 6. 2. 7 § 14 — wie Paulus — und D. 41. 3. 10 pr. Man könnte daran denken, daß hier die Ansicht der Prokulianer durchgedrungen ist. Unmöglich wäre es nicht, daß die Prokulianer entsprechend der Rückziehung des Ersitzungsbeginns nach erfolgter traditio auch den Eigentumserwerb auf die Zeit des Kaufabschlusses zurückbezogen [20]).

Durch die vorstehende Untersuchung ist deutlich geworden, daß nach prokulianischer Lehre die emptio-venditio als einheitliches Geschäft vom Kaufabschluß bis zur Erfüllung konstruiert wurde. Wenn die Sabinianer auch den Zeitpunkt der traditio beim Kauf als wesentlich für den Beginn der Usukapionszeit betrachteten, so ist doch in den Quellen keinerlei Andeutung vorhanden, daß sie deshalb die traditio nach Kauf als besonderes Erfüllungsgeschäft konstruierten. Die traditio gab ihnen einen Zeitpunkt, nichts weiter. Die Verbindung von traditio und iusta causa ist bei der emptio-venditio ebenso zu verstehen, wie bei den Realkontrakten. Die Besonderheiten erklären sich alle aus dem zeitlichen Auseinanderfallen des obligatorischen Geschäftes und der traditio.

13. Kapitel.

I. Die causa pro emptore im corpus iuris. II. Die iusta causa praecedens. III. D. 12. 1. 18 pr. — D. 41. 1. 36. IV. Der Ersatz der mancipatio durch die traditio. V. Einzelne Texte zur abstrakten traditio.

I. Auch in der Kompilation findet sich eine ganze Reihe von Texten — gerade zur causa empti-venditi — die das Prinzip, daß eine traditio ex iusta causa zum Eigentumserwerb erforderlich sei, aussprechen. Diese

[19]) Auch in D. 41. 3. 10 pr. hält Siber, Röm. Priv. R. S. 91 Anm. 29 die Erwähnung der bona fides für itp. Mir zweifelhaft!

[20]) Das könnte die Grundlage für den Satz periculum est emptoris sein.

Texte sind beim Erscheinen des ersten Entwurfs eines deutschen bürgerlichen Gesetzbuchs von Emil Strohal gesammelt worden. In zwei Arbeiten [1]) bekämpft er mit bewunderungswürdiger Beredsamkeit und rechtspolitischem Scharfblick die Unfruchtbarkeit und Schädlichkeit des Systems der abstrakten Übereignung. Vermag man auch seinen rechtshistorischen Ergebnissen nicht zuzustimmen, so bleibt die vorbildliche Sammlung des Materials doch stets dankenswert.

Zur causa emptionis sind es folgende vier Stellen, die auch das, was vorstehend über die Verbindung von causa und traditio gesagt wurde, von einer anderen Seite aus bestätigen:

1. D. 17. 1. 5 §§ 3, 4 Paulus 32 ad ed.

Item si mandavero tibi, ut fundum meum centum venderes tuque eum nonaginta vendideris et petam fundum, non obstabit mihi exceptio, [nisi ..... conserves] [2]). § 4. Servo quoque dominus si praeceperit certa summa rem vendere, ille minoris vendiderit, similiter vindicare eam dominus potest nec ulla exceptione summoveri, [nisi .... praestetur] [2]).

Die Stelle gibt, soweit sie hier nicht beanstandet wird, klassisches Recht[3]). Sie sagt folgendes: Die causa emptio-venditio ist ungültig, wenn der Mandatar oder Sklave nicht entsprechend dem Auftrage des Geschäftsherrn verkauft, d. h. zu billig verkauft hat. Der Geschäftsherr bleibt Eigentümer und kann die Sache vindizieren. Von einer traditio wird nicht gesprochen, dennoch erscheint es sicher, daß sich die vindicatio gegen den Käufer, der bereits im Besitz der Sache ist, richtet. Ein Eingreifen der exceptio rei venditae et traditae wird verneint, weil die causa eben nicht giltig ist, eine venditio also nicht besteht. D. 41. 4. 7. § 6, Julian 44 dig. [4]) ist im entgegengesetzten Sinne interpoliert [5]). Das Eingreifen der exceptio würde beweisen, daß eine Ersitzung auf Grund bloß putativer causa zulässig wäre, was für die emptio-venditio von der herrschenden Lehre mit Recht abgelehnt wird. Die lex 5 §§ 3, 4 beweist also, daß für den Eigentumserwerb durch traditio die causa venditi gültig sein muß. Ist sie es nicht, so wird auch der gutgläubige Erwerber nicht Eigentümer. Eine Auslegung des Textes in dem Sinne, daß die Einigung über den Eigentumserwerb durch die traditio nicht zustande gekommen sei, weil sie durch den gültigen Kaufabschluß

---

[1]) Iherings J. 27. S. 340 ff. u. Die Giltigkeit des Titels, Graz 1891.

[2]) Riccobono-Krüger, D. ed. ster.

[3]) Formal wird § 4 von Beseler, ZSS. 45, S. 439 angegriffen. Seinen Ausführungen ist nicht zuzustimmen. Vgl. Kalinka, ZSS. 47, S. 343 f.

[4]) Vgl. Beseler, ZSS. 44, S. 381; Riezler, Venire contra factum proprium, S. 18 ff.; Pernice, Labeo II. 1, S. 467, dessen Harmonistik dem Text nicht gerecht wird.

[5]) Vgl. H. Krüger, Exceptio doli, S. 8.

bedingt gewesen sei, ist gewaltsam und darum für das klassische Recht abzulehnen, zumal die Stelle von einer traditio überhaupt nicht spricht.

2. D. 21. 3. 1 § 2 Ulpian 76 ad ed.

Si quis rem meam mandatu meo vendiderit, vindicanti mihi rem venditam nocebit haec exceptio, nisi probetur me mandasse, ne traderetur, antequam pretium solvatur.

Die Stelle besagt, die exceptio rei venditae et traditae helfe in dem Falle, daß der Mandatar die Sache verkauft und übergeben habe, es sei denn, es werde nachgewiesen, daß der Mandatar den Auftrag erhalten habe, erst nach Preiszahlung zu übergeben. Diese Stelle ist es, die den Gedanken nahelegt, es handele sich in der vorbesprochenen lex 5 §§ 3, 4 um eine bedingte Tradition. Dennoch ist die lex 1 § 2 im Sinne der iusta causa-Theorie erklärbar, auch wenn der Satz „nisi .... solvatur“ nicht unecht ist. Es ist nicht ausgeschlossen, daß dieser Satz auf die Byzantiner zurückgeht: „nisi probetur me mandasse“ an Stelle von „nisi mandaverim“, „antequam pretium solvatur“ an Stelle von „solutum sit“ ist beides nicht schön und begründet immerhin einigen Verdacht. Pringsheim [6]) zweifelt an der Echtheit der Stelle freilich noch nicht.

Die Erklärung im Sinne der iusta causa-Theorie muß davon ausgehen, daß der Mandatar angewiesen war, unter der Bedingung der Vorauszahlung zu verkaufen. Demnach war der vorgeschriebene Kaufvertrag nicht geschlossen, wenn unbedingt abgeschlossen wurde, und mangels causa kein bonitarisches [7]) Eigentum entstanden.

3. D. 21. 3. 1 § 5.

Si quis rem emerit, non autem fuerit, ei tradita, sed possessionem sine vitio fuerit nactus, habet exceptionem contra venditorem, [nisi forte venditor iustam causam habeat, cur rem vindicet: nam et si tradiderit possessionem, fuerit autem iusta causa vindicanti, replicatione adversus exceptionem utetur].

Beseler [8]) streicht den Teil „nisi forte ... utetur“, und insoweit wird man seinen Erörterungen folgen können. Was er im ersten Teil der Stelle verändert, verkehrt ihren Sinn gerade ins Gegenteil. Problem der Stelle ist gerade, ob die traditio zum Eigentumserwerb nach Kauf notwendig ist, oder ob die Erlangung einer non vitiosa possessio genügt. Beselers Interpretation vernichtet geradezu die Grundlage der Entscheidung. Gründe dafür gibt er nicht an. Ich vermag solche nicht zu erkennen. Gegen Beseler — und zugleich für Annahme einer Interpolation in D. 21. 3. 1 § 2 — spricht:

---

[6]) Kauf, S. 77.

[7]) Nur darum kann es sich handeln, wie Pringsheim, a. a. O. mit Recht betont.

[8]) ZSS. 45, S. 248; vgl. auch Beitr. IV, S. 116 u. Riezler, Venire contra factum proprium, S. 19.

4. D. 6. 2. 14 Ulpian 16 ad ed.

Papinianus libro sexto quaestionum scribit: si quis prohibuit vel denuntiavit ex causa venditionis tradi rem, quae ipsius voluntate a procuratore fuerat distracta, et is nihilo minus tradiderit, emptorem tuebitur praetor, sive possideat sive petat rem [9]).

Hier handelt ein Prokurator, in § 2 ein Mandatar, in § 5 der Eigentümer selbst. Das kann aber kaum einen Unterschied begründen, denn überall ist der Besitz erlangt „sine vitio", was mit „nec vi, nec clam, nec precario" identisch und durchaus nicht unverständlich ist, wie Beseler es hinstellen will. Nachträgliches Untersagen der traditio gilt nicht, die traditio bedeutet nur noch den Erwerb der tatsächlichen Gewalt auf unverbotenem Wege [10]).

Dieses Ergebnis, das bei allen vier vorgetragenen Stellen das gleiche ist, zeigt, daß das klassische Recht an eine abstrakte traditio gar nicht denken konnte, denn die Besitzerlangung sine vitio kann niemals der abstrakten Eigentumstradition gleichgestellt worden sein. Dazu fehlt die notwendige dingliche Einigung [11]).

II. Neben diesen Texten, die gewissermaßen implicite beweisen, daß iusta causa Requisit des Eigentumserwerbs durch traditio ist, stehen weitere, die diesen Grundsatz theoretisch aussprechen. Diese theoretische Fassung jedoch läßt deutlich die Hand der nachklassischen Juristen spüren. Es wird aber nachzuweisen sein, daß die Interpolationen in diesen Texten nicht vorgenommen sind, um eine klassische Erörterung des abstrakten Charakters der traditio zu verdrängen, sondern aus anderen Gründen.

1. D. 41. 1. 31 pr. Paulus 31 ad ed.

Nunquam nuda traditio transfert dominium, sed ita, si venditio aut aliqua iusta causa praecesserit, propter quam traditio sequeretur.

Gerade diese Stelle, die das Prinzip der iusta causa in den Digesten am schärfsten formuliert, hat offenbar schwere Veränderungen erlitten. Schon ihre Stellung im Ediktskommentar des Paulus gibt ein Rätsel bezüglich ihrer Bedeutung auf. Sie wird, mit Recht, von Lenel [12]) zu dem Teil des 31. Buchs, der die actio fiduciae behandelt, gestellt. Auch der Zusammenhang mit dem folgenden § 1 der lex 31 ist dunkel. So sagt denn de

---

[9]) Die Fortsetzung der Stelle mag verdorben sein. Vgl. Biondi, Iudicia b. f. S. 71 f. Der Änderung, die Beseler, ZSS. 45, S. 249 im vorgetragenen Stück vornimmt, ist nicht zuzustimmen.

[10]) Das ergibt wohl auch D. 6. 2. 13 pr. Gai. 7 ad ed. prov. Vgl. dazu unten Kap. 14, Nr. II.

[11]) Keinen Einwand kann man aus D. 31. 32 § 1 Modestin 9 regul. (vgl. D. 41. 8. 8 Papinian 23 quaest.) gegen die vorgetragene Ansicht entnehmen. Es handelt sich dort um ein Damnationslegat, das nach dem Recht der stipulatio zu behandeln ist. D. 41. 2. 5 Paulus 63 ad ed. handelt vom vitiosen Besitzerwerb.

[12]) Palingenesie Nr. 482; vgl. Oertmann, Die fiducia, S. 77.

Francisci[13]) „che il passo nel suo attuale tenore sia dovuto ai Bizantini a me par fuori di dubbio", und begründet das mit einer Auffassung des Begriffes iusta causa, die der hier vertretenen verwandt ist. Beseler[14]) erklärt den Text unter Hinweis auf de Francisci ebenfalls für unecht. Der Text gibt aber andererseits klassisches Recht, indem er nichts von dem Preiszahlungserfordernis erwähnt, das die Byzantiner für den Eigentumserwerb nach Kauf aufgestellt hatten. Darauf weist Pringsheim[15]) mit Recht hin. Dennoch ist die Stelle von nachklassischer Hand verändert worden.

2. C. 3. 32. 24 Diocl. et Max. anno 294.

Nullo iusto titulo praecedente possidentes ratio iuris quaerere prohibet dominium. Idcirco cum etiam usucapio cesset, intentio dominii non absumitur: unde hoc casu postliminio reverso citra beneficium actionis rescissoriae directa permanet integra vindicatio.

3. C. 7. 29. 4 Diocletian et Max. anno 294.

Usucapio non praecedente vero titulo procedere non potest nec prodesse neque tenenti neque heredi eius potest, nec obtentu velut ex hereditate, quod alienum fuit, domini intentio ullo longi temporis spatio absumitur[16]).

Die vorliegenden Texte sprechen von einer iusta causa praecedens. Sie widersprechen also der vorstehend aufgezeigten Lehre der Klassiker, daß das Rechtsgeschäft von der Eingehung des obligatorischen Vertrages bis zur Erfüllung durch traditio eine Einheit bilde. Besonders deutlich tritt das in lex 31 pr. zutage, wo gesagt wird, „nunquam nuda traditio transfert dominium". Dieses Stück ist aber unzweifelhaft byzantinisch. Ebenso aber ist die causa praecedens in den beiden genannten Konstitutionen gefälscht[16a]). Beide zeigen Anzeichen von Verkürzung des ursprünglichen Wortlautes: In c. 24 „hoc casu postliminio reverso", der ablativus absolutus neben einem Dativ-Objekt; „citra beneficium ..."; „etiam usucapio cesset", was könnte denn sonst zessieren?[17]) In c. 4 „neque tenenti neque heredi", entweder lebt der Erblasser noch, sonst könnte er nicht tenens sein oder sein heres ist tenens; „domini intentio" anstelle von dominium ist hier ein Zeichen der Neigung der Byzantiner, das Eigentum zu spiritualisieren.

---

[13]) Trasf. S. 153.

[14]) ZSS. 45, S. 225.

[15]) Kauf, S. 61. Als echt behandelt die Stelle auch Bohaček, Annali Palermo XI, S. 380.

[16]) Vgl. C. 7. 27. 3 Diocl. et Max. o. J. itp. Partsch, Longi temporis praescriptio, S. 12; C. 7. 33. 4 u. 5, wo aber ein titulus allein, kein titulus praecedens gefordert wird.

[16a]) Immerhin hat es bei der usucapio Sinn von einer causa praecedens zu sprechen, weil die causa mindestens mit Beginn der Ersitzungszeit zustandegekommen sein muß.

[17]) Intentio dominii ist hier nicht zu beanstanden. Da der Kriegsgefangene nicht rechtsfähig ist — D. 49. 15. 5. § 1; Gai. I. 129 — so konnte Diocletian von dominium nicht sprechen.

Die Anfänge der beiden Konstitutionen sind generalisierender byzantinischer Ersatz für die ursprünglich dort stehenden individuellen Anfragen; der Rest byzantinische Neuformulierung der alten Entscheidungen.

Die Lehre von der iusta causa praecedens nun ist geschaffen, weil die Byzantiner zwar traditio und obligatorisches Geschäft trennten, andererseits aber auf die iusta causa usucapionis nicht verzichten wollten. So war es das Natürliche, daß man sich das Verpflichtungsgeschäft zeitlich früher als das Erfüllungsgeschäft dachte [18]). Einen Beweis gegen die vorgetragene Ansicht von der Einheitlichkeit des Rechtsgeschäfts wird man in diesen drei Stellen nicht finden können.

III. Die Lehre von der iusta causa wird nun vor allem erörtert angesichts der berühmten Antinomie zwischen D. 12. 1. 18 pr. und D. 41. 1. 36. Diese Stellen sind so häufig textkritisch interpretiert worden, daß eine eigene Interpretation in dieser Hinsicht unnötig ist. Es kommt nur darauf an, ihnen ihre programmatische Bedeutung zu nehmen und sie in das Gebiet zu verweisen, über das sie handeln, das Sondergebiet der Geldzahlung. Sofern man auch die Äußerungen der modernen Literatur über die Antinomie nur dahin versteht, daß sie sich auf das Gebiet der Zahlung beziehen, kann man ihnen im wesentlichen zustimmen. Nur die Erstreckung der Thesen auf das gesamte Gebiet der traditio ist fehlerhaft [19]).

Der Wortlaut der Stellen ist folgender:

D. 12. 1. 18 pr. Ulpian 7 disp. Si ego pecuniam tibi quasi donaturus dedero, tu quasi mutuam accipias, Julianus scribit donationem non esse: sed an mutua sit, videndum. Et puto nec mutuam esse magisque nummos accipientis non fieri, cum alia opinione acceperit. [Quare] <sed> si eos consumpserit, [licet] condictione tene[a]tur, [tamen doli exceptione uti poterit, quia secundum voluntatem dantis nummi sunt consumpti] [20]).

D. 41. 1. 36 Julian 13 dig. [Cum in corpus quidem quod traditur consentiamus, in causis vero dissentiamus, non animadverto, cur inefficax sit traditio], veluti si ego credam me ex testamento tibi obligatum esse, ut fundum [tradam] <mancipem>, tu existimes ex stipulatu tibi eum deberi. Nam et si pecuniam nume-

---

[18]) Auffällig ist freilich, daß die Bas. (50. 1. 30 — Hb. V. S. 42; Bas. 15. 1. 104 — Suppl. Zachariae S. 40; Bas. 50. 5. 8 — Hb. V. S. 68) „praecedens" nicht mitübersetzt haben. Das widerspricht der Ansicht von Bonfante, Scritti II, S. 595 ff.; de Francisci, Trasf., S. 153 f.; Pflüger, Festg. f. Zitelmann 1923, S. 43 ff., daß gerade die causa praecedens die justinianische Regelung der Übereignung war.

[19]) Den Äußerungen Bohačeks, Note es. annali Pal. XI, S. 380 f. ist allerdings ausdrücklich zu widersprechen. Einen klassischen Streit, ob iusta causa traditionis zum Eigentumserwerb erforderlich sei oder nicht, konnte es, wie gezeigt, nicht geben.

[20]) Vgl. Beseler, Beitr. III, S. 57; ZSS. 45, S. 221; Kübler, Berl. phil. Woch.-Schr. 1914, Sp. 1258; Krüger, D. ed. ster.; Pflüger, Bonner Festg. f. Zitelmann 1923, S. 47; de Francisci, Trasf. S. 155.

ratam tibi tradam donandi gratia, tu eam quasi creditam accipias, [constat proprietatem ad te transire nec impedimento esse, quod circa causam dandi atque accipiendi dissenserimus] [21]).

Die Stellen sind beide interpoliert. Die Interpolationsannahmen der in den Anmerkungen genannten Gelehrten sind genügend begründet. Diese Interpolationsannahmen beruhen freilich alle auf der Idee, daß eine umfassende causa solvendi oder credendi, die die Erfüllung aller Schuldverhältnisse, respektive die Eingehung eines jeden Kreditgeschäftes enthalten sollen, die causae darstellen, auf Grund deren geleistet werde. Nun ist oben [22]) dargestellt worden, daß jede Geldzahlung, die in der Absicht der solutio geschieht, einen gültigen Eigentumsübergang und Entstehung der condictio zur Folge hat, wenn sie in gleicher Absicht angenommen wird. Dabei ist aber unter „solutio" nicht nur die Erfüllung einer obligatorischen Verbindlichkeit sondern auch die Zahlung in der Absicht, einen Rechtserfolg entstehen zu lassen, zu verstehen. Das Problem der Stellen liegt nun darin, ob der Empfänger die Absicht haben muß, den gleichen Rechtserfolg entstehen zu lassen, den der Veräußerer will, oder ob es genügt, daß er überhaupt einen Rechtserfolg entstehen lassen will.

Dieses Problem besteht aber nur für die Geldzahlung. Es ist zugleich das Problem des Zustandekommens des obligatorischen Geschäfts. Die Erklärung der Texte ist am klarsten von Pflüger [23]) gegeben worden, dessen Ansicht zunächst im wesentlichen wiedergegeben wird.

Zur Erklärung der Stellen ist von D. 12. 1.18 pr. auszugehen. Diese Stelle besagt folgendes: ein ego hat Geld in Schenkungsabsicht an einen tu übergeben. Der tu hat das Geld als Darlehn angenommen. Julian sagt nun, es sei eine Schenkung nicht zustandegekommen. Soweit sind die Erklärer der Stelle einig. Es folgt die Frage, ob in der Hingabe des Geldes ein Darlehn zu sehen sei. Hier entsteht bei den Auslegern des Textes Streit, ob dieser Gedanke von Julian oder von Ulpian in die Debatte geworfen oder ob die Frage interpoliert sei. Während die herrschende Meinung die Frage für julianisch hält [24]), hat Beseler [25]) neuerdings behauptet, daß hinter „videndum" ein „est" zu ergänzen sei, daß die Frage also von Ulpian stamme,

---

[21]) Vgl. Beseler, ZSS. 45, S. 221; Pflüger, a. a. O. S. 47. Lenel-Krüger, D. ed. ster. wollen nur „traditur" streichen. Auf die Einleitung kommt hier wenig an, doch ist es wahrscheinlich, daß der ganze Anfang itp. ist. Siber, Leipz. Festschr. f. Sohm (1915), S. 17 Anm. kommt ohne Interpolationsannahmen aus. Das ist angesichts der formalen Bedenken gegen die Stelle unmöglich.

[22]) Vgl. oben Kap. 6.

[23]) Bonner Festg. f. Zitelmann (1923), S. 47.

[24]) Vgl. Rabel, Grundz. S. 440.

[25]) ZSS. 45, S. 221.

und Joers [26]) hat dem anscheinend zugestimmt. Siber [27]) aber hat behauptet, daß „sed an .... et puto" interpoliert sei, wegen des angeblich byzantinischen „videndum . et puto...." Sibers Ansicht wird von Beseler zurückgewiesen. Beselers Vorschlag, hinter videndum „est" zu ergänzen, ist besser begründet. Beseler nimmt an, Ulpian würde uns die Antwort Julians, wenn dieser die Frage nach dem mutuum gestellt hätte, nicht vorenthalten haben. Dennoch ist auch dieser Ansicht nicht zu folgen. Wenn sich, was wahrscheinlich ist, Ulpians Zitat auf D. 41. 1. 36 bezieht, so läßt sich glaubhaft machen, daß schon Julian die Frage nach dem mutuum gestellt hat. Es wäre auch nahezu unbegreiflich, daß Julian sich auf die Entscheidung „donationem non esse" beschränkt hat. Das könnte er nur, wenn nach seiner Ansicht die donatio das weniger stark wirkende Geschäft war. Diese Ansicht ist zwar bestechend, denn donatio hat als Rechtserfolg nur Eigentum beim Empfänger, mutuum bewirkt aber Eigentumserwerb des Empfängers und condictio beim Darlehensgeber. Man wird ihr aber doch nicht folgen können, vielmehr eher annehmen müssen, daß hinter videndum die Antwort Julians weggeschnitten und Ulpians Erörterung verkürzt ist. Eine Interpretation von D. 41. 1. 36 macht nämlich wahrscheinlich, daß Julian annahm, daß ein mutuum entstehe:

Aus dem nicht verfälschten Stück von D. 41. 1. 36 geht nämlich hervor, daß Julian die mancipatio auf Grund eines Damnationslegates, die vom Gläubiger als auf Grund einer Stipulation vorgenommen angesehen wird, dem Fall der lex 18 pr. parallelisiert. Die Parallele ist auch durchaus deutlich:

Im ersten Falle der lex 36 handelt es sich für beide Parteien um eine mancipatio zwecks Lösung einer zivilen Verbindlichkeit; im Falle der lex 18 pr. für beide Parteien um eine Hingabe und Hinnahme in Form kausalen Aktes (datio). Leider ist die Entscheidung Julians nicht erhalten. Es wäre interessant gewesen, zu erfahren, ob Julian die Geldzahlung als realen Akt mit der mancipatio, oder ob er die causae der Zahlung mit den causae der mancipatio auf eine Stufe gestellt hat. Wahrscheinlicher ist, und auch aus dem Ulpian-Zitat scheint zu folgen, daß Julian die erstere Parallele zog: man muß nämlich berücksichtigen, daß mutuum und donatio erst durch reale Vollziehung entstehen. Geht man davon aus, dann ist es wahrscheinlich, daß Julian die Wirksamkeit des mutuum angenommen hat, wenigstens, wenn man in dem „nam et si" in lex 36 im zweiten Satz die klassische Anknüpfung an den ersten Satz erblickt. Diese Entscheidung nun paßt offenbar gut zu Gai. III. 91, wo die Annahme einer Nichtschuld als Realkontrakt bezeichnet wird, der dem mutuum so nahe verwandt sei, daß die Darlehnsvorschriften auf ihn Anwendung fänden. Auch hier handelt es sich um An-

[26]) Röm. R., S. 86 Anm. 3.
[27]) ZSS. 42, S. 77 Anm. 3.

nahme einer Nichtschuld. Eine causa ist nämlich mangels Konsenses nicht vorhanden. Dennoch will Julian Darlehnsvorschriften Anwendung finden lassen.

Julian nahm an, daß eine datio vorlag. Ulpian dagegen, in starker Betonung des Parteiwillens, konnte sich dazu nicht entschließen. Für diese Interpretation spricht auch die Interpolation des Beginns der lex 36, in der Julian seine Ansicht vorgetragen und die abweichende Lehre, auf die Ulpian sich stützt, erörtert haben wird. Einen Anhalt dafür bildet auch der polemische Ton „non animadverto, cur ...", auf den Bohaček [28]) hingewiesen hat. Das Fragment 18 pr. ist aber insofern als Ergänzung der lex 36 wichtig, als es zeigt, daß Julian ein mutuum annahm. Eine indebiti solutio kam nicht in Frage, weil der Schenker nicht im Irrtum darüber war, daß er zur Leistung nicht verpflichtet sei, und weil auch der Empfänger das Geld nicht als debitum, sondern als creditum annahm. Es lag eben nicht Irrtum sondern Dissens vor. Die bloße Willensübereinstimmung des animus accipiendi und transferendi dominii kann Julian nicht für ausreichend erklärt haben. Es wäre unbegreiflich, daß Ulpian sich mit dieser Ansicht nicht auseinandergesetzt haben sollte. Julian wird deduziert haben, daß die donatio ein maius sei, das das minus „mutuum" enthalte. Komme die donatio nicht zustande, so doch wenigstens das minus „mutuum".

Betont sei schließlich, daß auch Ulpians Entscheidung zu der in dieser Arbeit vertretenen Interpretation von Gai. III. 91 paßt. Der jüngere Jurist nahm eben an, daß der ego die Münzen nur donationis causa übergeben, der tu sie nur mutui causa annehmen wollte. Da das mutuum nun nach seiner Ansicht nicht zustande gekommen ist, weil es gegenüber der donatio ein aliud, kein minus sei, auch kein übereinstimmender error der Parteien vorliegt, so sieht er den tu nicht als Erwerber der indebite geleisteten Zahlung, sondern nur als Besitzer der nummi an, die erst durch den Verbrauch erworben werden.

Julians Entscheidung ist die praktischere wegen der Beweisschwierigkeiten bei der vindicatio von Geld. Ulpian stützte sich aber mit Recht darauf, daß eine indebite-Leistung von Geld auf einem gemeinsamen Irrtum des solvens und accipiens beruhen müsse, um Eigentum übergehen zu lassen [29]), und daß zur Annahme eines mutuum die Einigung der Parteien fehle.

[28]) Note es. S. 380. Doch ist es sehr zweifelhaft, ob dies Stück nicht byzantinisch ist. Der polemische Ton paßt gut zum byzantinischen „constat".

[29]) Wenn Beseler, ZSS. 45, S. 221 sagt, man habe Ulpian den Vorwurf gemacht, er habe die Lehre der iusta causa nicht verstanden, so liegt das darin, daß Ulpians Entscheidung der Doktrin von der causa solvendi widerspricht. — Siber ist dogmatisch hinsichtl. der indebite-Leistung von Geld der gleichen Ansicht wie Ulpian. Vgl. Festschr. f. Sohm 1915, S. 16 Anm. 2.

IV. Im corpus iuris erscheinen nun aber auch eine Reihe von Texten, die dafür zu sprechen scheinen, daß die traditio als selbständiges, abstraktes Erfüllungsgeschäft auch zum Eigentumsübergang unvertretbarer Sachen ausreiche. Unter ihnen sind aber von vornherein eine ganze Reihe auszuscheiden, weil sie tradere und traditio nur als Ersatz für mancipatio enthalten. Die mancipatio war ein selbständiges Erfüllungsgeschäft [30]). Über ihr Verhältnis zu ihren causae kann im Rahmen dieser Arbeit nicht gesprochen werden [31]). Alle diese Stellen sind unerheblich für die Frage nach der klassischen Regelung der Übereignung vermittels traditio. Bei den Texten, die „traditio“ abstrakt gebrauchen, ist auch stets die Möglichkeit zu prüfen, ob sie im klassischen Recht nicht von einer mancipatio gehandelt haben. Während also für die kausale traditio, für den Erweis der Wirkung der causa auf den Eigentumserwerb auch solche Stellen, die keine prinzipielle Entscheidung enthalten, von Wert sein konnten, vermag bei den abstrakt von traditio redenden Stellen ein solcher Gebrauch nur selten gemacht zu werden. Insbesondere verwenden Gaius und Ulpian in den beiden außerhalb des c. i. überlieferten Stellen zur Bezeichnung der Eigentumserwerbsart das Wort „traditio“ ja auch schon abstrakt, trotzdem bei ihnen die einheitliche Konstruktion des Rechtsgeschäfts von der Verpflichtung bis zur Erfüllung nachzuweisen war [32]).

V. Als Stellen, die eine iusta causa nicht erfordern, seien die folgenden genannt, die ausdrücklich von der Notwendigkeit dieses Institutes Abstand nehmen. Nicht erwähnt werden diejenigen, bei denen solch ausdrücklicher Verzicht fehlt, denn es ist durchaus natürlich, daß in Abhandlungen, die nicht entscheidenden Wert auf die Eigentumsfrage legen, nur ein Erfordernis des Eigentumsüberganges allein erwähnt, die übrigen fortgelassen werden [33]).

1. Deutlich ist die Interpolation in D. 6. 1. 41 § 1 [34]).

Ulpian 17 ad ed. Si servus mihi vel filius familias fundum vendidit et tradidit [habens liberam peculii administrationem], in rem actione uti potero. [Sed

---

[30]) Über ihre Abstraktheit vgl. van Oven, a. a. O. S. 14 ff., insbes. S. 19 ff. Zur mancipatio überhaupt vgl. Kunkel, s. v. mancipatio in Pauly-Wissowa, Realenzykl. Dazu neuestens Husserl, ZSS. 50, S. 478 ff.

[31]) Über den Ersatz von mancipatio durch traditio im c. i. vgl. Gradenwitz, ZSS. 6, S. 56 ff.; 7, S. 48 f.

[32]) Vgl. o. Kap. 2.

[33]) Es kommt auch vor, daß „causa“ allein als Requisit des Eigentumsüberganges, ohne Erwähnung der traditio genannt wird. Vgl. z. B. D. 6. 2. 13 pr.; D. 41. 1. 46.

[34]) Vgl. Solazzi, Rend. Lomb. 56, S. 152 Anm. 2, der aber den hier angegriffenen Satz nicht behandelt, und Pacchioni, Corso II², S. 405, Anm. 749, der die ganze Stelle ohne nähere Begründung für itp. erklärt. Albertario, Riv. dir. comm. 27 (1929), S. 228 ff.

et si domini voluntate domini rem tradat, idem erit dicendum]: quemadmodum, cum procurator [voluntate] ⟨fundum⟩ domini vendidit [vel] ⟨et⟩ tradidit, in rem actionem mihi praestabit.

Die Stelle ist stark verändert; vor allem wird „in rem actione" durch „Publiciana actione" zu ersetzen sein, da ja durch einen Sklaven so wenig wie durch einen Vertreter eine mancipatio für den dominus gültig vorgenommen werden kann [35]). Ferner aber ist der ganze Satz, der die abstrakte traditio enthält, „sed et... erit dicendum" Glossem, denn einmal bezieht das „domini" sich nur auf den servus, zu filius hätte pater gehört, dann ist „fundus" im ersten Satz durch „res" ersetzt, endlich wechselt das tempus „tradidit" — „tradat" an Stelle von „tradiderit" bei der offenbaren Vorzeitigkeit der traditio vor dem in rem agere posse [36]). Zu bemerken ist außerdem, daß sich der Schlußsatz dann besser anschließt, aus dem die Glosse wohl entstanden ist, bezeichnenderweise unter Weglassung der Erwähnung der causa. Endlich wird im letzten Satz „vendidit vel tradidit" durch „et tradidit" zu ersetzen sein, denn nicht einmal Justinian kannte Eigentumsübertragung durch bloße emptio-venditio.

2. D. 34. 5. 15 Marcian 2 regul.

[Quaedam sunt, in quibus res dubia est, sed ex post facto retro ducitur et apparet, quid actum est. Ut ecce] si res legata fuerit et deliberante legatario eam rem heres alii [tradiderit] ⟨mancipaverit⟩: [nam] si quidem voluerit legatarius habere legatum, [traditio] ⟨mancipatio⟩ nulla est; si vero repudiaverit, valet....

Beseler [37]) will den ersten Satz streichen „quaedam .... ut ecce". Mit Recht. Wahrscheinlich ist dann aber wohl auch, daß in dem von den Byzantinern weggeschnittenen Fall von einer res mancipi gehandelt wurde. Das alleinstehende „tradiderit" ist doch sehr ungewöhnlich. „Traditio valet, nulla est", ist sehr merkwürdig, es sieht so aus, als wäre die „traditio" das, was oben [38]) als „datio" bezeichnet wurde, ein Rechtsgeschäft, das eine körperliche Übergabe noch nicht einmal notwendig zur Voraussetzung hat. Das läßt sich aber wohl aus keiner Quellenstelle für die traditio entnehmen, vielmehr wird die traditio immer auch als ein faktisches Ereignis angesehen, das nicht annulliert werden kann. Für „tradiderit" und „traditio" ist wohl mancipaverit" und „mancipatio" zu setzen [39]).

---

[35]) Mitteis, RPR., S. 208 Anm. 13, 16.

[36]) Deshalb setzt Albertario „fundum" an Stelle von [voluntate].

[37]) Beseler, ZSS. 43, S. 552.

[38]) Vgl. Kap. 12.

[39]) Traditio im Sinne von rechtsgeschäftlicher Übereignung ist sicher itp. auch in D. 40. 7. 15 § 1 African 9 quaest. u. in D. 8. 2. 17 § 3 Ulpian 29 ad Sab. Vgl. Heumann-Seckel s. v. „tradere"; desgl. in D. 2. 14. 48 Gai. III. ad leg. XII. tab.; D. 6. 1. 20 Gai. 7 ad ed. prov.; D. 8. 4. 6 § 2 Ulpian 28 ad Sab.; D. 41. 4. 7 § 8 Julian 44 dig.

3. D. 24. 1. 52 § 1 Papinian 10 quaest.

Uxor viro fructum fundi ab herede suo dari, quod si datus non fuisset, certam pecuniam mortis causa promitti curavit: defuncto viro viva muliere stipulatio solvitur, [ut traditio, quae mandante uxore mortis causa facta est: nam quo casu inter exteros condictio nascitur, inter maritos nihil agitur].

In dieser Stelle steht deutlich, daß „traditio solvitur", die traditio aufgelöst wird und aufgelöst werden kann und zwar doch wohl nur durch ein Rechtsgeschäft. Aber auch hier können sehr ernste Zweifel gegen die Echtheit der Stelle „ut traditio .... nihil agitur" auftauchen[40]: der Teil „ut traditio .... facta est" paßt einfach nicht zum Fall; die fructus sind nicht gegeben, sondern nur stipuliert. Daß der Text aber allgemein die Parallele zur mortis causa donatio, — denn diese repräsentiert die „traditio" hier — ziehen sollte, ist wegen der Erwähnung des Mandates der Ehefrau ausgeschlossen. Die mortis causa donatio zwischen Ehegatten war zulässig, auch wenn die Gattin dem Gatten persönlich schenkte[41]). Daß die allgemeine Regel von „nam quo ... nihil agitur" nicht gilt, bedarf kaum der Erwähnung, sie scheint auf Grund des nachklassischen Reuerechts-Gedankens formuliert zu sein und besagen zu wollen, daß, wo allgemein bei der Schenkung die condictio ex poenitentia zulässig sei, da bei Ehegatten wegen des Schenkungsverbotes die vindicatio gegeben werde, weil durch Schenkung zwischen Ehegatten „nihil agitur". Wer sich von dieser Interpolation nicht überzeugen kann, mag annehmen, daß „traditio" allein gesetzt ist, weil der stipulierten donatio mortis causa die im Wege der „traditio" geschehene gegenübergestellt werden sollte, und Papinian besonders breviloquent verfahren sei, doch ist die Annahme einer nachklassischen Veränderung des Textes wahrscheinlicher.

Im Zusammenhang mit diesem sei ein anderer Text genannt, der eben wegen dieses Zusammenhanges nicht beiseite gelassen werden kann, wie es sonst in der Regel mit Texten, die nur die „traditio" ohne Erwähnung der causa enthalten, geschehen ist.

4. D. 24. 1. 11 § 9 Ulpian 32 ad Sab.

Si uxor rem, quam a marito suo mortis causa acceperat, vivo eo alii tradiderit, nihil agitur ea traditione quia non ante ultimum vitae tempus mulieris fuit. [Plane .... in pendenti habetur]. [42])

Vgl. Heumann-Seckel s. v. „mancipare". In allen Fällen, wo sonst noch „traditio valet, nulla est" o. ä. steht, ist es itp. Vgl. D. 17. 2. 2 Riccobono, ZSS. 34, S. 188; D. 24. 1. 3 § 10 Lenel, Ulpian 2764; D. 24. 1. 11 § 9 Vassalli, BIDR. 27, S. 244; D. 24. 1. 49 Lenel, Marcellus 90; D. 24. 1. 67 Lenel, Labeo 206; D. 34. 5. 15 Lenel, Gaius 476.

[40]) Vgl. F. Haymann, ZSS. 38, S. 240 Anm.

[41]) Vgl. o. Kap. 9, S. 101 f.

[42]) F. Senn, Donation à cause de mort, S. 147.

Diese Stelle zeigt einmal, daß in die Texte des Titels D. 24. 1. das Reuerecht hineininterpoliert worden ist, so daß damit noch eine Stütze für die Interpolationsannahme von lex 52 § 1 gewonnen wird, sie ist andererseits nicht verständlich, wenn man „tradiderit", „traditione" nicht durch „mancipaverit", „mancipatione" ersetzt, denn mit Hilfe der „traditio" hätte der Empfänger von der Ehefrau gutgläubig erwerben können.[42a])

5. D. 24. 1. 11 § 2.

[Quando .... donatio,] [43]) emergunt vitia, ut Marcellus animadvertit in specie huius modi. Maritus uxori mortis causa donatum voluit: interposuit mulier filium familias, qui a marito acciperet eique [traderet] ⟨manciparet⟩: deinde, cum moritur maritus, pater familias invenitur: an valeat [traditio] ⟨mancipatio⟩? Et ait consequens esse dici [traditionem] ⟨mancipationem⟩ valere, quia sui iuris effectus est eo tempore, ad quod traditio redigitur, [id est .... moriebatur] [44]).

Der Fall dieser Stelle ist folgender: Der Gatte will der Gattin eine donatio mortis causa machen, diese aber veranlaßt ihn, den Schenkungsgegenstand dem filius familias zu geben, der ihn ihr weiter übergeben soll. Der Gatte stirbt, der Sohn wird sui iuris. Gefragt wird, ob die traditio gültig sei. Marcellus sagt ja, weil der Sohn in dem Zeitpunkt, auf den die „traditio" zurückzuführen ist, sui iuris war. Um zur Klarheit zu kommen, muß zunächst gefragt werden, welche traditio überhaupt gemeint ist. Daß nämlich auch nur eine der beiden Traditionen wirklich stattgefunden habe, sagt der Fall nicht. Wenn der Vater dem Sohne tradiert, so ist das eine Verschiebung innerhalb des väterlichen Vermögens, deren Wirksamkeit nicht davon abhängt, daß der Sohn sui iuris ist. Es scheint sich mithin nur um die traditio vom Sohn an die Mutter zu handeln. Das ist aber nicht sicher, denn man muß fragen, welchen Unterschied es denn machte, ob der Vater oder der Sohn tradierte, warum der Sohn eingeschoben worden ist. Die donatio mortis causa ist vom Augenblick des Todes an giltig, auch wenn sie vom Vater im Wege der traditio an die Mutter gemacht wurde. Ob der Vater selbst tradierte oder durch den Sohn tradieren ließ, ist gleichgiltig, denn es läge doch immer eine traditio des Vaters vor, die als traditio auf Grund einer donatio mortis causa wirksam wäre. Fraglich könnte höchstens sein, ob die traditio nichtig wäre, etwa wie im Falle von D. 21. 3. 1 § 2, wenn der Sohn nach dem Tode des Vaters tradiert hätte, trotzdem der Vater es letztwillig verboten hatte. Davon sagt der Fall aber nichts. Anders liegt es, wenn man eine mancipatio annimmt. Schenkweise mancipatio übertrug

[42a]) Formales Itp.-Merkmal ist „ante ultimum vitae tempus mulieris", während die mortis causa donatio ihre Gültigkeit doch aus dem Tode des Mannes schöpft.

[43]) F. Senn, a. a. O. S. 153 f.

[44]) Eisele-Krüger, D. ed. ster.; ZSS. 11, S. 10.

das Eigentum unbedingt, auch wenn eine donatio mortis causa vorlag. Unbedingte Schenkung ist verboten. Erfolgt die mancipatio ohne Besitzübergang, so ist „nihil actum". Anders, wenn der Sohn manzipierte. Hier wird die mancipatio als in ihrer Wirksamkeit durch den Tod des Vaters bedingt hingestellt. Stirbt der Vater vor der Mutter, so darf der Sohn der Mutter vom Augenblick des Todes an schenkungsweise manzipieren. Die aufschiebend bedingte mancipatio wird so angesehen, als wäre sie im Augenblick, nachdem der Vater gestorben ist, vorgenommen. Darum ist sie gültig. Die Beziehung auf die Frage, ob der Sohn sui iuris sei, ist hier deutlich. Man darf also annehmen, daß nicht „an valeat traditio" sondern „an valeat mancipatio" gestanden hat.

6. Die folgende Stelle trägt die Lehre von der abstrakten traditio theoretisch vor: D. 41. 1. 9 § 3 = Inst. II. 1 § 40.

Gaius 2 aur. Hae quoque res, quae traditione nostrae fiunt, iure gentium (Inst.: „naturali") nobis adquiruntur: nihil enim tam conveniens est naturali aequitati quam voluntatem domini volentis rem suam in alium transferre ratam haberi.

Es läßt sich bei dieser Stelle nicht nachweisen, daß sie verändert sei. De Francisci [45]) und Pringsheim [46]) behandeln sie jedenfalls als echt; aber beweiskräftig für die abstrakte Tradition ist sie nicht. Der Fehler, der bei Betrachtung dieses Paragraphen begangen wird, ist, daß man ihn isoliert für sich nimmt. Dieser Fehler, der auch bei isolierter Betrachtung von Gai. II. 19 den Gedanken an abstrakte traditio nahelegt, ist hier aber unvermeidlich, weil die Fortsetzung der Stelle nicht genau bekannt ist. Im Rahmen dieser Abhandlung kommt nicht viel darauf an, wie diese Fortsetzung lautete, denn es ergibt sich aus dem § 4 der gleichen lex, in dem sogleich von einem, der „vendiderit et tradiderit", gesprochen wird, daß Gaius an eine abstrakte traditio nicht dachte. Das Gleiche ergibt sich auch aus Inst. II. 1 § 41, wenn dieser, mit der dort vorhandenen Aufzählung der causae, als die — wenngleich überarbeitete — Fortsetzung des ursprünglichen gaianischen Textes angesehen wird [47]).

---

[45]) Trasf. S. 146.

[46]) Kauf, S. 66. [Vgl. aber ZSS. 50, S. 352 Anm. 3, wo Pringsheim im Anschluß an Arangio-Ruiz, Studi Bonfante I, S. 493 ff. und Beseler, Studi Bonfante II, S. 59 an der Klassizität der aurea des Gaius ernsthaft zweifelt.)

[47]) Das letztere ist — zumal angesichts Gai. II. § 20 — für wahrscheinlicher zu halten. Unerklärt bleibt dann freilich, warum die Kompilatoren diese Aufzählung der causae in dem Digestentext weggeschnitten haben sollten, anstatt ihr die Form von Inst. II. 1 § 41 zu geben. Erklären läßt sich das vielleicht so, daß man das Erfordernis der Kaufpreiszahlung für jüngste justinianische Lehre hält, die abstrakte Übereignung für älteres byzantinisches Recht. Inst. II. 1 § 41 wäre dann aus dem Urtext der aurea des Gaius geschöpft worden. D. 41. 1. 9 § 3 hätte in einer Katene gestanden, aus der die causae eben kraft der älteren Lehre gestrichen waren.

7. D. 41. 1. 35 Ulpian 7 disp.

Si procurator meus vel tutor pupilli rem suam quasi meam vel pupilli alii tradiderint, [non recessit ab eis dominium et nulla est alienatio, quia nemo errans rem suam amittit].

Im wesentlichen kann hier auf die Ausführungen de Franciscis [48]) und Beselers [49]) verwiesen werden, die „non recessit . . . amittit“ für itp. erklären. Aus dem Wort „tradiderint“ allein wird man bei der Unechtheit des übrigen Fragmentes auf eine abstrakte Übereignung nicht schließen können, umso weniger, als die Stelle bei Ulpian in seiner Besprechung der exceptio rei venditae et traditae oder der exceptio legis Cinciae [50]), also in einem Zusammenhang, der die Erwähnung der causa voraussetzt, stand. Was Ulpian gesagt hat, ist nicht mehr mit Sicherheit festzustellen [51]). In der Parallelstelle zu der zitierten, in D. 18. 1. 15 § 2 Paulus 5 ad Sab., wird eine causa erwähnt.

8. D. 44. 1. 23 Paulus ad Labeonem 6 pith.

Paulus: si quis statuam in municipio ea mente posuit, ut ea municipii esset, et eam petere vult, excludi eum oportet praescriptione in factum data.

Dieser Text behandelt das Sonderrecht der dem öffentlichen Nutzen gewidmeten Sachen. Hier wird nicht notwendig ein Erwerb des Eigentums der Statue durch die Stadt vorausgesetzt. Es handelt sich vielmehr um eine Unterstellung der Statue unter öffentliches Recht [52]). Für diese Betrachtung ist das Zitat also unwesentlich. Das Eigentum an der Statue verbleibt in der Regel dem Stifter [53]).

9. D. 44. 7. 55 Iavolen 12 epist.

In omnibus rebus, quae dominium transferunt, concurrat oportet affectus ex utraque parte contrahentium: nam sive ea venditio sive donatio sive conductio sive quaelibet alia causa contrahendi fuit, nisi animus utriusque consentit, perduci ad effectum id quod inchoatur non potest.

Zu dieser Stelle sei es erlaubt, die Kritik von Pernice [54]) wörtlich zu zitieren, die zeigt, daß selbst er ihr Rätsel nicht zu lösen vermochte:

„Ich muß die ganze Stelle für itp. erklären in der Art, daß der ursprüngliche Text Iavolens nicht mehr zu entziffern ist. Die Auseinandersetzung

---

[48]) Trasferimento, S. 155 f.

[49]) Beitr. III., S. 145; IV. S. 336.

[50]) Lenel, Palingenesie, Ulpian 124.

[51]) Mag auch der wesentliche Inhalt der Stelle klassisches Recht sein, wie Fritz Schulz, ZSS. 38, S. 142 annimmt. Zur Sache selbst vgl. Riezler, Venire contra factum proprium, S. 23 Anm. 17.

[52]) Vgl. Mitteis, RPR, S. 384 Anm. 27.

[53]) Vgl. D. 41. 1. 41; D. 42. 5. 29; D. 43. 24. 11 § 1.

[54]) Parerga, ZSS. 9, S. 204 Anm. 2.

fällt aus dem Tone seiner Briefe ganz heraus, sie läßt sich nicht als Begründung eines Gutachtens denken. ... „Ad effectum perduci", griechisch εἰς ἔργον ἄγειν rührt von den Kompilatoren her"[55]). Damit entfällt die Notwendigkeit, im Anschluß an die Erwähnung der conductio in lex 55 die Frage nach den iniustae causae aufzurollen.

14. Kapitel.

I. Konstruktion des Eigentumserwerbes. II. Causa ohne traditio. III. Brevi manu traditio. IV. Eigentumsvorbehalt.

I. Im vorstehenden ist eine Reihe von Texten, die die abstrakte traditio zu behaupten scheinen, als byzantinisch erwiesen worden. Vollständigkeit sollte dabei nicht erreicht werden. Nur solche Texte, die in der Diskussion über das Wesen der klassischen Eigentumstradition eine Rolle gespielt haben, sind vorgeführt worden. Die Bedeutungslosigkeit einer abstrakten traditio für den Eigentumserwerb nach klassischem Recht läßt sich aber systematisch erweisen. Fritz Schulz weist mit Recht darauf hin, daß beim Eigentumserwerb durch traditio „durchweg von den Klassikern, wo von brevi manu traditio keine Rede sein kann, Sachpräsenz gefordert"[1]) wird. Diese Forderung weist nun auf die eigenartige Form hin, in der die Römer die traditio, wie jedes andere Veräußerungsgeschäft, konstruierten, als „venumdatio" = Aufgabe durch den bisherigen Eigentümer und „manucapio" = Aneignung durch den Erwerber[2]). Diese Konstruktion läßt einen Einfluß des Veräußerers darauf, zu welchem Rechte der Erwerber die Sache erhalten wird, nur insofern zu, als sie verlangt, daß der Entäußerer zur Entäußerung der Sache berechtigt, also mindestens kein fur sei[3]).

---

[55]) Ähnlich Gradenwitz, ZSS. 8, S. 300; de Francisci, Synallagma II, S. 350 f., 489; Beseler, Beitr. II, S. 71. Riccobono behandelt die Stelle in mehreren Arbeiten als echt. Bohaček, Note esegetiche, Sonderabdruck S. 364 Anm. 2 nimmt an, daß der Text ursprünglich über die Trennung von sachen- und familienrechtlicher mancipatio handelte. Anders de Francisci, Trasferimento, S. 202, etwa im Sinne Pernices. Ebenso Pringsheim, ZSS. 42, S. 276 f.; Heumann-Seckel s. v. „transferre" Nr. 3; s. v. „perducere" Nr. 1; Bonfante, Scritti III, S. 141 Anm. 1 weist mit Recht auf die Typizität der Interpolation in dem Sinne hin, daß die Übereignung durch traditio als „contractus" bezeichnet wird.

[1]) Vgl. Fritz Schulz, Einf. S. 73.

[2]) Vgl. Polenske, Einf. i. d. röm. Rechtsgesch. Halle 1912, §§ 167, 169, der dies für die mancipatio zutreffend ausführt, für die traditio leugnet. Daß es auch für sie gilt, hat de Francisci erwiesen. Vgl. insbesondere Trasferimento, S. 249 ff.

[3]) Im übrigen ist es dem positiven Recht überlassen, wie es die ins Vermögen des Erwerbers gelangte Sache schützen will. Es ist eine Rechtsordnung denkbar, die trotz Eintritts der Sache in das Vermögen des Erwerbers durch traditio dem Veräußerer noch

II. Die traditio ist nicht einmal in allen Fällen zum Eigentumsübergang erforderlich. Da sie im Interesse der Publizität des Erwerbes seinen Zeitpunkt zu fixieren bestimmt ist, so kann, soweit das Interesse der Publizität zurücktritt, von ihr abgesehen werden. Der bekannteste Fall einer solchen Übereignung durch bloße causa, das Vindikations-Legat, kann freilich in diesem Zusammenhang nur erwähnt werden. Einige Quellen scheinen ferner zu ergeben, daß bei der societas omnium bonorum das Miteigentum der socii mit Vertragsabschluß beginne [4]). Auch hier fehlt vielleicht das Publizitätsinteresse, dennoch ist es zweifelhaft, ob der Mangel der traditio schon den Klassikern erträglich erschienen ist.

Dementsprechend sind die Fälle nicht selten, wo vom Eigentumserwerb ex causa gesprochen wird, ohne daß die traditio erwähnt wird. So findet sich der Ausdruck ex causa adquirere z. B. in D. 1. 8. 2 pr. Marcian 3 inst.; D. 20. 1. 29 pr. Paulus 5 resp.; D. 42. 6. 5 Paulus 13 quaest., in den letzten beiden Stellen im Gegensatz zu mortis causa adquirere zur Bezeichnung jedes Erwerbes unter Lebenden. Causam dominii praestare findet sich in D. 41. 1. 46 Ulpian 65 ad ed. Das Zurücktreten der traditio hinter die causa zeigt sich auch in

> D. 6. 2. 13 pr. Gai. 7 ad ed. prov. Quaecumque sunt iustae causae adquirendarum rerum, si ex his causis nacti res amiserimus, dabitur nobis earum rerum persequendarum gratia haec actio.

Dieser Text, der bisher, soweit ich sehe, nicht angegriffen wird, sagt, daß für den Erwerb von Sachen die iusta causa und der Besitzerwerb „nacti res" maßgebend sei. Daß dieser Besitzerwerb gerade im Wege der traditio erfolgen müsse, scheint nicht notwendig zu sein. In ähnlichem Sinn spricht ja auch D. 21. 3. 1 § 5 [5]).

III. In einer nicht unbedeutenden Anzahl von Quellenstellen wird vollends eine traditio zum Eigentumserwerb ausdrücklich als unnötig abgelehnt. Das sind die Stellen, die von der brevi manu traditio handeln. Fritz Schulz [6]) hat bei der Erörterung dieser Lehre folgenden Satz aufgestellt: „Soll der detentor einer Sache Besitz erwerben, so bedarf es keiner Tradition, es genügt die Einigung zwischen dem detentor und dem bisherigen Besitzer.

---

einen Zugriff auf die Sache selbst gestattet. Als Beispiel läßt sich das geltende deutsche Recht anführen, das den dinglichen Vertrag für anfechtbar erklärt, obwohl es sogar die abstrakte Tradition kennt.

[4]) Vgl. D. 17. 2. 1 § 1; D. 17. 2. 2, von denen aber die lex 2 kaum echt sein dürfte. Beide Stellen werden für interpoliert erklärt von Riccobono, ZSS. 34, S. 186 ff.; Fritz Schulz, Einf., S. 84 Anm. 4.

[5]) Vgl. o. Kap. 13.

[6]) Einf. S. 63 ff.

BGB. 854, 929." Diesem Satz muß widersprochen werden. Die traditio brevi manu erfolgt nicht durch Einigung über den Besitzübergang, sondern über die Besitzübergangscausa. Die Heranziehung der §§ 854, 929 BGB. dient nicht zur Klärung der klassischen Lehre. Diese Bestimmungen beruhen auf einer einzigen Stelle: D. 41. 1. 21 § 1.

Pomponius 11 ad Sab. [Si rem meam possideas et eam velim tuam esse, fiet tua, quamvis possessio apud me non fuerit].

Diese Stelle ist das Vorbild des § 929 S. 2 BGB. Sie enthält nahezu wörtlich das, was dort über die traditio brevi manu zu Eigentum gesagt ist. Sie widerspricht aber der Lehre von Fritz Schulz, denn sie setzt beim Erwerber nicht detentio, sondern possessio voraus, und infolgedessen keine Einigung über den Besitzübergang, denn der Erwerber ist bereits Besitzer, sondern eine Einigung über den Eigentumsübergang.

Diese Stelle weist kein formales Interpolationsmerkmal auf; dennoch besitzt sie keinen Beweiswert. Sie ist nicht so zu erklären, daß sie lediglich die brevi manu traditio definiere, daher die iusta causa überhaupt nicht zu behandeln brauche, denn sie enthält einen besonderen Verweis auf den „animus dominii transferendi" bei der traditio, der unklassisch ist. Der Text muß als unklassisch bezeichnet werden.

Das ergibt sich zunächst daraus, daß die Stelle in ihrem Gedankeninhalte zu ihrem principium überhaupt nicht paßt [7]). Das principium handelt vom Erwerb des servus alienus und des liber bona fide serviens.

Der andere Grund ist der, daß die Stelle im Widerspruch zu allen anderen über die traditio brevi manu handelnden Texten steht:

1. D. 6. 2. 9 § 1 Ulpian 16 ad ed.

Si quis rem apud se depositam vel sibi commodatam emerit [vel pignori sibi datam], pro tradita erit accipienda, si post emptionem apud eum remansit [8]).

Deutlich erkennt der Klassiker, daß eine traditio nicht stattfindet. Er sagt, die Sache sei als übergeben anzusehen, der Eigentumserwerb erfolge lediglich auf Grund der emptio-venditio und des fortdauernden Besitzes. Von einer besonderen Einigung über den Besitzerwerb oder den Eigentumserwerb spricht die Stelle nicht.

---

[7]) Lenel, Palingenesie, Pomponius 574 läßt auf das principium zunächst D. 13. 6. 13 § 2 folgen, aber auch dann schließt sich diese Stelle so schlecht an, daß Lenel ihr eine besondere Nummer gibt.

[8]) Textlich fällt „vel pignori sibi datam" als Glossem, das an falsche Stelle geraten ist, aus. Es wird eine klassische Erörterung verdrängt haben. Das zeigt der Subjektswechsel, der „quis" mit „res" vertauscht. Inhaltlich ist die Stelle echt.

2. D. 12. 1. 9 § 9 Ulpian 26 ad ed.

Deposui apud te decem, postea permisi tibi uti: Nerva Proculus etiam antequam moveantur, condicere quasi mutua tibi haec posse aiunt, et est verum, ut et Marcello videtur: [animo enim coepit possidere. Ergo transit periculum ad eum, qui mutuam rogavit et poterit ei condici] [9]).

Auch hier erfolgt der Eigentumserwerb durch Einigung über die causa = „permisi tibi uti", nicht dadurch, daß abstrakt der Eigentumsübergang vereinbart wurde.

3. D. 21. 2. 62 pr. Celsus 27 dig.

Si rem quae apud te esset vendidissem tibi: quia pro tradita habetur [evictionis] [10]) nomine me obligari placet.

Auch in dieser Stelle findet sich das „pro tradita habetur", das beweist, daß die klassischen Juristen sich über das Wesen der traditio als der Beendigung der Erfüllung des einheitlichen Rechtsgeschäftes auch beim Kauf klar waren. Die vorherige Übergabe der Sache aus einem andern rechtlichen Grunde war nicht „traditio" in diesem Sinn.

4. D. 41. 1. 9 § 5 Gaius 2 aur. = Inst. 2. 1. 44. (mit Abweichungen!)

Interdum etiam sine traditione nuda voluntas domini sufficit ad rem transferendam, veluti si rem, quam commodavi aut locavi tibi aut apud te deposui, vendidero tibi: licet enim ex ea causa tibi eam non tradiderim, eo tamen, quod patior eam ex causa emptionis apud te esse, tuam efficio.

Textlich ist „nuda voluntas sufficit ad rem transferendam" auffällig und scheint auch nicht zum folgenden zu passen, wo nicht die „nuda voluntas", sondern ein Kaufvertrag als causa des Eigentumserwerbes angegeben wird [11]). „Nuda voluntas" ist aber ein Ausdruck, den auch Gaius' Institutionen kennen [12]). Vielleicht haben die Byzantiner hier eigenwillig formuliert. Sachlich ist aber „sine traditione" eine gute Illustration zu der aufgestellten Behauptung, daß lediglich auf Grund der causa das Eigentum erworben werde [13]).

---

[9]) Fritz Schulz, Einf. S. 64; Beseler, ZSS. 44, S. 375. Zum animus possidendi vgl. überhaupt Rotondi, Scritti III, S. 106. Fritz Schulz widerspricht übrigens in der Erörterung dieses Fragmentes selbst seiner These, daß eine Willenseinigung zum Besitzerwerb durch den detentor erforderlich war. Er hält sie nicht für notwendig und folgert das richtig aus D. 47. 2. 1 §§ 1, 2; D. 41. 2. 3 § 18; D. 47. 2. 68 pr. War diese Einigung nicht erforderlich, so war sie zwecklos. Die Vereinbarung über die causa gab das Recht zum Besitz, machte die possessio zur iusta possessio. Vgl. Donatuti, Iusta possessio.

[10]) ⟨auctoritatis⟩ Lenel-Krüger, D. ed. ster. Die ganze Stelle verdächtigt Beseler, Beitr. IV, S. 211. Wohl kaum mit Recht.

[11]) Freilich sagt an anderer Stelle Paulus 32 ad ed. D. 19. 4. 1 § 2 „emptio ac venditio nuda consentientium voluntate contrahitur". Doch das ist itp. De Francisci, Synallagma II, S. 23 ff.; Perozzi, Obbligazioni, S. 128 Anm.

[12]) Gai. II, 167, 169.

[13]) D. 13. 1. 10 § 2 Ulpian 38 ad ed. kann, wie bereits Windscheid (Windscheid-Kipp, Pandekten 1906, I, S. 882 Anm. 2) erkannte, nur von mancipatio, legatum oder Veräußerung

Die sämtlichen vorgeführten Stellen geben eine causa an und verzichten auf den animus transferendi dominii, wenn man ihn nicht in D. 41. 1. 9 § 5 finden will, wozu die Stelle aber doch keinen Anlaß gibt. Nur die Stelle D. 41. 1. 21 § 1 verzichtet auf die Angabe der causa; die voluntas transferendi dominii genügt hier. Die Stelle ist byzantinisch.

Zu bemerken ist, daß als causa der traditio brevi manu fast nur die emptio-venditio erscheint. Auch dies weist auf die Sonderbedeutung der „dationes" hin. Neben der emptio-venditio fehlen die anderen Konsensualverträge und die Schenkung (die nur in Inst. II 1. 44 erwähnt wird) die wohl durch brevi manu traditio Eigentum erwerben ließen. Dagegen findet sich in D. 12. 1. 9 § 9 das quasi-mutuum. Daß dies „quasi" im echten Teil der lex 9 § 9 ein Symptom für die vertretene Lehre ist, wurde bereits betont. Der Klassiker scheute sich, ein mutuum anzunehmen, ohne daß eine datio erfolgt war. Es ist kein „Realkontrakt" geschlossen. Wenn trotzdem die condictio gegeben wird, so deshalb, weil die Grundsätze über das mutuum analoge Anwendung finden. Das Geld ist leicht verkehrsfähig, und so ist es von geringerer Bedeutung, ob die Zahlung von Hand zu Hand stattfindet, oder ob der Erwerber das Geld aus einem bei ihm befindlichen Depot des Veräußerers entnimmt. Diese Beobachtung, daß auch ein Realvertrag, wenigstens als quasi-mutuum, im Wege der brevi manu traditio geschlossen werden kann, bestätigt, daß ein prinzipieller Unterschied zwischen der causa credendi und der causa empti nicht besteht [14]).

IV. Mit der traditio brevi manu verwandt ist der Eigentumsvorbehalt. Er schafft häufig die Gelegenheit zum Eigentumserwerb durch brevi manu traditio. Wäre nun eine abstrakte Besitz-Tradition unter Eigentumsvorbehalt im römischen Recht überliefert, so könnte das die Annahme stützen, als würde zum Erwerb brevi manu lediglich die sog. dingliche Einigung verlangt. Eine Vereinbarung über das Eigentum entgegen dem Inhalte der causa würde ferner die Existenz eines besonderen Erfüllungsgeschäftes nahelegen, mittels dessen sich die von den Parteien im kausalen Geschäft vereinbarte Herbeiführung einer Rechtsnachfolge vollzöge. Es würde scheinen, als enthielte die traditio nur hier ausnahmsweise nichts weiter als den bloßen Besitzübergang.

Das römische Recht kannte nun allerdings die Möglichkeit des Eigentumsvorbehaltes. Dieser vollzog sich jedoch so, daß die causa dominii ad-

an einen Dieb handeln und sagt über die Art dieser Veräußerung gar nichts aus, ist mithin auszuscheiden. Nicht hergehörig ist auch D. 41. 1. 25, die von originärem Erwerb handelt.

[14]) Daß die Umwandelung der causa den Eigentumserwerb bewirkt, sagt deutlich auch D. 41. 3. 32 pr. Pomponius 32 ad Sab. Si fur rem furtivam a domino emerit et pro tradita habuerit, desinet eam pro furtiva possidere et incipiet pro suo possidere.

quirendi in einem bedingt abgeschlossenen Vertrage bestand. In den überlieferten Texten ist diese Bedingung stets die Zahlung des vollen Kaufpreises. Will der Erwerber die Gewalt über die Sache ausüben, so erhält er sie in drei Fällen — D. 19. 1. 13 § 21; D. 43. 26. 20; C. 4. 54. 3 — precario tradiert, in anderen drei Fällen — D. 18. 6. 17; D. 19. 2. 20 § 2; D. 19. 2. 21 — mietweise überlassen[15]). Der Eigentumsvorbehalt findet also im römischen Recht nie abstrakt statt. Vielmehr wird, soweit die Parteien des Kaufvertrages einen sofortigen Eigentumsübergang nicht wollen, der Kauf nur bedingt abgeschlossen. Daneben aber wird ein neues, kausales Rechtsverhältnis geschaffen, das dem Käufer einstweilen die tatsächliche Gewalt über die bedingt verkaufte Sache verschafft.

15. Kapitel.

I. Die causae traditionis. II. Die causae credendi, donandi, solvendi und die Konstruktion der teils abstrakten, teils kausalen traditio. III. Herkunft des terminus „iusta causa". Bedeutung von causa in diesem Ausdruck. IV. Donatio als iusta causa.

I. In den vorangeschickten Untersuchungen ist der Begriff der causa traditionis durch Betrachtung verwandter Rechtsgebilde, der causa usucapionis und der causa condictionis eingegrenzt worden. Auch die Erörterung der Quellen, die sich direkt mit dem Eigentumserwerb beschäftigen, diente dazu, den Begriff der iusta causa zu umreißen. Es gilt, die Schlüsse aus den vorhergehenden Betrachtungen zu ziehen. In drei Gebieten zeigte sich die Wirksamkeit der causa. Der Kreis der causae usucapionis war größer, der der causae condictionis kleiner als das Gebiet der causae traditionis. Zur Usukapion genügten eine Reihe von causae, die begrifflich eine traditio, eine Übergabe seitens des Veräußerers ausschließen. Das sind die causa mortis und die causa pro derelicto. Daß der Kreis der causae condictionis kleiner ist als das Gebiet der causa traditionis, ist schon am Ende der Betrachtung dieser Lehre erörtert worden. Alle Geschäfte, die eine Rückforderung ausschließen — wie z. B. die donatio — oder die eine Klage auf die Gegenleistung gewähren, stehen außerhalb. Insbesondere mit Rücksicht auf den größeren Umfang der causae usucapionis ist es zweifelhaft, ob die Römer gerade vom Standpunkt der traditio aus eine Systematisierung der causae vorgenommen haben.

[15]) Die in der Lehre vom Eigentumsvorbehalt ferner gewöhnlich zitierte Stelle D. 18. 1. 80 § 3 Labeo 5 post. handelt, wie de Francisci, Trasf., S. 230 f. zeigt, nur vom Kaufrecht.

II. Die neuere deutsche Theorie [1]) hat ein solches System entdecken zu können geglaubt. Sie hat, indem sie sich mit dem Gegensatz zwischen D. 12. 1. 18 pr. und D. 41. 1. 36 befaßte, angenommen, daß erst Justinian, was sonst nicht näher erörtert wurde, „statt oder neben der causa solutionis das vorhergehende, verpflichtende Geschäft zur iusta causa traditionis erhoben hat“ [2]). Insbesondere Beseler erklärte, daß „kein Römer geleugnet hat, daß traditio solvendi causa bei Nichtsein einer Schuld, traditio credendi causa an einen pupillus Eigentum überträgt. Mag sein, daß diese Auffassung inkonsequent ist“ [3]). Dies Gefühl, daß eine Konstruktion einer „teils abstrakten, teils kausalen“ [4]) traditio inkonsequent — d. h. doch wohl den Gesetzen der Logik zuwider — ist, hat Beseler nicht getäuscht; dies sei im folgenden kurz ausgeführt.

Diese Anschauung beruht auf folgender Erwägung: Iusta causa sei für die Klassiker nicht das vorhergehende Rechtsgeschäft, sondern das der traditio immanente Geschäft. Wo ein solches immanentes Geschäft nicht vorhanden sei, werde ex causa solvendi tradiert. Demnach werden vier causae traditionis geschieden, die causa solvendi, die causa credendi, die causa donandi und als vierte, da sie sich dem Schema nicht fügen wollte, die emptio-venditio. Es ist deutlich, daß diese 4 causae einander inkongruent sind; mithin ist ihre Koordination logisch unzulässig. Diese Anschauung ist geeignet, die meisten Quellenstellen zu erklären, mit Ausnahme derjenigen, die andere als die sogenannten Realkontrakte als causae traditionis enthalten, doch sind derartige Quellenstellen sehr selten, weil der einzige Verbalkontrakt, der im klassischen Recht noch eine Rolle spielt, die stipulatio, besonders geregelt ist, und weil der häufigste Konsensualkontrakt, die emptio-venditio, ja ausdrücklich eximiert wird. Das, was die Theorie unannehmbar macht, ist erstens die vorstehend erläuterte Unlogik der „teils abstrakten, teils kausalen“ traditio, dann, daß ihre Benennung der antiken Terminologie, wie sie die Quellen zeigen, zuwider ist. Weder bezeichnen in der Sprache der klassischen Juristen „credere“ und „solvere“ das, was sie hier bezeichnen sollen, nämlich sämtliche Realkontrakte oder die Leistung auf Grund der Verbal- und Konsensualkontrakte, noch findet sich „iusta causa“ in dem von der herrschenden Meinung ange-

---

[1]) Vgl. Beseler, ZSS. 45, S. 218; Siber, Leipz. Festschr. f. Sohm (1915), S. 16 Anm. 2; Röm. Privatr., S. 64 ff.; Pflüger, Bonner Festg. f. Zitelmann (1923), S. 43 ff.; von Älteren vgl. vor allem Eisele, Iherings Jahrb. 23, S. 6 f.

[2]) Pflüger, a. a. O. S. 46 f.

[3]) Beseler, Beitr. IV, S. 126 f.

[4]) Beseler, a. a. O. S. 127.

nommenen Sinne in den Quellen. Für „credere“ hat de Francisci [5]) nachgewiesen, daß die Prokulianer nur das mutuum unter diesen Begriff nahmen. Im übrigen, also bei den Sabinianern und in der späteren Zeit, wird credere auch noch im Falle des commodatum gebraucht. Gerade die Innominat-Realkontrakte, die den Hauptteil der causae credendi bilden, werden nicht mit dem Ausdruck credere gekennzeichnet. Über die Bedeutung von solvere ist bereits gesprochen worden [6]).

III. Für iusta causa sind die maßgebenden Forschungen von Bonfante [7]) und Donatuti [8]) zu berücksichtigen. Danach ist davon auszugehen, daß der Ausdruck „iusta causa“ der Terminologie des prätorischen Edikts entnommen ist [9]). Richtig wird ferner sein, daß der Prätor ursprünglich diese Kategorie der possessio ex iusta causa geschaffen hat, als eine von ihm durch seine obrigkeitliche Gewalt besonders geschützte Form der possessio, daß nicht die Parteien, sondern der Prätor bestimmte, ob eine causa iusta vorliege oder nicht [10]). Diese Annahme schließt bereits aus, was Beseler [11]) behauptet, daß nach klassischem Recht die traditio bei Nichtigkeit einhellig gewollter causa gegolten hätte. Denn wo eine causa überhaupt nicht besteht, kann auch keine causa iusta bestehen. Aber das genügt zur Definition der iusta causa weder für die Usukapion noch für die Tradition.

In diesem Zusammenhang ist vielmehr darauf hinzuweisen, daß „iustus“ nach den Untersuchungen Donatutis [12]) in der klassischen Terminologie stets den Parteiakt in Verbindung mit dem positiven Recht kennzeichnet. Zur iusta causa dürfte mithin die causa nur durch die besondere Stellungnahme des Prätors ihr gegenüber geworden sein. Die causa muß rechtlich anerkannt sein, um einen titulus für die Tradition oder die Usukapion zu gewähren.

Zur Charakterisierung der causa ist also zu sagen, daß sie bei der Usukapion und der Tradition das der Besitzergreifung zugrundeliegende Parteiengeschäft ist. Durch den Ausdruck „iustus“ wird ihre rechtsgeschäftliche Wirkung von seiten des Prätors bestätigt. An dieser Stelle ist auf die Tatsache zu verweisen, daß der von Bonfante als einfachster Fall der Ersitzung bezeichnete Fall der usucapio pro derelicto [13]), wie Bonfante ausführt, mit

[5]) Synallagma II, S. 391 ff., insbes. S. 392.
[6]) Vgl. oben Kap. 5.
[7]) Scritti II, S. 469.
[8]) Vgl. die zitierten Arbeiten: Iustus error; Iusta possessio; Iustus, iuste, iustitia.
[9]) Bonfante, Scritti II, S. 374 f., S. 496 Anm 1.
[10]) Bonfante, Scritti II, S. 415.
[11]) Beitr. IV, S. 127.
[12]) a. a. O.
[13]) Bonfante, Scritti II, S. 498.

Recht nie „pro occupato" überschrieben wird. Die nackte Tatsache des Besitzerwerbes — und die occupatio ist nichts anderes — ist nicht die iusta causa usucapionis, sondern das Rechtsgeschäft, das diesen Besitzerwerb ermöglichte, die derelictio. Diese ist die Aufgabe der Sache durch den Berechtigten im Wege eines besonderen Rechtsaktes.

Zu untersuchen bleibt mithin, was die causa traditionis ist. Causa ist nicht identisch mit negotium[14]). Causa traditionis ist aber allerdings, wie die deutsche Theorie annimmt, das der traditio immanente Geschäft. Dieses Geschäft bildet von der Einigung über den Zweck der vorzunehmenden Übergabe bis zur ihrer Vornahme nach Ansicht der Römer eine Einheit. Die Einigung als solche kann sich nicht auf den Eigentumsübergang beschränken, weil — wie de Francisci nachgewiesen hat — das Eigentum nicht übertragbar war. Sie muß vielmehr dem Erwerber ein Äquivalent für den Verlust der Sache bieten. Sinn des Erfordernisses einer causa für die traditio ist der Schutz des Vermögensbestandes. Wenn nicht anstelle der veräußerten Sache ein Recht gegen den Erwerber in das Vermögen des Veräußerers gelangt, erkennt das römische Recht die Veräußerung nicht als wirksam an. Hierin liegt auch der Grund, warum die Doktrin eine iusta causa, eine vom Prätor anerkannte causa, zur Übereignung fordert. Der Prätor soll das Eigentum des Erwerbers nur anerkennen, wenn er zugleich bereit ist, dem Veräußerer eine andere actio als die vindicatio zur Verfügung zu stellen[15]).

IV. Eine besondere Stellung nimmt in diesem Zusammenhang freilich die donatio ein: Hier läßt das Recht es zu, daß ein Vermögen in seinem rechtlichen Bestande verkleinert wird. Die Abneigung des römischen Rechts gegen Schenkungen ist bekannt. Die lex Cincia und das Verbot der Schenkungen unter Ehegatten sind Spuren davon.

Wichtig ist es, festzustellen, unter welchen Voraussetzungen die donatio iusta causa ist. Man könnte daran denken, daß der Prätor auf den animus donandi abgestellt, jede andere Bereicherung jedoch verhindert hätte. Das ist die byzantinische Lösung, die die Übereignung zwar zuließ, dem Übereignenden bei Fehlen des animus donandi aber ihre condictio gewährte. Die Klassiker konnten die Frage nach der Abgrenzung der donatio im Falle der traditio gar nicht aufwerfen, da sie jedem „qui sciens indebitum solvit", die condictio versagten[16]). Fraglich kann nur sein, ob das indebitum nescienti

---

[14]) Darum ist es bedenklich, wenn Bonfante (Corso II, 2, S. 181) causa als „quel negozio che se conchiude trale parti al atto della tradizione" definiert.

[15]) Das erklärt auch die Sonderstellung des Kaufs, wo eine nuda traditio Eigentum verschafft. Hier hat der Veräußerer ja die a⁰. vend. bereit vom Kaufabschluß an.

[16]) Merkwürdig ist in diesem Zusammenhang aber, daß der Praetor dem Schenker an eine non excepta persona das interdictum utrubi gewährte. Die traditio ex causa dona-

solutum ersessen wurde, und zwar pro donato. Das ist anzunehmen [17]), aber hier nicht näher zu untersuchen, da die Frage über den Rahmen dieser Arbeit hinausführt [18]) [19]).

---

tionis allein wirkte also nicht. Das zeigt deutlich Vat. 311 Paulus 23 ad ed. .... in rebus mobilibus etiamsi traditae sint, exigitur, ut et interdicto utrubi superior sit is cui donata est .... Eine vindicatio kommt allerdings nicht in Frage. Seckel-Levy, ZSS. 47, S. 235 Anm. 7. Anders Mitteis, RPR, S. 163 u. das. Anm. 41.

[17]) Vgl. Jörs, Röm. R., S. 170.

[18]) Zu D. 39. 5. 18 pr. u. § 2, wo ein Zweifel zu bestehen scheint, ob die donatio iusta causa usucapionis sein könnte, vgl. Mitteis, RPR. I, S. 163 Anm. 44; einen anderen Zweifel hinsichtlich der Dauer der bona fides bei der usucapio pro donato bespricht Bonfante, Scritti II, S. 417 ff. im Anschluß an D. 6. 2. 11 §§ 3, 4. Er glaubt, daß die Prokulianer im Falle der donatio fremder Sachen die Publiciana nicht zuließen. Das wäre eine Bestätigung der vorgetragenen Ansicht, denn iusta causa kann nur die donatio sein, die den Veräußerer ärmer macht, sonst liegt ja nach Ansicht der Klassiker keine donatio vor. — Jörs, S. 170. — Aber usucapio ohne a⁰ Publiciana? — Besonders gestellt ist die Schenkung fremder Sachen auch bei der donatio inter v. et u.; vgl. Rabel, Grundz. S. 440.

[19]) „Iusta causa" ist in den Dig. fast immer mit Bezug auf das Edikt gesagt. Vgl. D. 2. 8. 8 § 6; D. 4. 3. 1 § 1; D. 4. 6. 1 § 1; D. 4. 6. 26 § 9; D. 6. 1. 76 § 1; D. 6. 2. 3 § 1; D. 21. 1. 33 pr.; D. 25. 4. 1 § 10; D. 28. 8. 7 pr. u. § 3; D. 35. 3. 4 pr.; D. 39. 2. 7 pr.; D. 39. 2. 15 § 22; D. 43. 19. 1 § 9. Absolut steht es an drei Stellen, die itp. sind: D. 12. 1. 5, vgl. Haymann, ZSS. 40, S. 182 Anm. 5; D. 21. 3. 1 § 5, vgl. Beseler, ZSS. 45, S. 248; D. 24. 3. 20, vgl. Riccobono, Riv. dir. civ. III, S. 49, und an einer Stelle, deren Interpolation nicht nachzuweisen ist, D. 3. 5. 12. Für itp. hält diese Stelle Donatuti, ann. Perugia 33 (1921), S. 420.

Im Codex scheint mir iusta causa außer an den folgenden Stellen C. 3. 28. 20 u. 22; C. 3. 32. 28; 3. 44. 6; 5. 37. 16; 7. 26. 8; 7. 32. 7 u. 9 stets nachklassischen Ursprungs zu sein. Unecht ist es also in den folgenden Stellen: C. 3. 32. 23; 3. 44. 1; 4. 30. 5; 4. 35. 10; 4. 38. 11; 4. 57. 5 § 1; 5. 17. 5 pr.; 5. 37. 3; 6. 42. 26; 7. 73. 5; 8. 40. 10 pr.; 8. 42. 8. Eine ausführliche Begründung dieser Ansicht muß vorbehalten bleiben.

Dritter Teil.

16. Kapitel.

I. Ursprung der Trennung der Verpflichtung von der Verfügung. II. Kaufpreiszahlung. III. Trennung der Verpflichtung von der Verfügung im klassischen griechischen Recht? IV. Trennung der Verpflichtung von der Verfügung im byzantinischen Ägypten? V. Die Kaufformulare Ägyptens in der Übergangszeit im 3. und 4. Jahrh. VI. Einzelne Urkunden. VII. Katagraphe in anderen als Liegenschafts-Kaufurkunden. VIII. Insbesondere in Mobilien-Kaufurkunden. IX. Juristische Bedeutung der Katagraphe im byzantinischen Ägypten. X. Herkunft der Trennung zwischen Verpflichtung und Verfügung. XI. Die Rolle der Publizitätsformen außer der Katagraphe in dieser Entwicklung. XII. Rezeption des ägyptischen Systems? XIII. Anzeichen dieser Rezeption. Subjektswechsel im Verfügungsgeschäft. XIV. Übereignungsvertrag. XV. Andere Anzeichen der Rezeption. XVI. Die ravennatischen Veräußerungsurkunden. XVII. Die Regelung in den syrischen Rechtsbüchern.

I. Das klassische römische Recht hat offenbar nur einen geringen Einfluß auf die recht ungeordnete und unklare Regelung der Eigentumstradition im Corp. iur. gehabt. Vor allem hat die römische Iurisprudenz den Gedanken der Trennung der Willenstatbestände des Erfüllungs- und des Verpflichtungsgeschäftes noch nicht voll ausgebildet [1]). Ansätze zu dieser Entwicklung sind in der besonderen solutio des Stipulationsgeschäftes und den formalen Übereignungsakten der mancipatio und iniurecessio, die auch auf Grund eines Geschäftes des ius gentium erfolgen konnten, vorhanden. Diese Trennung ist aber auch in der Gegenwart eine rein konstruktionelle, die nur im deutschen geltenden Recht scharf durchgeführt ist [2]). Der neuerdings für das griechische Recht vertretene Gedanke der Publizität der Verfügungen [3]),

[1]) Vgl. Mitteis, RPR, S. 145 Anm. 27 über den Mangel des Verfügungsbegriffes im röm. R.

[2]) Vgl. o. Kap. 1.

[3]) Vgl. v. Woeß, Urkundenwesen i. röm. Ägypten, München 1924.

der gerade die körperliche traditio dient, ist ein praktisch bedeutenderes und juristisch fruchtbareres Prinzip als das rein formale — begriffsjuristische — des besonderen Solutionsgeschäftes. Der klassischen Jurisprudenz ist der Vorwurf der mangelhaften Konstruktion nicht zu machen, wenn sich in ihr die Scheidung Verpflichtung—Verfügung nicht findet, und damit wird diese Arbeit dem daraus resultierenden Einwand entzogen. Die Sonderfrage der Fortwirkung der mancipatio soll unten [4]) erörtert werden; hier ist zunächst darauf zu verweisen, daß die zweifellos byzantinische Regelung der Bedeutung der Kaufpreiszahlung für den Eigentumsübergang sich geschickt in das System des besonderen Solutionsgeschäftes einordnet.

II. Die Lehre von der notwendigen Kaufpreiszahlung ist von Pringsheim [1]) erforscht und ihre Wirksamkeit und ihr Geltungsbereich, der das ganze östliche Mittelmeerbecken umfaßte, eingehend und zutreffend dargestellt worden. Die byzantinische Regelung, die zwar, wie oben [2]) dargestellt, die Frage nach der causa notwendig macht, bedeutet doch nicht eine Rückkehr zum einheitlichen Geschäft, das in sich causa und solutio enthält. Es ist vielmehr hier offenbar der Versuch gemacht, das Solutionsgeschäft synallagmatisch zu verknüpfen: die Hingabe und die Zahlung werden in das gleiche Verhältnis gebracht wie die Verabredung über Ware und Preis, und so, wie das Kaufgeschäft nichtig ist, in dem solche Bestimmung nicht getroffen ist [3]), ist auch das Solutionsgeschäft, das nicht beide Verpflichtungen ergreift — sei es auch, daß der Kaufpreis nur kreditiert wurde — nichtig. Diese synallagmatische Konstruktion erhellt insbesondere aus dem Text der Paraphrase des Theophilus zu Inst. II, 1 § 41 [4]), wenn dort gesagt wird:

Εἰ δὲ πωλήσας traditεύσῃ, οὐχ ἑτέρως ἐπὶ τὸν ἀγοραστὴν ἡ δεσποτεία μέτεισιν, ἐὰν μὴ ὁ ἀγοραστὴς τῷ πρατῇ τὸ τίμημα καταβάλῃ τοῦ πράγματος ἢ τὸ ἱκανὸν αὐτῷ ποιήσῃ.

Demgegenüber ist die zugrunde liegende Institutionenstelle viel blasser, sie spricht nur von einem „is", der zur Preiszahlung verpflichtet sei, und die bezüglichen Digesten-Stellen D. 18. 1. 19 und D. 18. 1. 53 vermeiden diese Betonung der synallagmatischen Liberation durch die Benennung der handelnden Parteien noch durchaus, sie sprechen vom Preiszahlungserfordernis

---

[4]) Vgl. dieses Kapitel, XII.

[1]) Kauf; vgl. dazu neuestens Boyer, Recherches historiques sur la résolution des contrats, Paris 1924, mit Literaturangaben; Pringsheim, ZSS. 50, S. 333 ff.

[2]) Vgl. Kap. 1, VI.

[3]) Vgl. den berühmten Schulenstreit Gai. III. 141, Paulus D. 18. 1, 1.

[4]) Ed. Ferrini, S. 116 f. Vgl. a. Bas 52. 1. 54 — Hb. V. S. 111.

im Passiv! Andererseits zeigt der Befund des griechischen [5]) Rechts die Gestaltung, daß lediglich mit der Kaufpreiszahlung das Eigentum übertragen wird, soweit von einem eigentlichen Eigentum im hellenischen Recht überhaupt gesprochen werden kann. —

Aufgabe der folgenden Ausführungen soll es sein, zu untersuchen, ob die Trennung des Solutions- und des kausalen Geschäfts einerseits und eventuell auch die aufgezeigte synallagmatische Verknüpfung der Solutionsakte sich in den hellenistischen Quellen finden. Das würde eine Beeinflussung der byzantinischen Regelung durch diese hellenistischen Rechtsideen wahrscheinlich machen.

III. Die Publizitätsformen des griechischen Grundstücksübertragungsrechtes waren an sich nicht geeignet, den Gedanken des notwendigen Sonderübertragungsaktes für das Eigentumsrecht zu entwickeln. Diese Publizitätsakte, die zwar wohl für den Erwerb des Eigentums notwendige Voraussetzungen waren [1]), waren zunächst nur Formalien, unter denen das einheitliche Bargeschäft abgeschlossen werden mußte, falls das staatliche Recht den Erwerb schützen sollte. Das ist ganz deutlich bei dem notwendigen Marktkauf [2]), sowie bei der Form des unter Nachbarnzeugenschaft abgeschlossenen Geschäfts [3]); aber auch das Aufgebot [4]) und die Ausrufung und behördliche Einweisung [5]) boten einer solchen Entwicklung keinen Anhalt. Andererseits läßt sich der Gedanke der Singularsukzession bei dinglichen Geschäften unter Lebenden vielleicht bereits im griechischen Recht aufzeigen [6]). Aus-

[5]) Vgl. E. Weiß, Griechisches Privatrecht, S. 215 Anm. 81; Pringsheim, Kauf, S. 1 und die dort Anm. 2 zitierte Literatur.

[1]) Vgl. Partsch, Freiburger Festschrift für Lenel, S. 79 ff.; Thalheim, Rechtsaltertümer, S. 87 Anm. 3; Steinacker, a. a. O., S. 145, dessen Polemik gegen Pringsheim, Kauf mit fremdem Geld, aber fehl geht. Er übersieht, daß Pringsheim nur das System der Notwendigkeit der Preiszahlung im griechischen Recht darstellen will, auf die anderen essentialia des Eigentumserwerbes also gar nicht einzugehen braucht. Husserl, Rechtskraft und Rechtsgeltung 1925, S. 166. Theophrast bei Stobäus serm. 44, 22 § 4: κυρία ἡ ὠνὴ καὶ ἡ πρᾶσις εἰς μὲν κτῆσιν, ὅταν ἡ τιμὴ δοθῇ καὶ τὰ ἐκ τῶν νόμων ποιήσωσιν, οἷον ἀναγραφὴν ἢ ὅρκον ἢ τοῖς γείτοσι τὸ γιγνόμενον (zitiert nach Arangio-Ruiz u. Olivieri, Inscriptiones, Mailand 1925, S. 245.)

[2]) Partsch, a. a. O., S. 84 ff.

[3]) Partsch, a. a. O., S. 88 ff., vgl. besonders S. 92.

[4]) Partsch, a. a. O., S. 98 ff.

[5]) Partsch, a. a. O., S. 102 ff.

[6]) Vgl. E. Weiß, a. a. O., S. 214 ff., der aber sofort auf das graeko-ägyptische Recht abzweigt — ohne das kenntlich zu machen— und nicht genügend scharf ausdrückt, daß das griechische Recht den Gedanken des vollen Eigentums nicht hatte. Vgl. dazu insbesondere Mitteis, Reichsrecht, S. 499 ff.

drücklich läßt sich das zwar nicht bei den Texten beweisen, die über die Veräußerung von Grundeigentum handeln — dem Mobiliareigentum und seiner Veräußerung ist wohl weniger Aufmerksamkeit geschenkt worden [7]) —, doch zeigen diese wohl bereits, daß sich an den Landbesitz staatsbürgerliche Rechte knüpfen [8]). Ein solches staatsbürgerliches Recht ist aber auch der staatliche Schutz des Eigentums. Daß der Schutzanspruch auf dem Recht des Vormanns beruht, ergibt sich aber wohl aus der Tatsache der öffentlichen Form der Veräußerung von unbeweglichem Vermögen, die ja gerade den Zweck des Schutzes des Erwerbers davor, daß er vom Nichtberechtigten erwirbt, hat, wie auch bereits die altgriechischen Quellen bekunden [9]). Denn mit dieser Publizität des Grundstücksgeschäfts wird dem eventuell Berechtigten der Einspruch gegen den Vormann nahegelegt, ohne daß aber dadurch Einspruchsrechte ausgeschlossen zu werden scheinen [10]). Es ergibt sich aus dem vorstehend Gesagten, daß das griechische Recht aus dem berechtigten Innehaben einer Sache Rechte des Besitzers ableitete. Keinerlei Anzeichen lassen sich aber dafür finden, daß das griechische Recht den Erwerber als Rechts-„Nachfolger" des Veräußerers konstruierte, daß es also annahm, daß das gleiche Recht vom Veräußerer auf den Erwerber übertragen wurde. Mag auch der Erwerber sich im Rechtsstreit auf den Vormann berufen müssen [11]), mag auch das Publizitätsverfahren die Möglichkeit dieser Konstruktion nahelegen [12]), erweisen läßt sie sich nicht, vielleicht allerdings nur

[7]) Vgl. aber das bei Aristoteles, Politik II, 4. 4 erwähnte lokrische Gesetz, in dem eine Veräußerung der Habe (οὐσία), — offenbar gegenübergestellt dem vorhergehenden κτᾶσθαι γῆν und dem folgenden παλαιοὺς κλήρους διασῴζειν — also des beweglichen Vermögens, verboten ist.

[8]) Vgl. die vorerwähnten παλαιοὶ κλῆροι; die ἀρχαῖαι μοῖραι bei den Spartanern, Aristoteles Politik II, 3, 7; Guiraud, Propriété foncière, S. 101 f.; Thalheim, Rechtsaltertümer, S. 57 Anm. 4, 5; das Veräußerungsverbot der Stadtgrundstücke in Korinth, Aristoteles, Politik VI, 2, 5.

[9]) Partsch, a. a. O. S. 86 für Thurioi; insbesondere für den Aushang ἐν λευκώμασι; Partsch, a. a. O. S. 102.

[10]) Anders Partsch, a. a. O. S. 106; daß aber die Gefahr des Ausgeschlossenwerdens tatsächlich nicht bestand, ergibt zumal das Bestehen des Instituts der Diadikasie mit seiner Berufung auf das Recht der Vormänner, ferner schränkt Partsch seine Ausführungen selbst auf S. 104 und 105 erheblich ein, wenn er die Ausschlußwirkung nur im Versteigerungsfall durch die Polis auf Grund eines Gesetzes von Chios mit Sicherheit annimmt. Vorsichtiger Rabel, Verfügungsbeschränkungen des Verpfänders, S. 20 f. Was Steinacker, Antike Grundlagen der frühmittelalterlichen Privaturkunden, S. 142 Anm. 2, 161 Anm. 2 über den Vertrauensschutz bei den alexandrinischen ἀναγραφαί sagt, leuchtet nicht ein. Vgl. zur Frage auch Husserl, Rechtskraft und Rechtsgeltung, S. 167.

[11]) Vgl. Isäus X, 24 (Teubner).

[12]) Von Lipsius, Attisches Recht, Bd. II, S. 675, wird sie vorbehaltlos verwandt, obwohl er selbst darauf hinweist, daß das griechische Recht ein „Eigentumsrecht" in unserem

deshalb, weil uns alle auf die Diadikasie περὶ οὐσίας bezüglichen Gerichtsreden verloren gegangen sind [13]). Verwiesen sei aber bei der Frage nach der Rechtsnachfolge auf das von Pringsheim [14]) für das griechische Recht wahrscheinlich gemachte Surrogationsprinzip der Sachen, dem der Gedanke der Rechtsnachfolge wohl insofern entsprechen würde, als er das Recht vom Gegenstand abtrennt, indem der Erwerber nicht die Sache als solche seinem Vermögen hinzuerwirbt, sondern selbst die rechtliche Position des Vormannes einnimmt. Ebenso wird die Sache nicht als solche erworben, sondern sie nimmt die rechtliche Position des zu ihrem Erwerb gezahlten Geldes ein. Ob aber das griechische Recht die Singular-Rechtssukzession wirklich kannte, muß auch dieser Vergleich zweifelhaft lassen, ebenso wie es nicht mit Sicherheit aus der Inschrift von Aigiale [15]) hervorgeht, in der allerdings auffällig ist, daß die verpfändeten Grundstücke stets als ὑποθῆκαι bezeichnet werden [16]). Es kann aber fraglich sein, ob der Erwerber des Pfandgrundstückes allein, oder neben dem, der es belastet hat, haftete; im letzteren Fall handelte es sich nicht um Rechtsnachfolge, sondern um eine Übernahme der Mithaft.

Auf der Linie der Singularsukzession und insbesondere der in diesem Zusammenhang bereits öfter zitierten Arbeit von Longo liegt auch die Tatsache, die Bruck [17]) erwähnt, daß testamentarischer Erbe und Gutsnachfolger synonym als κληρονόμος bezeichnet werden [18]). In den bei Bruck [19]) erwähnten Schenkungen auf den Todesfall [20]) ist der Gedanke der Singular-Rechtssukzession zweifellos nicht enthalten. Interessant ist aber allerdings die von Bruck [21]) betonte analoge Entwicklung der Adoption, also der Setzung eines gewählten Erben, und der Schenkung auf den Todesfall, also der Hinterlassung einzelner Besitzstücke an einen selbstgewählten Empfänger. Hier

Sinn nicht kannte. Vgl. auch das Schillern des Wortes „Eigentum" in der deutschen Sprache, dazu besonders M. Wolff in der Festschrift für Kahl, 1924.

[13]) Vgl. G. A. Leist, Der Eigentumsstreit im System der Diadikasieen, Tüb. Diss. 1886, S. 30; Meier-Schömann-Lipsius, Attisches Recht, Bd. II, S. 681 f.

[14]) Kauf, S. 1—33.

[15]) CIG. XII, 7, 515 edd. Hiller v. Gärtringen und Ziebarth.

[16]) Auffällig ist, daß trotz Zeile 19—24 der Inschrift, nach denen die fraglichen Grundstücke einer unkündbaren Hypothek unterlegen hätten, dann die Bestimmung folgt, daß nach dem Tode des Empfängers die Summe von den Erben zurückzuzahlen sei, Zeile 121 f. Ist damit nur die Zinsverpflichtung der Erben gemeint?

[17]) Totenteil und Seelgerät, S. 73.

[18]) Vgl. dazu Mitteis, RPR, S. 104 f.

[19]) Totenteil, S. 102.

[20]) Vgl. Schenkung auf den Todesfall, S. 5; Zur Geschichte der Verfügungen von Todes wegen, Breslau 1909, S. 1 ff.

[21]) Schenkung, S. 68 ff.

kann ein Ausgangspunkt der parallelen Konstruktion von Universal- und Singularsukzession liegen [22]).

IV. Ist im altgriechischen Recht eine Spaltung zwischen Veräußerungs- und Verpflichtungsgeschäft nicht erkennbar — eine solche Trennung ließ der nicht fest umrissene Eigentumsbegriff des griechischen Rechtes [1]) ja auch kaum zu — so scheint sie sich andererseits doch für das byzantinische Ägypten nachweisen zu lassen, wenn anders die Gleichstellung der mancipatio mit der καταγραφὴ im Corp. gloss. lat. II, 126, 49; III, 50, 53 und in der griechischen Übersetzung des fragmentum Pseudo-Dositheanum [2]) berechtigt sein soll. Denn die mancipatio ist, wie oben [3]) bereits betont wurde, ihrer Wirkung nach von der causa getrennte, abstrakt, ohne Rücksicht auf die causa wirksame Übereignungsart. Ist diese καταγραφή nun im Recht des byzantinischen Ägypten als lebendiges Institut nachweisbar, ist sie andererseits ihrer Wirkung nach mit der mancipatio vergleichbar, ist ihre Rezeption endlich — trotzdem die Übertragung tradere = καταγράφειν fehlt [4]) — wahrscheinlich zu machen? Diese Fragen sollen im folgenden erörtert werden.

V. Anscheinend bereits im dritten Jahrhundert nach Chr. geht die Einheitlichkeit des ägyptischen Urkundenstils verloren [1]), findet sich die

---

[22]) Vgl. auch Bruck, Grünhuts Zeitschrift, Bd. 40 (1914), S. 550 ff.

[1]) Vgl Pringsheim, Kauf, S. 2 Anm. 4; Lipsius, Attisches Recht, Bd. II, S. 674 ff.; Guiraud, Propriété foncière, S. 170 f.; Steinacker, a. a. O., S. 166 ff. und die dort zitierte Stelle von Vinogradoff (Outlines II, S. 198 ff.). Aber Steinacker verkennt das Problem: für die „deutsche Forschung" handelt es sich nicht um die Frage, wie stark der öffentlich-rechtliche Charakter des Eigentums war, sondern darum, welche Voraussetzungen zu erfüllen sind, um den staatlichen Schutz der Art zu erwerben, daß man jede andere Einzelperson von der Sache ausschließen kann. Ohne Erfüllung der öffentlich-rechtlichen Pflichten schützt der Staat nicht; ohne Zahlung nicht vor dem Kaufpreisgläubiger, wenn mehrere diese Voraussetzungen erfüllt haben, je nach der Rechtsstellung des auctor.

[2]) Vgl. Partsch, Zeitschrift für Handelsrecht 70, S. 465; derselbe, Sitzungsberichte Heidelberg, phil. hist. Kl. 1916, S. 25 f.; Lewald, Grundbuchrecht, S. 62 Anm. 4; v. Woeß, Urkundenwesen, S. 62; Mitteis, Grundzüge, S. 178.

[3]) Vgl. Kap. 7, II.

[4]) Vgl. Partsch, Zeitschrift für Handelsrecht, Bd. 70, S. 465.

[1]) Vgl. Schönbauer, Beiträge, S. 56 Nr. 7, der Mißverständnis der techn. Ausdrücke bereits im P. Freib. 8 vom Jahre 143 n. Chr. annehmen will; Partsch, P. Freib. II, S. 21 ff. will umgekehrt erst im zweiten nachchristlichen Jahrhundert die Ausbildung der καταγραφή zu einem der mancipatio vergleichbaren Auflassungsakt abgeschlossen sehen; A. B. Schwarz, Urkunde, S. 293, 278, nimmt an, daß diese Entwicklung erst in der byzantinischen Zeit abgeschlossen sei, betont andererseits mit Recht (S. 293 f.), daß im 3. Jahrhundert nachweisliche Mißverständnisse des Ausdrucks καταγραφή vorkommen. Vgl. auch v. Woeß, a. a. O., S. 62 und dort Anm. 4; Steinacker, a. a. O., S. 141 f., dessen Vorwurf, daß Partsch und Schönbauer diesen Bedeutungswandel übersehen hätten, nicht trifft.

mißbräuchliche Verwendung technischer Ausdrücke in größerem Umfang. Das zeigt sich deutlich gerade in den Urkunden über Grundstücksveräußerungen:

Unstreitig ist wohl auch in der neuesten Literatur, daß die καταγραφή im römischen Ägypten als eine öffentliche Urkunde mit der Wirkung anzusehen ist, daß auf ihrer Grundlage die Übereignung sich vollzieht. Das ist sie im 3. Jahrhundert nicht mehr überall. Vor allem finden sich drei oxyrhynchitische Urkunden, die sich als καταγραφαί bezeichnen, obgleich sie Handscheine sind. Es sind P. Oxy. XIV. 1636, 1703, 1704.

In P. 1636 sehen die Herausgeber [2]) einen Beweis für die Fortdauer des gespalteten Kaufs noch in später römischer Zeit. Aber diese Annahme erscheint recht unwahrscheinlich [3]). Einmal würde diese Annahme nicht erklären, warum in einem Handschein die Vollziehung des Kaufs vorgenommen wurde, die καταγραφή war doch damals sicher noch notwendig öffentlicher Akt [4]). Ferner entspricht diese Erklärung aber auch dem Inhalt der Urkunde nicht, die den Hinweis auf die καταγραφή nur in der Unterschrift des Erwerbers hat, und die daher „in einer Frage präziser, juristischer Begriffsbildung an sich nicht ausschlaggebend sein" kann [5]). Daß sich die Erklärung auf den Empfang der Vorerwerbsurkunden bezieht, wie Schwarz anzunehmen geneigt ist, ist eher wahrscheinlich. In P. 1704 ist wohl anstelle des ergänzten Ausdrucks καταγραφῆς in Zeile 20 πράσεως [6]) zu ergänzen; die Unterschrift ist wohl nicht mit Sicherheit gelesen. P. 1703 endlich aber enthält die Mitteilung eines Agoranomen an einen Kosmeten, daß er dem Kosmeten katagraphiert habe ein Drittel Hausanteil, das der Agoranom für seine gewaltunterworfenen Söhne von dem Kosmeten früher gekauft habe. Ob sich die καταγραφή-Erklärung hier mit Sicherheit auf einen Rückkauf bezieht, kann nicht genau erkannt werden. Nimmt man dies an, so ist P. 1703 die einzige Urkunde, in der καταγραφή allein als Stichwort für die Verkaufserklärung enthalten ist. Hat es aber auch wirklich diese Bedeutung? Daß ein Kauf in Frage steht, geht aus der Urkunde nicht hervor. Die Herausgeber bezeichnen denn die Urkunde auch nur als Veräußerungsvertrag (Contract for the conveyance). Dennoch wird man nicht daran zweifeln dürfen, daß es sich um einen Verkauf handelt. Einmal ist dazu auf die Tatsache, daß die Übereignungsurkunden des 3. Jahrhunderts in Oxyrhynchos stets πράσεις oder παραχωρήσεις sind [7]),

[2]) a. a. O. S. 44 f.
[3]) Vgl. v. Woeß, a. a. O., S. 62 Anm. 2.
[4]) v. Woeß, a. a. O., S. 62.
[5]) Vgl. Schwarz, Urkunde, S. 293.
[6]) Wie Schwarz, a. a. O., S. 293 will.
[7]) Vgl. Schwarz, a. a. O., S. 298.

zu verweisen, andererseits darauf, daß die καταγραφή-Erklärung im byzantinischen Material sich nur in Kaufverträgen findet [8]). Übrigens gibt es auch sonst bereits im 3. Jahrhundert Urkunden, die dem byzantinischen Urkundenstil entsprechen. Schwarz [9]) verweist dazu auf BGU. I, 13, Verkauf eines Kamels, eine Urkunde von 289 n. Chr. aus dem Faijum; andere Unregelmäßigkeiten lassen sich ebenfalls aufweisen.

Freilich, daß die Urkunden sich an das übliche Schema halten, ist das Normale [10]), auch wird man vieles auf örtliche Verschiedenheiten des Formulars zurückzuführen haben [11]), aber die von Schwarz [12]) beobachtete Tatsache, daß im Oxyrhynchos bereits im 3. Jahrhundert privatschriftlich beurkundete Grundstücksverkäufe καταγραφή genannt wurden, zeigt deutlich den Ansatzpunkt der Entwicklung. Der Stand der nichtbeamteten Urkundenschreiber entwickelte gleichzeitig sich selbst zum staatlich anerkannten Privatnotariat und seine — von den alten amtlichen abweichenden — Formulare zu den im byzantinischen Staat anerkannten Formularen.

VI. Es ist interessant zu beobachten, wie sich der byzantinische Urkundenstil im 4. nachchristlichen Jahrhundert in Ägypten bildet [1]). Die alten Formulare des Beamtennotariats unter dem Prinzipat sind offenbar innerhalb verhältnismäßig kurzer Zeit infolge einer radikalen Rechtsänderung wertlos geworden [2]). Die Urkunden des 4. Jahrhunderts zeigen die allmähliche Bildung des neuen Formulars: so findet sich im P. Theadelphia 1 vom Jahre 306 n. Chr. die Erwähnung der βιβλιοθήκη ἐγκτήσεων als der amtlichen Stelle, die den Vorerwerb des verkauften Grundstückes sanktioniert habe. Sie hat danach im Jahre 279 n. Chr. im Faijum noch bestanden. Die Urkunde geht nach folgendem Schema: Nach der Datierung folgt die Verkaufshomologie und in ihr die Parteibezeichnung in dritter Person [3]). Die Verkaufshomologie enthält nur das Wort πεπρακέναι. Dann folgen Bezeichnung des verkauften Grundstückes mit Angabe des Erwerbsgrundes, Preisquittung, βεβαίωσις, κυρία-Klausel, μὴ ἐπιπορεύεσθαι-Klausel, Strafklausel,

[8]) Vgl. unten dieses Kap. XVI.

[9]) Schwarz, a. a. O., S. 294.

[10]) Vgl. z. B. PSI. III, 182; P. Oxy. IX, 1209; SB. 5274; BGU. III, 937, Kaufprotokolle, vgl. Schwarz, a. a. O., S. 168 Anm. 1, aber auch a. a. O., S. 170 Anm. 1; P. Oxy. IX, 1200, 1208; X, 1276, Kaufhomologien, vgl. Schwarz, a. a. O., S. 169 Anm. 2.

[11]) Vgl. Schwarz a. a. O. S. 172 ff.

[12]) Vgl. a. a. O., S. 293 f.

[1]) Vgl. z. Folgenden insbesondere auch Brugi, Studi Perozzi, 1925, S. 301 ff., besonders Abschnitt 2 und 3.

[2]) Steinacker, a. a. O., S. 142.

[3]) Vgl. Mitteis, RPR, S. 312; Schwarz, Homologie und Protokoll, S. 4 über das Verschwinden der objektiv stilisierten Urkunden in byzantinischer Zeit.

stipulatio. Danach die Unterschriften beider Parteien. Im P. Theadelphia 2 findet sich sogar noch im Jahre 305 n. Chr. die Erwähnung der βιβλιοθήκη ἐγκτήσεων in der in der klassischen Zeit üblichen Form [4]). Wie weit dies Rückschlüsse auf die Urkunde P. Theadelphia 1 von 306 n. Chr. und ihre Eintragung bei der βιβλιοθήκη ἐγκτήσεων zuläßt, läßt sich nicht genau übersehen. Endlich stammt aus der gleichen Zeit, 306 n. Chr., noch die Urkunde P. Lips. Nr. 6 aus Hermupolis, die einen etwas anderen moderneren Bau aufweist [4a]). Beginnend mit der Datierung folgt hier zunächst, wie in den Grundstückskaufformularen aus späterer byzantinischer Zeit, die Parteibezeichnung mit Grußformel, dann die Verkaufshomologie in der ersten Person [5]), ohne Erwähnung der καταγραφή, ferner eine παράδοσις-Klausel, Bezeichnung des Kaufgegenstandes nach Herkunft und Lage, Kaufpreisquittung, κυρία-Klausel, Vereinbarung über die Tragung der öffentlichen Lasten, βεβαίωσις und μὴ ἐπελεύσεσθαι-Klausel, Strafklausel, δημοσίωσις-Klausel, stipulatio, Datum, Unterschrift des Verkäufers allein. Diese Urkunde unterscheidet sich von den beiden vorhergehenden wesentlich. Zunächst deutet bereits die subjektive Stilisierung auf einen fortgeschritteneren Rechtszustand. Dem entspricht auch das Fehlen der Erwähnung der βιβλιοθήκη ἐγκτήσεων. Die παράδοσις-Klausel ist man versucht, für einen Einzelfall zu halten, zumal die Urkunde auch sonst individuelle Züge aufweist. Merkwürdig ist allerdings, daß kein Termin für die Übergabe gesetzt wird. Sollte das auf eine formularmäßige Aufnahme der Übergabeerklärung unter dem Einfluß des klassischen römischen Rechtes — Erfordernis der körperlichen traditio — deuten? Die Vereinbarung der δημοσίωσις zeigt allerdings, wie nahe auch diese Urkunde noch der klassischen Zeit steht. Wichtig ist endlich, daß nur der Verkäufer unterzeichnet. Auf diese Tatsache wird unten zurückzukommen sein. Eine καταγραφή-Erklärung ist auch in dieser Urkunde nicht enthalten. Aus dem Jahre 322 n. Chr. stammt P. Stud. Pal. 20, Nr. 80 (Chr. II, Nr. 145). Hier steht zunächst die Parteibezeichnung mit ausführlichem Signalement, das altertümlich anmutet, dann die subjektiv stilisierte Kaufhomologie, Sachbezeichnung, Preisquittung, κυρία-Klausel, Steuerverteilung, μὴ ἐπελεύσεσθαι-Klausel, βεβαίωσις, Strafklausel, Klausel über δημοσίωσις, stipulatio, Datum, Unterschrift des Verkäufers. Diese Urkunde entspricht also durchaus der vorher genannten, mit Ausnahme dessen, daß eine Übergabe nicht erwähnt wird. Sie stammt auch aus dem

---

[4]) Vgl. v. Woeß, Urkundenwesen, S. 176 Anm. 4.

[4a]) Auch P. Straßb. 9 stammt aus 306 p. Chr. Diese Urkunde ist jedoch zu verstümmelt, als daß sie über den Aufbau der Verkaufsurkunde im 4. Jh. Aufschluß geben könnte. Auffallend ist ihre nahe Verwandtschaft mit den Theadelphia Papyri.

[5]) Vgl. oben Anm. Nr. 3.

gleichen, hermupolitanischen Gau. Auch hier fehlt die Erwähnung der καταγραφή. Wiederum 20 Jahre später ist die Urkunde BGU. IV, 1049. Nach Angabe des Datums folgt die vom Herausgeber (Jean Lesquier) zu objektiver Form ergänzte Kaufhomologie, in der die Bezeichnung der Parteien enthalten ist, zusammen mit der Bezeichnung des Kaufgegenstandes, dann Preisquittung, βεβαίωσις, κυρεία-Klausel, Steuerklausel, μὴ ἐπιπορεύεσθαι-Klausel, Strafklausel, stipulatio, Unterschriften beider Parteien. Trotz ihres geringeren Alters gleicht diese Urkunde aus dem Faijum mehr den vorgenannten Theadelphia-Papyri als den hermupolitanischen. 6 Jahre später, aus 348 n. Chr. stammt BGU. III, Nr. 917: Datum, Parteibezeichnung, subjektiv stilisierte Kaufhomologie mit Sachbezeichnung, Preisquittung [ergänzt eine παραδοσις-Erklärung, die vielleicht zweifelhaft ist. Sollte nicht anstelle von παραδεδώκαμέν σοι eher eine Garantieklausel wie in Chrest. 145 gestanden haben? [6])], κυρεία-Klausel, Steuerklausel, μὴ ἐπιπορεύεσθαι-Klausel mit βεβαίωσις, Unterschrift der Verkäufer, dann bricht der Papyrus ab. Dieser aus dem Faijum stammende Papyrus entspricht also wieder dem hermupolitanischen, enthält aber auch noch keine καταγραφή-Erklärung.

Andererseits findet sich die καταγραφή-Erklärung bereits in P. Lond. III, 977 vom Jahre 330 n. Chr. Diese Urkunde ist allerdings stark zerstört. Insbesondere ist die Herkunft der Urkunde — der Käufer stammt aus Antinoupolis — und der verkaufte Gegenstand unbekannt. Im übrigen aber läßt sich ihr Aufbau ungefähr erkennen: Datum, Parteibezeichnung mit Grußformel, subjektive Kaufhomologie mit der Formel „ὁμολογῶ πεπρακέναι καὶ καταγεγραφ[ηκέναι“, Bezeichnung des Kaufgegenstandes, Preisquittung, κυρεία-Klausel, βεβαίωσις-Klausel, Strafklausel, dann bricht der Papyrus ab. Aus dem gleichen Jahre stammt auch CPR. I, Nr. 19, wo in Zeile 11 und 13 der Kaufbrief als καταγραφή bezeichnet wird. Auf diese Urkunde wird noch besonders zurückzukommen sein [7]). Desgleichen ist in P. Goodsp. 13 ein Kaufvertrag mit καταγραφή-Erklärung aus dem Jahre 341 n. Chr. aus Hermupolis erhalten. Er beginnt mit der Parteibezeichnung, dann folgt die Kaufhomologie in der bekannten Form, Sachbezeichnung, Preisquittung, κυρία-Klausel, βεβαίωσις, μὴ ἐπελεύσεσθαι-Klausel, Strafklausel, Bewilligung der δημοσίωσις, stipulatio, Datum, Unterschrift des Verkäufers. Die δημοσίωσις-Klausel enthält die jüngste bekannte Erwähnung dieses Instituts überhaupt [8]) und schließt die vorstehende Urkunde an die Handscheine, die aus klassischer

---

[6]) Vgl. aber dazu ἀποδόσθαι in CPR. I, Nr. 19, Zeile 3, das die Herausgeber mit „verkaufen“ übersetzen. Ist παράδοσις wirklich nur die Übergabe?

[7]) Vgl. unten, dieses Kap. IX.

[8]) Vgl. Jörs, ZSS. 34, S. 113, 138 Anm. 1, der diese δημοσίωσις aber mit Recht als eine ἐκμαρτύρησις anspricht.

Zeit bekannt sind, an; andererseits entspricht die Urkunde aber im übrigen durchaus den späteren byzantinischen Formularen. Demnächst folgt im 4. Jahrhundert die Urkunde BGU. II, 456 vom Jahre 348 n. Chr., die ebenfalls eine καταγραφή-Erklärung enthält. Dann bricht die Überlieferung für 50 Jahre ab. Erst aus 398 n. Chr. ist wieder eine Urkunde erhalten in P. Flor. I, Nr. 66, die leider nur verstümmelt überliefert ist, die bekannte Klausel, „ὁμολογῶ πεπρακέναι καὶ καταγεγραφηκέναι" aber ist darin mit Sicherheit gelesen. Bemerkenswert wegen seiner eigenartigen Fassung ist der zeitlich nächstfolgende Papyrus über einen Grundstückskauf Stud. Pal. 20, Nr. 117 aus Herakleopolis vom Jahre 411. Diese Urkunde enthält nämlich das Manzipationsformular[9]): „ὁμολογῶ ἐωνῆσθαι καὶ παρακεχωρῆσθαι παρὰ σοῦ κυριευτικῷ δικαίῳ", dann Sachbezeichnung, Preisquittung, κυριεία-Klausel, βεβαίωσις, μὴ ἐπελεύσεσθαι-Klausel, Steuerverteilung, Unterschrift des Käufers. Aus P. Flor. III, Nr. 310, dem nächstjüngeren überlieferten Kaufvertrag über ein Grundstück vom Jahre 425/35 läßt sich wegen seiner schweren Verstümmelung nichts Förderliches entnehmen. Der nächstjüngere P. Stud. Pal. 20, 121 vom Jahre 438 aus Hermopolis Magna enthält nun bereits die Fassung, die bis in nachjustinianische Zeit die — mit geringen Abweichungen — alleinherrschende geworden ist: Datum, Parteibezeichnung, Kaufhomologie mit besonderer Betonung des Fehlens aller Willensmängel, Sachbezeichnung, Preisquittung, κυριεία-Klausel, Steuerverteilung, βεβαίωσις-Klausel, μὴ ἐπελεύσεσθαι-Klausel, stipulatio, Unterschrift des Veräußerers und verschiedener Zeugen. Dieses Schema weisen alle erhaltenen Grundstückskaufverträge der byzantinischen Zeit auf, ohne daß die Einführung des Corp. iur. auf sie einen erkennbaren Einfluß ausgeübt hätte[10]). Auch die das gleiche Formular auf-

[9]) Vgl. dazu die Urkunde Chrest. 271, die unter Nr. XII besprochen werden soll, und Mitteis Bemerkung in der Überschrift. Eine ähnliche Fassung hat, wie ich nachträglich sehe, P. SB. III. 6612 aus 366 p. Chr. Diese Urkunde bezeichnet sich als ἀντίπρασις. Nach Preisigke, Wörterbuch, ist dies Wort sonst nicht überliefert. Sollte es sich auf Doppelbeurkundung beziehen? Der Herausgeber, Bell, (Recueil d'études égyptologiques, Paris 1922, S. 261 ff.) denkt an die Möglichkeit, daß der Sonderfall der Veräußerung fiskalischen Landes die Sonderform schuf. Aber vgl. P. Stud. Pal. 20, 121.

[10]) Vor der Einführung des Corp. iur. sind es: Stud. Pal. I, S. 7 Nr. II, 454 p. Chr.; P. Bad. 91, etwa 471 p. Chr.; PSI. I, 66, 5. Jahrhundert; Stud. Pal. 20, 110, 5. Jahrhundert, sowie die beiden inhaltlich merkwürdigen Verkaufsverträge über eine Einsiedelei SB. 5174, 512 p. Chr. und SB. 5175, 513 p. Chr.

Nach Einführung des Corp. iur. vgl. z. B. — auf Vollständigkeit der Zitierung der nunmehr in großer Zahl vorliegenden Urkunden ist kein Gewicht gelegt — die in den Münchner Papyri eingehend kommentierten Urkunden, 9, 11, 12, 13, 16, dazu etwa noch Lond. V, 1686, 1722, 1724. Erst die arabische Invasion scheint den Rechtszustand zu ändern.

weisenden Papyri SB. 4661 und 4693 wird man nicht für älter als den zitierten P. Stud. Pal. 20, Nr. 121 halten dürfen.

VII. Die Formel „ὁμολογῶ πεπρακέναι καὶ καταγεγραφηκέναι“ findet sich außer in den vorgenannten Urkunden vor allem noch in dem Sklavenkaufvertrag Arch. Pap. F. III, S. 418 aus dem 6. Jahrhundert. Notwendig scheint sie aber den Sklavenverkäufen nicht gewesen zu sein, denn in dem etwa gleichaltrigen P. Cairo byz. Bd. I, Nr. 67120 findet sie sich nicht, und in dem Sklavenkaufvertrag P. Lond. II, Nr. 251 = Chrest. 270, aus den Jahren 337/50 n. Chr., ist die καταγραφή zwar vorhanden, bezieht sich aber vielleicht noch auf eine agoranomische Protokollierung des Vertrages [1]. In der gleichaltrigen Urkunde BGU. I, Nr. 316, aus 359 n. Chr., ist überhaupt einer καταγραφή nicht Erwähnung getan. In den übrigen Urkunden, die sich auf die Übertragung von Grundstücken nicht ex causa venditi beziehen, findet sich eine Erwähnung der καταγραφή, soweit es sich um das ägyptische Material handelt, nirgends. Weder bei Gemeinschaftsauflösung [2] noch in den beiden ἐκχωρητικαὶ ὁμολογίαι (dationes in solutum) P. Lond. III, 1007 und 1015 [3], auch nicht in den überlieferten Schenkungsurkunden [4]. In den ravennatischen Papyri sind freilich Schenkungen mit einer an die καταγραφή gemahnenden Formulierung erhalten [5]. Erinnert sei aber dabei vor allem an C. Th. X, 1. 2, eine constitutio Konstantins, auf die bereits Spangenberg [6] verweist, und die in dem Instrument der Schenkung des Odoaker wörtlich wiederholt ist. In ihm findet sich auch eine wirkliche traditio [7]. Deutlich ist diese Angleichung an die καταγραφή auch in anderen dieser Schenkungen zu bemerken, z. B. in Nr. 26 [8], vom Jahre 471; am interessantesten in der Urkunde Nr. 38, die wegen der Erwähnung der mancipatio eher mit Maffei [9] ins 5. als mit Spangenberg [10] erst ins 6. Jahrh. zu verweisen sein wird.

[1] Vgl. Mitteis, im Kommentar der Urkunde Chrest. Nr. 270.

[2] Vgl. P. Lond. III, Nr. 978, Hausteilung vom Jahre 331; PSI. VI, Nr. 698, Teilung aus dem Jahre 392; P. Lond. III, Nr. 1313, Grundstücksteilung von 507.

[3] Man erinnere sich, daß Justinian die datio in solutum dem Kauf gleichstellt; das macht das Fehlen der καταγραφή noch merkwürdiger. Vgl. oben Kap. 6 und insbesondere D. 20, 1, 16, § 9.

[4] P. Lond. III, Nr. 1044, 6. Jahrh.; P. Mon. 8, letztes Viertel des 6. Jahrh.; P. Cairo byz. I, 67096 von 573/74.

[5] Vgl. Partsch, Zeitschrift für Handelsrecht 70, S. 464, Schenkung des Odoaker vom Jahre 489.

[6] Juris Romani tabulae negotiorum sollemnium, Leipzig 1822, S. 168 Anm. 3.

[7] Vgl. Riccobono, ZSS. 34, S. 217.

[8] Spangenberg, S. 160: „... eidem ecclesiae catholicae proprietatem huius epistolae largitione transscribens“.

[9] Ist. dipl. S. 143 ff, zitiert nach Spangenberg.

[10] a. a. O. S. 212.

Dort steht nämlich die Formel „... [in potestatem] perp-[etem] transscribo, cedo, trado et mancipo ...“. Diese Formulierung könnte vielleicht das Nebeneinanderbestehen der καταγραφή und der mancipatio möglich erscheinen lassen. Auch hier wieder bedauert man die Spärlichkeit des überlieferten Materials. Interessant ist ferner, daß sich diese transscriptio in den bei Spangenberg veröffentlichten Ravennater Papyri nur bei Schenkungen, aber nicht bei den Kaufverträgen, weder vor noch nach der Einführung des Corp. iur. im Jahre 553 n. Chr. findet. In den Kaufverträgen steht dagegen regelmäßig: „constat eum hodierna die distraxisse et distraxit... tradidisse et tradidit...“. Diese Erscheinung erklärt sich wohl daraus, daß gem. C. Th. 8. 12. 9 alle Reichsbürger Schenkungen ohne traditio erwerben konnten, eine Bestimmung, die erst von Justinian, C. 8. 53. 28, auf das Kaufrecht erweitert worden ist. Dieser Erlaß der körperlichen traditio ist für Schenkungen an die Kirche von Justinian in C. 1. 2. 23[11]) besonders wiederholt und erweitert worden. Die καταγραφή bedeutet aber, wie unten[12]) gezeigt werden soll, eine Übereignung ohne traditio.

VIII. Weiterhin ist darauf zu verweisen, daß sich die καταγραφή in Kaufverträgen über bewegliche Sachen fast nirgends nachweisen läßt. Solche Verträge sind aus dem 4. Jahrh. in verhältnismäßig großer Zahl und über verschiedene Gegenstände erhalten: Tiere[1]), Fässer[2]), Zaumzeug[3]); vielleicht gehören in ihre Reihe auch P. Thead. 3 von 299 über den Verkauf einer Eselin und P. Oxy. XIV, Nr. 1705 von 298 über den Verkauf eines Segels. Dann fehlt freilich die Überlieferung bis zum Jahre 581 n. Chr. In diesem Jahr wird in P. Mon. Nr. 5 ein Lastschiff verkauft und katagraphiert. Nach dem bisherigen Ergebnis der Quellenuntersuchung wird man es mit Wenger[4]) für möglich halten müssen, daß Schiffe so gut wie Sklaven, wenn auch nicht notwendig, doch häufig den Grundstücken gleichgestellt werden.

IX. Was bedeutet nun die καταγραφή in den byzantinischen Urkunden? Daß sie in der Zeit des Prinzipats eine Publizitätsform gewesen ist[1]), kann zu ihrer Erklärung nicht dienen, denn diese Formen sind mit der Wende

---

[11]) Vgl. Windscheid-Kipp, Pand. § 171 Anm. 5; Partsch, Zeitschrift für Handelsrecht 70, S. 469.

[12]) Vgl. dieses Kap. IX.

[1]) P. Grenf. II, Nr. 74, ein Kamel, von 302 n. Chr.; P. Oxy. XIV, Nr. 1708, ein Esel, von 311 n. Chr.; SB. 5679, eine halbe Eselin, von 307 n. Chr.; P. Genf 48, 2 Rinder, von 346 n. Chr.; PSI. VIII, 882 ein Esel, ca. 330 n. Chr.

[2]) PSI. IV, Nr. 300 von 302 n. Chr.

[3]) P. Thead. 4 von 307 n. Chr.

[4]) Kommentar zu diesem Papyrus, a. a. O. S. 51 f.

[1]) Vgl. Schönbauer, Beiträge, S. 26 ff.; Kunkel, Gnomon 1927, S. 154; v. Woeß, Urkundenwesen, S. 62.

vom 3. zum 4. nachchristlichen Jahrhundert verschwunden [2]). Ob aber daneben ein objektiver, rechtlich bedeutsamer Inhalt der καταγραφή bestanden hat, ist in letzter Zeit sehr streitig geworden [3]), so daß es gewagt werden muß, mit Hilfe der byzantinischen Quellen allein, eine Erklärung zu versuchen. Den Ansatzpunkt bieten vor allem zwei Tatsachen, auf die vorstehend bereits verwiesen worden ist, nämlich, daß sich die καταγραφή in den ägyptischen Urkunden aus byzantinischer Zeit nur bei Kaufverträgen findet, ferner daß die Urkunden nur — mit Ausnahme des P. Thead. 1 und Stud. Pal. 20, 117, von denen die erste durch die frühe Zeit, die zweite durch die grundsätzliche Andersartigkeit des Formulars zu erklären ist — die Unterschrift des Veräußerers tragen [3a]). Den Schlüssel zum Verständnis dieser Tatsachen und zu ihrer juristischen Eingliederung gibt nun CPR. I, Nr. 19 = Chrest. 69, eine Urkunde, die Schönbauer [4]) zu Unrecht ohne weiteres den ähnlichen Urkunden aus der Zeit des Prinzipats hinzuzählt, trotzdem sie mit der Urkunde P. Lond. II, Nr. 334 [5]) keinerlei Verwandtschaft hat, außer der Tatsache, daß eine Arrha gegeben ist, mit der Urkunde BGU. I, Nr. 240 eine Verwandtschaft wegen der starken Verstümmelung dieser Urkunde nicht feststellbar ist, und die Urkunde BGU. II, Nr. 446 = Chrest. 257 das Versprechen des Verkäufers auf Lieferung gegen Preiszahlung oder Leistung der doppelten Arrha enthält, wobei die Lieferung durch das Wort καταγραφή ausgedrückt wird [6]). Etwas anderes enthält CPR. I, Nr. 19. Hier liegt eine Klage der Verkäuferin, Aurelia Demetria, vor mit alternativem Antrage: Die Käuferin soll verurteilt werden, entweder λαβεῖν τὴν καταγραφήν Zug um Zug gegen Zahlung der εὐσεβῆ τελέσματα, die einen Teil des vereinbarten Kaufpreises darstellen [7]), oder zum Verlust der Arrha. Gerade von Schönbauers Standpunkt aus, der die καταγραφή in römischer Zeit für eine amtliche Handlung — öffentliche Niederschrift des Kaufvertrages — hält, ist es nicht wahrscheinlich, daß das Urteil gegen die Käuferin auf Vornahme der behördlichen καταγραφή gelautet haben kann. Auch der Zwischenraum von 160 bis 170 Jahren, der zwischen dieser und den mit ihr verglichenen Urkunden liegt, muß bedenklich machen; auch sind im Jahre 330 n. Chr.

---

[2]) Vgl. Mitteis, Einführung, S. 87.

[3]) Vgl. insbesondere Schönbauer, a. a. O., dazu Kunkel, Gnomon 1927, S. 145 ff.; Rabel, ZSS. 45, S 519 ff.; Paul M. Meyer, ZSS. 46, S. 333 ff.; Steinacker, Antike Grundlagen der Privaturkunde, 1927, S. 131 ff.

[3a]) [Unterschrift des Erwerbers findet sich auch in BGU. IV, 1049.]

[4]) a. a. O., S. 58.

[5]) So richtig anstatt a. a. O. „343".

[6]) Vgl. zu dieser Urkunde auch Partsch, Gött. gel. Anz. 1911, S. 717.

[7]) Vgl. Mitteis, Komm. der Urkunde CPR. I, S. 63, den er insoweit auch in der Chrestomathie, S. 76 f. aufrecht erhält.

die Agoranomen, die nach Schönbauer [8]) die Urkundsbeamten für καταγραφαί waren, nicht mehr nachgewiesen. Schönbauer selbst gliedert übrigens weiter unten [9]) die Urkunde auch wieder aus seiner Darstellung aus. Es ist nun aber nicht wahrscheinlich, daß der Klageantrag der Aurelia Demetria sich auf etwas richtete, was lediglich einen verwilderten Sprachgebrauch [10]) des byzantinischen Privatnotariates bedeutete. Schönbauer [11]) hat vielmehr richtig gesehen, wenn er annahm, daß καταγραφή jetzt eine Parteihandlung, und zwar die Erfüllung des Kaufgeschäfts bedeutet. Man kann aber weitergehend wohl sagen, daß der Antrag auf λαβεῖν τὴν καταγραφήν bedeutete, daß die Käuferin zur Empfangnahme der Kaufurkunde, Zug um Zug gegen Zahlung des Preises, verurteilt werden sollte [12]). Einerseits ist ja von Schönbauer [13]) mit Recht darauf verwiesen worden, daß die Tatsache der Niederschrift dem Worte καταγραφή seine eigentliche Bedeutung gibt [14]). Andererseits ist die Tatsache der Veräußerung durch traditio chartae für das spätere byzantinische Recht sicher bezeugt [15]). Auch paßt diese Erklärung zu der im byzantinischen Recht nachgewiesenen synallagmatischen Verknüpfung der Solutionsakte beim Kauf [16]), die sich wohl aus einer auch damals noch vorhandenen Vorstellung des Kaufes als Handkauf erklärt. Damit wird zugleich die Tatsache der bloßen Unterschrift des Veräußerers, damit auch das Fehlen der καταγραφή in anderen Veräußerungsgeschäften verständlich. Dafür spricht auch die Bemerkung Mommsens [17]), daß die lateinische Übersetzung perscriptio = καταγραφή häufig die Bedeutung von Quittung hat. Aus den im vorhergegangenen Paragraphen erwähnten Ravennater Schenkungsurkunden kann wohl gegen diese Erklärung kein Einwand gewonnen

---

[8]) a. a. O., S. 63 u. ö.

[9]) a. a. O., S. 60.

[10]) v. Woeß, Urkundenwesen, S. 63.

[11]) a. a. O., S. 63.

[12]) Vgl. z. folgenden Brugi, Studi Perozzi, S. 305 f., zustimmend, aber ohne vollständige Übersicht des Materials.

[13]) a. a. O., S. 15.

[14]) Dazu vgl. aus justinianischer Zeit noch Nov. 44, c. 2, anno 536.

[15]) Vgl. Riccobono, ZSS. 34, S. 219; Brandileone, Studi Scialoja, I. (1905), S. 1 ff.; Partsch, ZHR. Bd. 70, S. 453 und dort Anm. 1. Der Einwand Steinackers, a. a. O., Vorwort und S. 157 Anm. 4, 159 ff. erschöpft sich darin, daß er nicht Veräußerung durch Übergabe der Urkunde, sondern Veräußerung durch Abfassung der Urkunde und nachfolgende Übergabe der Urkunde an den Erwerber annehmen will. Zu erwähnen ist in diesem Zusammenhang zumal C. 8. 53. 1. Emptionum mancipiorum instrumentis donatis et traditis et ipsorum mancipiorum traditionem factam intelligis et ideo potes adversus donatorem in rem actionem exercere. Ganz itp. nach Riccobono, ZSS. 33, S. 278 ff.

[16]) Vgl. oben, dieses Kap. I.

[17]) Hermes 12, S. 112.

werden. Es soll nichts darauf gegeben werden, daß die Glossare eine Gleichung καταγράφειν = transscribere nicht kennen, sie sagen vielmehr perscribere[18]); wichtig ist aber der von Partsch[19]) gegebene Hinweis auf C. Th. 8, 12, 9 (Honorius und Arcadius vom Jahre 417 n. Chr.), denn in den genannten Schenkungen findet sich regelmäßig die retentio ususfructus[20]). Transscribere ist daher wörtlich mit „verschreiben" zu übersetzen; es liegt eher eine, wahrscheinlich beeinflußte, Parallelität als eine direkte Abhängigkeit des Ravennater Formulars vom ägyptischen vor[20a]). Das zeigt sich umso deutlicher, wenn man mit Riccobono[21]) den tiefgehenden Schnitt gerade zwischen den Kaufverträgen vor und nach dem Jahre 553, dem Jahre der Einführung des Corp. iur. in Ravenna, beobachtet. Mit diesem Termin beginnt allerdings eine Rezeption des fremden Rechtes, auf die hier nicht einzugehen ist. Interessant ist die Erwähnung der καταγραφή in Bas. 29, 6. 16 schol. 1 (Hb. III, S. 494)

„... οὐκ αὐτὸν σωματικῶς τραδιτεύσουσα τὸν ἀγρὸν ἀλλ' ἐν τῷ προϊκῴῳ συμβολαίῳ καταγράψασα ...",

die zwar einerseits die Ansicht bestätigt, daß die καταγραφή der körperlichen Übergabe entgegengestellt wird, andererseits ihre Anwendung auf eine Mitgifthingabe im justinianischen Recht zeigt[22]).

X. Wie weit läßt sich diese hier gezeigte Trennung zwischen obligatorischem und Erfüllungsgeschäft nun rückwärts verfolgen? Es kann nicht Aufgabe dieser Arbeit sein, in dem Streit über die Verfügungsakte des römisch-ägyptischen Rechts aus der Zeit des Prinzipats und des Ptolemäischen Rechts eine eigene Stellung zu begründen. Geprüft soll vielmehr werden, ob die zur Zeit diskutierten Ansichten über die ägyptischen Solutionsgeschäfte zu der vorgeschlagenen Erklärung des byzantinischen Rechtszustandes passen[1]). Vielleicht läßt diese Untersuchung Gemeinsames in der Grundanschauung der Lehre von Partsch[2]) und Schwarz[3]), der auch v. Woeß[4]) folgt, einer-

[18]) Vgl. Partsch, ZHR. 70, S. 465.

[19]) Partsch, ZHR. 70, S. 469.

[20]) Vgl. überhaupt Riccobono, Traditio ficta, ZSS. 33, S. 259 ff. und 34, S. 159 ff.; ferner neuestens, kurz zusammenfassend, Taubenschlag, ZSS. 47, S. 439 f., sowie die dort Zitierten.

[20a]) Als selbstverständlich wird die Urkundenübergabe zum Zwecke der Erfüllung in C. Th. 2. 29. 2 § 2 (anno 394) erwähnt.

[21]) ZSS. 34, S. 216.

[22]) Vgl. dazu Riccobono, ZSS. 34, S. 177.

[1]) Vgl. insbesondere die Literaturzusammenstellung bei Schwarz, Urkunde, S. 228 Anm. 4. Ferner neuestens Steinacker, Die antiken Grundlagen der frühmittelalterlichen Privaturkunden, Leipzig 1927, S. 131 ff., 137 ff.

[2]) Freib. Lenel-Festschrift, S. 147; Sitzungsberichte der Heidelberger Akademie 1916, phil. hist. Kl. Nr. 10, S. 18 ff.

[3]) a. a. O., S. 233 ff.

[4]) Urkundenwesen, S. 61 ff.

seits und der neuesten von Schönbauer und seinen Anhängern [5]) andererseits erkennen. Beide Ansichten zeigen besonders in der Betrachtung des ausgehenden römisch-ägyptischen Rechtszustandes eine stark konvergierende Tendenz. Zu dieser Betrachtung ist es notwendig, bis zur ptolemäischen Zeit hinaufzugehen, angesichts der Thesen von Schönbauer [6]) und v. Woeß [7]), daß nicht die römische Herrschaft, sondern erst die byzantinische Periode eine revolutionäre Durchbrechung der ägyptisch-hellenistischen Rechtsentwicklung, insbesondere der καταγραφή bringt. Die Diskussion geht aus einerseits von der Darstellung Mitteis [8]), der die καταγραφή für eine Auflassungserklärung hielt. Er verstand unter καταγραφή die am Ende der römischen Kaufurkunde befindlichen Klauseln, die ein συγχωρεῖν, παραχωρεῖν oder eine ähnliche Abstandserklärung des Veräußerers enthalten. Die gleichen Erklärungen finden sich auch in abstrakten (anscheinend?) Urkunden der Ptolemäerzeit, den sog. griechischen Verkäuferhomologien [9]), die den demotischen Abstandsurkunden inhaltlich auffallend ähnlich sehen. Auf diese Tatsachen baut Mitteis seine Lehre vom gespaltenen Kauf. Kontradiktorisch entgegen steht dieser Auffassung die von Preisigke [10]), der καταγραφή als Bewilligung einer amtlichen Registrierung ansah. Von diesen beiden Ausgangspunkten hat sich wohl die doppelte Anschauung des καταγραφή-Problems entwickelt. Zwar ist die Ansicht Preisigkes direkt von niemand übernommen worden, während Mitteis' Anschauung — allerdings unter Protest gegen die Gleichstellung der antiken und modernen Erscheinung, wegen des in Ägypten noch nicht zur Absolutheit durchgebildeten Eigentumsbegriffs und wegen des Mangels der in Ägypten nicht nachweisbaren obligatorischen Wirkung des Kaufs — im wesentlichen in der Anschauung Partschs [11]) und Schwarz' [12]) weiterlebte. Nach ihnen ist die καταγραφή eine

[5]) Vgl. oben IX. Anm. 3.

[6]) a. a. O., S. 39 ff.; vgl. Kunkel, a. a. O., S. 161.

[7]) a. a. O., S. 28; vgl. Rabel, ZSS. 45, S. 523 u. ö. Entgegen steht dieser Auffassung die Ansicht Mommsens, Röm. Geschichte, Bd. V (9. Aufl.), S. 553, von der revolutionären politischen Änderung der Verhältnisse Ägyptens durch seine Eingliederung ins römische Imperium. Auch Steinacker, a. a. O., S. 142 will jetzt von viermaliger Änderung des Begriffs „καταγραφή" je nach den verschiedenen politischen Änderungen in Ägypten sprechen; aber er vermag doch nur die parallele Änderung beim Übergang von Prinzipat zum Dominat zu zeigen; was er sonst vorbringt, spricht nur für allmähliches Erstarken des amtlichen Charakters der καταγραφή.

[8]) Grundzüge, S. 177/78.

[9]) Vgl. Kunkel, a. a. O., S. 154; Schönbauer, a. a. O., S. 29 ff.

[10]) Girowesen, S. 441.

[11]) Sitzungsberichte Heidelberg, 1916, S. 9, 18 ff., 22. Derselbe, Lenel-Festschrift, S. 147; vgl. v. Woeß, Urkundenwesen, S. 61 Anm. 4.

[12]) a. a. O.

Abtretungserklärung, die die Rechtswirkung des bloßen Handkaufes steigerte, der schon an sich geeignet war, ein dingliches Recht an der Sache zu übertragen[13]). Andererseits nimmt Schönbauer zwar die Gleichstellung der καταγραφή-Erklärung mit der συγχώρησις, die sich in den Urkunden der klassischen Zeit nicht mit Sicherheit nachweisen läßt[14]), vor[15]). Er hält jedoch die καταγραφή für einen reinen Publizitätsakt. Die ταμίαι wiederholen im Interesse der Publizität die wichtigen Teile des Kaufvertrages in einer besonderen Urkunde[16]), die, als sie diese Aufgabe an die Agoranomen abtreten, in römischer Zeit, mit dem Kaufprotokoll vereinigt wird. Schon Kunkel[17]) hat in seiner Besprechung darauf hingewiesen, daß diese Auslegung die Tatsache, daß die καταγραφή als einseitige Erklärung seitens des Veräußerers von den Urkundsbeamten aufgenommen wird, zu wenig berücksichtigt. Ferner versagt sie auf die Frage nach dem Zweck der doppelten Beurkundung die Antwort. Beide Bedenken sind vielleicht ernsterer Natur als Kunkel dort annimmt. Ob die καταγραφή bei vollständiger Änderung ihres Inhalts den Namen beibehalten konnte, eine Annahme, die Schönbauer auszudrücken scheint[18]), ist ebenfalls nicht ganz sicher. — Andererseits widerlegen die Untersuchungen Schönbauers am römischen Material die eingehenden Darlegungen von Bertalan Schwarz[19]) und Partsch[20]) nicht durchaus[21]).

Beide Ansichten sind in gleicher Weise geeignet, die Ansicht zu stützen, daß die καταγραφή in byzantinischer Zeit die Veräußerung des Grundstücks durch einen besonderen rechtlichen Vorgang enthielt. Denn von beiden Seiten wird angenommen, daß die καταγραφή für den dinglichen Rechtserwerb von ausschlaggebender Bedeutung ist; beide Parteien sind endlich auch darin einig, daß καταγεγραφηκέναι in byzantinischer Zeit die Perfektion des Kaufes enthält. Sollte sich aber der Gedanke, daß die καταγραφή

---

[13]) Vgl. Kunkel, Gnomon 1927, S. 163; A. B. Schwarz, a. a. O., S. 262 ff.; Partsch nimmt, Sitzungsberichte Heidelberg, a. a. O., S. 22; Lenel-Festschrift, S. 145 ff., an, daß die καταγραφή das Recht übertrage.

[14]) Vgl. Kunkel, a. a. O., S. 154; Steinacker, a. a. O., S. 144 „glaubt, in solchen Fällen, wo in der Kaufurkunde nichts von καταγραφή steht, trug die öffentliche Kaufurkunde selbst das „καταγράφειν". Vgl. a. S. 147.

[15]) Vgl. a. a. O., S. 26 ff.

[16]) Vgl. a. a. O., S. 15 ff.

[17]) a. a. O., S. 155.

[18]) a. a. O., S. 63.

[19]) a. a. O., insbesondere S. 235, 245, 257, 262, 278, 293.

[20]) Sitzungsberichte Heidelberg, a. a. O., S. 8 ff., 41.

[21]) Vgl. insbesondere die Bedenken Kunkels, a. a. O., S. 161 gegen die Annahme eines die Agoranomen zum καταγράφειν anweisenden Tempelamtmanns; Steinacker, a. a. O., S. 142 f.

in der Hingabe der Veräußerungsurkunde im Austausch mit dem Kaufpreis bestand, durch neue Urkunden, ähnlich CPR. I, Nr. 19 bestätigen, so wäre dies vielleicht eine Unterstützung für die Ansicht Partschs [22]), daß die römische καταγραφή die Aushändigungserklärung der Vorerwerbsurkunden enthielt [23]).

XI. Keine Bedeutung für die Ausbildung des byzantinischen Formulars hatte dagegen die Eintragung in die διαστρώματα, die Übersichtsblätter über den Grundbesitz in der βιβλιοθήκη ἐγκτήσεων. Ein Veräußerungsakt ist in dieser Eintragung nicht zu sehen [1]). Daß in diesem Punkte auch Mitteis, der ein, wenn auch beschränktes, Wirken des Eintragungsprinzips für sicher gehalten hat [2]), irrt, ist nach den Untersuchungen von v. Woeß [3]) wohl als sicher anzusehen und auch von der herrschenden Meinung wohl bereits anerkannt [4]). Es wäre aber außerdem die Eintragung ja lediglich ein Veräußerungsakt rein obrigkeitlicher Natur. Dieser hätte schwerlich, zumal bei dem Verschwinden der βιβλιοθήκη ἐγκτήσεων an der Wende vom 3. zum 4. nachchristlichen Jahrhundert, eine so nachhaltige Wirkung als Parteiakt beibehalten können. Aber auch der Gedanke der Trennung von Verpflichtungs- und Verfügungsgeschäft wird eher auf die weiterfortwirkende καταγραφή als auf die Eintragung zurückzuführen sein. Dagegen mag die Wiederaufnahme der öffentlichen Registrierung durch die gesta municipalia seit Con-

[22]) Sitzungsberichte Heidelberg, a. a. O., S. 11.

[23]) Steinacker, a. a. O. bekämpft den Gedanken, daß die Urkundenhingabe schon dem antiken Recht entstamme, in zweierlei Form: Einmal behauptet er, sie wäre nicht nachweisbar. Vgl. a. a. O. Vorwort. Dem widerspricht er aber selbst, wenn er a. a. O. S. 158 Anm. 4 ausführt, zwischen Grundstück und Urkunde habe ein Akzessionsverhältnis bestanden, kraft dessen mit dem Grundstück auch die Besitzurkunden zu übergeben waren. Ferner behauptet er, diese Urkundenhingabe habe keine juristische Bedeutung gehabt. Dem steht entgegen: 1. die Tatsache, daß die Veräußerungsurkunden einseitige Verzichtserklärungen des Veräußerers enthalten, also nur für den Erwerber Bedeutung haben (a. a. O. S. 141 Anm. 1); 2. daß diese Urkunden, wie er selbst zutreffend, a. a. O. S. 140 ff. ausführt, der Partei vom Urkundsbeamten ausgehändigt wurden; 3. daß die Verpfändung eines Grundstücks im Wege der Übergabe der Eigentumsurkunden erfolgte (a. a. O. S. 158 A. 4). Dadurch wurde das Grundstück verkehrsunfähig. Übereignet wurde es deshalb nicht, weil eine neue Übereignungsurkunde nicht aufgenommen wurde. Zur Verpfändung durch traditio instrumenti vgl. a. D. 13. 7. 43 pr. Schriftlichkeit und Urkundenbegebung sind Elemente der ägyptischen Übereignung, ferner Preiszahlung und — bis zum Beginn der byzantinischen Zeit — staatliche Hoheitsakte.

[1]) Als wahrscheinlich nahm dies an Eger, Grundbuchrecht, S. 202 ff.; Lewald, Beiträge zum Grundbuchrecht, S. 86 f., nimmt dagegen nur eine ausgedehnte Publizitätswirkung der Eintragung an, desgl. Wenger, Krit. Vierteljahrsschr. 1909, S. 500.

[2]) Grundzüge, S. 107 ff.; Berichte d. sächs. Ges. d. Wissenschaft, phil. hist. Kl. 1910, S. 249.

[3]) Urkundenwesen, S. 269 ff.; Aus der Werkstatt des Hörsaals, Innsbruck, 1914, S. 120 ff.

[4]) Vgl. Rabel, ZSS. 45, S. 527 ff.; P. M. Meyer, ZSS. 46, S. 336 f.

stantin — vgl. Vat. 35, 249 — in der Richtnng, die Trennung von Verpflichtung und Verfügung deutlich zu machen, gewirkt haben.

Welche Einwirkung aber, so fragt Wenger[5]), hatte die Tradition? Für das römisch-ägyptische Recht, das steht unzweifelhaft fest, war die Bedeutung der Tradition lediglich die des faktischen Besitzüberganges. So wird sie hin und wieder beurkundet [6]), beim Tierkauf scheint sie sogar in der Regel in die Urkunde aufgenommen worden zu sein[7]). Dingliche Wirkung besaß sie nicht, wie sich wohl aus ihrer Verschweigung in den anderen dingliche Verfügungen enthaltenden Papyri zeigt. Beide Institute, Eintragung und Übergabe, waren für die weitere Rechtsentwicklung wohl bedeutungslos.

XII. Ist es aber wahrscheinlich zu machen, daß die justinianische Kompilation das ägyptische καταγραφή-System übernommen hat? Man könnte, angesichts der Formalakte des römischen Zivilrechts, speziell der mancipatio, die ja im klassischen Recht auch jenseits der res mancipi ihre Rolle spielt[1]), auf den Gedanken kommen, daß das abstrakte Übereignungsgeschäft sich von ihnen herleite. Strohal[2]) scheint diesen Gedanken anzudeuten, wenn er erwähnt, daß die Byzantiner, da sie die abstrakte stipulatio zurückdrängten, nicht zu der abstrakten traditio kommen konnten. Auch von Fitting[3]) und Appleton[4]), die glauben, daß die traditio ursprünglich abstrakt gewesen und dann kausal geworden sei (und zwar im klassischen Recht), wird diese Ansicht anscheinend vertreten. Für den Übergang vom klassischen zum byzantinischen Recht ist solch eine Theorie wohl nicht aufstellbar. Die mancipatio ist, das steht fest, im 4. und 5. nachchristlichen Jahrhundert allmählich abgestorben[5]). Unwahrscheinlich ist es, daß ein so langsam verschwindendes Institut tief eingreifende Veränderungen an dem, das sich an seine Stelle setzt, hinterließ. Es lassen sich aber auch positiv Anzeichen dafür aufzeigen, daß tatsächlich eine Rezeption des ägyptischen Systems stattgefunden hat[6]). Wichtig sind die folgenden zwei Tat-

[5]) Kritische Vierteljahrsschrift, 1909, S. 500.

[6]) Vgl. P. M. Meyer, Juristische Papyri Nr. 32.

[7]) Vgl. P. M. Meyer, a. a. O., S. 116.

[1]) Vgl. z. B. die siebenbürgischen Wachstafeln, wo von Nichtbürgern an Provinzialgrundstücken vorgenommene mancipationes beurkundet werden. Vgl. auch Mitteis, Chrest. Nr. 271.

[2]) Iherings Jahrb. 27, S. 376 ff.

[3]) Arch. f. ziv. Prax. 52, S. 406.

[4]) Revue générale de droit, 1923, S. 165.

[5]) Vgl. Costa, Storia di diritto Romano, 2. Aufl., S. 200; Girard, Manuel, 1924, S. 304 u. dort Anm. 5; Cuq, Manuel des institutions, 1917, S. 274, Anm. 1; Kunkel, Realenzyklopaedie, s. v. mancipatio.

[6]) Zwar aus der Tatsache, daß zwischen den Ravennater Urkunden vor und nach Einführung des Corp. iur. ein tiefgehender Unterschied nachweisbar ist (vgl. Riccobono,

sachen: einmal ändert sich das Subjekt des Verfügungsgeschäftes; die καταγραφή ist ihrem Inhalte nach Abstandserklärung des Veräußerers [7]). Der Erwerber selbst bleibt bei dem Akt stumm. Er nimmt lediglich die Erklärung des Veräußerers entgegen. Diesen Charakter trägt sie auch noch im byzantinischen Recht: das folgt einmal aus ihrer Stilisierung als Veräußerungserklärung, ferner aus der Tatsache, daß die byzantinische Kaufurkunde stets als πρᾶσις, nie als ὠνή bezeichnet wird [8]), und daß im byzantinischen Sprachgebrauch sich häufig der Ausdruck καταγράφειν für die Aufnahme einer solchen Verkaufsurkunde findet [9]). Infolgedessen erscheint die Gleichstellung von „ὁμολογῶ πεπρακέναι καὶ καταγεγραφηκέναι" mit der römischen Formel „emit mancipioque accepit" [10]) bedenklich. Daß das ägyptische System anders war als das System der anderen Reichsprovinzen, zeigt sich am deutlichsten in der Chrestomathie durch die lehrreiche Gegenüberstellung der Papyri 270, ägyptischer Sklavenverkauf mit Veräußerungserklärung, und 271, syrischer Sklavenkauf mit Erwerbserklärung, einer Urkunde, die auch im übrigen deutlich dem römischen Formular angepaßt ist [11]). Beide Urkunden stammen aus dem 4. Jahrhundert.

ZSS. 34, S. 216, oben IX. S. 171), während sich ein gleicher Einschnitt im ägyptischen Material nicht feststellen läßt, vielmehr eine geradlinige Entwicklung bis ins 7. Jahrhundert nachweisbar ist, läßt sich die Rezeption nicht mit Sicherheit folgern. Einerseits ist die Behauptung Riccobonos, daß sich in den Ravennater Kaufurkunden vor 553 p. Chr. der Rechtszustand Diokletians und Konstantins wiederspiegele, (Riccobono, ZSS. 34, S. 217) bei dem erheblich geringeren Alter dieser Urkunden — die älteste von Riccobono zitierte stammt aus dem Jahre 489— nicht zweifellos; allein die gesetzlichen Grundlagen haben, wie Riccobono selbst nachweist, sich in diesen 150 Jahren seit Konstantin erheblich geändert. Andererseits ist nicht sicher, wie stark die Einwirkung der Zentralgewalt im oströmischen Reich auf Ägypten war, besonders angesichts der vielen Fälle nachweislicher Übertretung justinianischer Gesetzesbestimmungen — vgl. z. B. die vielen beurkundeten Kinderverpfändungen. Auch das Fehlen der „transscriptio" bei Kaufverträgen noch nach Justinian (vgl. oben IX a. Ende, ferner Ferrari, I documenti greci, Byzant. Arch. IV. 1910, S. 135 ff., bes. S. 137) ermutigt nicht, auf dies Argument besonderes Gewicht zu legen.

[7]) Vgl. v. Woeß, Urkundenwesen, S. 61; B. Schwarz, Urkunde, S. 233 ff., 241; Freundt, Wertpapiere I, S. 62 „die spätrömischen Urkunden zeigen uns nämlich, daß die Unterschrift von derjenigen Partei geleistet wird, welche sich in der Urkunde verpflichtet. Der Berechtigte unterschreibt nicht ... Typen zweiseitiger Urkunden ... z. B. die Teilungsurkunden ... sind ... von beiden Parteien unterschrieben". Partsch, ZHR. 70, S. 453, „die einseitigen Unterschriften ... erklären sich ... daraus, daß der Kaufvertrag des byzantinischen Formulars einseitige Verpflichtung des befriedigten Verkäufers zur Gewährleistung erklärt".

[8]) Schwarz, a. a. O., S. 278, 293. [Eine Ausnahme dieser Regel findet sich aber noch in C. Th. VIII. 15. 1 (Constantin o. J.), wo die Kaufurkunden als αἱ ὠναί bezeichnet werden.]

[9]) Vgl. Schwarz, a. a. O., S. 235, 245, 257, 262.

[10]) Vgl. zuletzt Schönbauer, a. a. O., S. 63. Dieser Vergleich findet sich in der Literatur auch sonst häufig.

[11]) Vgl. Mitteis, Einführung, S. 193.

nach Chr. Der Typ der Erwerbserklärung findet sich nach dem 4. Jahrh. in den uns bekannten Urkunden nicht mehr, auch die Ravennater Kaufurkunden enthalten ihn nicht [12]). Es ist nun zu untersuchen, wer im byzantinischen Recht Subjekt des Veräußerungsgeschäftes war.

XIII. Schon Pernice [1]) hat im Anschluß an Schloßmann [2]) darauf hingewiesen, daß die Tradition zu den auf dem einseitigen Willen ruhenden Rechtsgeschäften gehöre. Er stützt sich auf die Tatsache, daß die Tradition kein iustus titulus usucapionis sei, daß bei der Tradition an einen Willensunfähigen nur der Veräußerer in Betracht gezogen werde [3]), daß in D. 41. 1. 9 §§ 3, 5, 7 nur die voluntas domini rem suam in alium transferendi berücksichtigt sei. Zur Unterstützung dieser Theorie sind außerdem heranzuziehen: [4])

D. 41. 1. 9 § 4 (Procurator) ... si rem vendiderit et tradiderit, facit eam accipientis ... eine Mitwirkung des Erwerbers bleibt unerwähnt, noch schärfer fassen das die Bas. 50. 1. 9 §§ 5, 6 (Hb. V. S. 39), wo ein accipiens überhaupt nicht erwähnt wird.

D. 41. 1. 21 § 1 .... Si rem meam ... velim tuam esse, fiet tua ... ebenfalls in der griechischen Fassung Bas. 50. 1. 20 § 1 (Hb. V. S. 40) verschärft, es heißt dort nicht mehr „fiet tua" sondern „μετατίθεται ἡ δεσποτεία ....".

D. 1. 19. 1 § 1 Si rem Caesaris procurator eius ... tradat ... dominium ... transfert, cum negotium Caesaris gerens ... tradit. Keine Erwähnung des Empfängers. Bas. 6. 23. 1 § 1 (Hb. I. S. 225) enthält hier das vollständige Veräußerungsverbot für den Procurator Caesaris, doch wird auch hier zur Bezeichnung der Veräußerungshandlung nur auf das ἐκποιεῖσθαι des Veräußerers Bezug genommen.

D. 41. 1. 25 ... propter consensum enim domini tota res eius fit ... kann vielleicht auch hierher gezogen werden. Bas. 50. 1. 24 (Hb. V. S. 41) stützen allerdings nur die Annahme eines originären Erwerbes durch den, in dessen Auftrag hier die Verarbeitung stattfand. Aber gerade dieser Befund ist wichtig: Zum originären Erwerb durch den Verarbeiter ist der consensus domini materiae notwendig, wie zum derivativen Erwerb durch traditio; das spricht für die Konstruktion der Tradition als eines einseitigen Überlassungsgeschäftes, denn geradeso ist ja hier das Eigentum erworben.

---

[12]) Vgl. Spangenberg Nr. 48—55, S. 235—279.

[1]) ZHR. 25, S. 109 ff.

[2]) Der Vertrag, Leipzig 1876, S. 94, 99 f.

[3]) D. 41. 2. 18 § 1; D. 41. 2. 34 pr.

[4]) Vgl. Jachia, Traditio, Mailand 1915, S. 7 Anm. 1.

De Francisci [5]) hat anscheinend recht, wenn er annimmt, daß die Scheidung zwischen originären und derivativen Erwerbsarten modernen Ursprunges sei [6]). Das ist auch der Grund, warum sich diese Stelle der Frage nach dem Erwerbsgrunde gegenüber so zweideutig verhält.

D. 39. 5. 1 pr. berücksichtigt für die Frage nach dem Eigentumsübergang auf Grund einer Schenkung ebenfalls nur die mens des Schenkers, der Erwerber wird nicht berücksichtigt. Diese Regelung unterstreicht das Dorotheus-Scholion No. 2 zu Bas. 47. 1. 1 pr. (Hb. IV. S. 563 f.).

Die andern von Jachia [7]) gegebenen Stellen sind nicht so überzeugend; als starken Beweis wird man aber Theophilus II. 1. 40 ansehen müssen, wenn er in seiner gründlichen und ausführlichen Paraphrase nur die ψυχὴ τοῦ βούλεσθαι μεταφέρειν τὴν δεσποτείαν als Übereignungserfordernis ansieht, dagegen nicht irgend eine Mitwirkung des Empfängers, außer die körperliche Annahme des übereigneten Gegenstandes..

Demgegenüber hat es wenig zu besagen, wenn sich Stellen finden, die die Annahme eines Übereignungsvertrages als möglich erscheinen lassen, z. B. D. 44. 7. 55 [8]), denn diese Stellen sind im klassischen Recht auf das Kausalverhältnis bezogen, wie sich deutlich in D. 39. 5. 10 zeigt, wo die Byzantiner diese Beziehung durch ihr Einschiebsel [nisi ea mente ... eius fiat] als eine individuelle gestalteten, während sie im klassischen Recht prinzipiell war. Verdunkelt wird die Lehre aber durch das Erfordernis, daß der Besitz animo et corpore ergriffen werden muß [9]). Dieser Besitz schaffende animus kann als Annahme der Eigentumsübertragungsofferte gedeutet werden. Aber dieser animus ist nicht ein Willensakt, sondern eine Vorstellung. Das Recht verlangt, daß der Besitz bewußt ergriffen wird, rein körperliche Verbundenheit mit einem Gegenstand schafft noch keinen Besitz, wenn diese Verbundenheit nicht bewußt hergestellt wird [10]). Dagegen ist die Vertragsannahme Willensakt. Der animus possessionem adipiscendi ergreift nur den Besitz, woher der Besitz stammt, ist ihm gleichgültig, er ist lediglich der Anfang des animus possidendi. Das gilt auch noch im byzantinischen Recht. Das kann durch einige Basilikenstellen näher erläutert werden.

---

[5]) Trasf., S. 85 in Anlehnung an Longo, Bonfante und Arangio-Ruiz.

[6]) Vgl. dafür besonders de Franciscis (a. a. O. S. 93) Hinweis auf Theophilus II. 9 § 6 (Ferrini, S. 152).

[7]) Traditio, Mailand 1915, S. 7 Anm. 1 in Anlehnung an Perozzi.

[8]) Vgl. oben S. 145.

[9]) D. 41. 2. 1. § 3 u. ö.

[10]) Vgl. Rotondi, Scritti III, S. 106 ff., insbesondere S. 107; S. 201 ff., insbes. S. 203.

.....Bas. 14. 1. 12 Sch. 1, Stephanus (Hb. III. S. 7) ..... μετέστησεν ἐξ ἀρχῆς ἐπὶ τὸν λαβόντα τὴν δεσποτείαν εἰπῶν λαβὲ καὶ ἐντεῦθεν εἶ δεσπότης ἤδη,

deutliches Abbild der juristischen Konstruktion der καταγραφή.

Bas. 29. 1. 3 § 3 Sch. 3, Stephanus (Hb. III. S. 353 f.) ..... τότε δὲ τῶν ἐπιδοθέντων πραγμάτων ὁ ἀνὴρ δεσπότης γίνεται, ὅτε λόγῳ προϊκὸς ἐπεδόθησαν τῷ γαμῷ. εἰ δὲ μήπω συστάντος τοῦ γάμου τὰ δεδομένα λόγῳ προϊκὸς ὁ ἀνὴρ ἐκομίσατο, εἰ μὲν συνέδοξεν ἅμα τῇ ἐπιδόσει τούτων γενέσθαι δεσπότην, κρατεῖ τὸ σύμφωνον καὶ γίνεται τούτων δεσπότης.

Die Stelle hat Ähnlichkeit mit dem Nicaeus-Scholion Nr. 3 zu Bas. 23. 1. 18 [11]) (Hb. II. S. 613). Als Erklärung ist zu sagen, daß der hier genannte Vertrag, auf den die Worte „συνέδοξεν, σύμφωνον" deuten, der obligatorische Dotalvertrag ist, daß aber nicht erkennbar ein dinglicher Vertrag konstituiert wird. Das zeigt sich deutlich in dem ersten Satz des Zitates, wo der Mann Eigentümer der zur Mitgift gegebenen Sachen wird, ohne dinglichen Vertrag.

Die vorgetragene Ansicht wird ferner bestätigt durch Bas. 29. 1. 5 pr. Sch. 1, Stephanus (Hb. III. S. 354) ....

ἐὰν ἐγὼ πράγματά τινι γυναικὶ ἐφ' ᾧ αὐτὴν λαμβάνουσαν ἐπιδοῦναι αὐτὰ ᾧπερ ἑαυτῆς λόγῳ προϊκός, μετατίθεται ἡ δεσποτεία καὶ τούτων γίνεται δέσποινα κἂν τὸν ὅρον μὴ ἐπλήρωσεν, μηδὲ ταῦτα λόγῳ προικὸς ἐπιδέδωκεν.

Diese Stelle zeigt deutlich, daß das Eigentum übergeht trotz Nichterfüllung der Bedingung. Aus ihr folgt also ebenfalls, daß im vorhergenannten Fall das Eigentum an den Mitgiftsachen auf Grund der Mitgiftbestellung und einseitiger Verfügung erworben worden ist.

Auch in Bas. 29. 1. 5 § 1 Sch. 3 (Hb. III. S. 355) wird lediglich der Wille des Eigentümers betont als maßgeblich für den Eigentumsübergang. Eine weitere Bestätigung, auch für die brevi manu traditio, findet sich in Bas. 60. 10. 10 §§ 2, 3 Sch. 8 (Hb. V. S. 436).

XIV. Die antiken Rechte legen also den Akzent auf die eine der bei der Übereignung fungierenden Personen. Die andere tritt zurück. Demgegenüber steht die Kompromißlösung der gemeinrechtlichen Doktrin, die annimmt, das römische Recht hätte den Eigentumsübertragungsvertrag gehabt. Diese Ansicht ist bedenklich. Es spricht eine starke Wahrscheinlichkeit dafür, daß dieser Gedanke des Übereignungsvertrags erst von Savigny [1]) geschaffen und durch die Wucht seiner Persönlichkeit und Wind-

---

[11]) Vgl. unten XIV, S. 180 Anm. 3, oben Kap. I, Nr. VI.

[1]) System III, S. 312 f; vgl. Neuner, a. a. O., S. 21, vgl. andererseits aber auch Pringsheim, ZSS. 42, S. 277. „Die alienatio ist erst seit Justinian ein Vertrag". (Im Zusammenhang mit der synallagmatischen Verknüpfung der Solutionsakte beim Kauf). Vgl. oben dieses Kap. II. Es muß aber zwischen solutio und translatio dominii unterschieden

scheids [2]) apodiktische Darstellung Gemeingut der deutschen Rechtswissenschaft geworden ist [3]). Es ist hier nicht die geeignete Stelle, die Lehre vom dinglichen Vertrag, die durch die deutsche Kodifikation ja sanktioniert ist, auf ihren Wert oder Unwert zu prüfen. Interessant ist es aber immerhin, daß die Italiener sie gerade auch, weil sie so unpraktisch sei, im römischen Recht leugnen. Wie weit diese Ansicht berechtigt ist, muß der dogmatischen Untersuchung überlassen bleiben [4]).

XV. Noch einige weitere, allerdings weniger bedeutende Anzeichen für die Aufnahme des καταγραφή-Systems lassen sich bemerken. Das wichtigste ist die bereits oben [1]) genannte Stelle Bas. 29. 6. 16 (Hb. III. S. 494). Hier ist eine dos dem Bräutigam katagraphiert worden, wie die Stelle ausdrücklich betont. Stephanus unterstreicht diese Tatsache noch, indem er sagt, sie sei vermittels des instrumentum dotale katagraphiert, nicht körperlich übergeben worden.

Diese Bemerkung des Stephanus zeigt die Veranlassung der Interpolation von C. 8. 53. 28, in deren ursprünglicher Fassung, C. Theod. 8. 12. 9, die datio dotis zwar bereits enthalten war, deren Neufassung aber offenbar durch den Gedanken der καταγραφή beeinflußt ist.

Aus dieser Stelle läßt sich ferner entnehmen, daß im spätjustinianischen Recht auch die Mitgift katagraphiert werden konnte. Diese Tatsache ist nicht weiter verwunderlich, denn einmal hat das justinianische Recht überhaupt die Neigung, alle Rechtsgeschäfte der emptio-venditio anzugleichen [2]), besonders ist dies ja oben [3]) bei der dos aestimata aufzuzeigen versucht worden, andererseits hat in den außerägyptischen byzantinischen Provinzen das Wort καταγραφή die allgemeine Bedeutung instrumentum [4]), καταγράφειν

---

werden: Die solutio des Kaufs erfolgt vertragsähnlich, die Übereignung ist dennoch ein einseitiger Akt, selbst wenn sie von der Wirksamkeit — oder Existenz? — der solutio abhängig gemacht wird.

[2]) Windscheid-Kipp, Pand. I, § 171.

[3]) Zwar findet sich ein Ansatz zu der Theorie vom Übereignungsvertrag bereits bei Nicaeus im 10. bis 12. nachchristlichen Jahrhundert. Bas. 23. 1. 18 Sch. 3 (Hb. II. S. 613) .... ὅτι ἡ δεσποτεία ἀμάχως μεταφέρεται ἐπειδὴ καὶ ... ἑκατέρων αἱ θελήσεις συντρέχουσιν εἰς τὴν τῆς δεσποτείας μετάθεσιν. ... aber daß solche Ansätze in der deutschen Entwicklung nicht fortgewirkt haben, zeigt Felgenträger, a. a. O.

[4]) Vgl. dazu Neuner, a. a. O., S. 14 ff., 20 ff., 27 ff., 50 ff. und gelegentlich.

[1]) Vgl. dieses Kap. IX.

[2]) Vgl. B. W. Leist, Tradition und Manzipation, S. 236 ff., der eine große Anzahl der emptio-venditio entsprechender Geschäfte nennt.

[3]) Vgl. oben Kap. 8 Nr. VI.

[4]) Vgl. Ferrari, Byzantinisches Archiv IV, S. 97.

bezeichnet wohl eben Aufnahme der charta oder Veräußerung durch traditio chartae [5]).

Ferner ist aber auch die allgemeine Übung der traditio chartae im spätbyzantinischen Recht, wenn anders die Hypothese, daß die καταγραφή gerade die Urkundenübergabe enthielt [6]), zutrifft, ein Anhaltspunkt für die Annahme der Rezeption der ägyptischen Übereignungsform. Insofern ist auch die Bemerkung Riccobonos über die entscheidende Änderung in den Ravennatischen Kaufurkunden mit dem Jahre 553 n. Chr. vielleicht von Bedeutung. Endlich sei auf die auffallende Übereinstimmung von C. 4. 50. 5 Diocl. et Max. (anno 290) mit der im syrisch-römisch. Rechtsbuch Lond. § 64 enthaltenen Vorschrift über die καταγραφή = instrumentum emptionis verwiesen. Mag Diokletian seine constitutio auch unter klassisch-rechtlichen Gesichtspunkten abgefaßt haben, ihre Aufnahme in den Codex Justinianeus beweist doch mindestens noch das damals gegenwärtige Interesse.

XVI. Gegenüber diesem System, in dem die Übereignung grundsätzlich durch schriftlichen Akt erfolgt, muten die Ravennatischen Kaufurkunden vor Justinian altertümlich an: Die Formel „constat eum distraxisse et distraxit, tradedisse et tradedit" [1]), die Freundt dahin erklärt, daß sie eine Übersetzung des „ὁμολογεῖ ὁ δεῖνα πεπρακέναι καὶ καταγεγραφηκέναι" gewesen sei, bedeutet, wie Partsch [2]) richtig bemerkt, vielmehr eine Beurkundung der wirklich stattgehabten traditio [3]). Andererseits ist die Formulierung dieser Urkunden gerade mit der vorgetragenen Theorie der einseitigen Übereignung von seiten des Veräußerers im Einklang. Es bestand damals in Italien bereits eine deutliche Trennung zwischen Übereignungserklärung und Verkaufserklärung, wie sich aus den Übereignungsprotokollen bei Spangenberg [4]) sowie insbesondere aus der Scheidung der Urkunden, instrumentum venditionis und epistula traditionis, ergibt [5]). Ob diese Scheidung auf ägyptischen Einfluß zurückzuführen ist, ob sie sich selbständig entwickelt

[5]) Freundt, Wertpapiere, Bd. I, S. 40 ff., 59 nimmt Verfügungswirkung schon mit Aufnahme der Urkunde an. Vgl. die sehr vorsichtige Zustimmung von Partsch, ZHR. 70, S. 451.

[6]) Vgl. oben, dieses Kap. X.

[1]) Vgl. oben, dieses Kap. VIII.

[2]) Vgl. Partsch, ZHR. 70, S. 463 ff.

[3]) Das zeigt sich deutlich darin, daß sie bei nicht erfolgter traditio fehlt. Vgl. Marini, I papiri diplomatici, Rom 1805, Nr. 115 u. 116. Objektive Stilisierung kommt in den vorjustinianischen Papyri nicht vor.

[4]) Nr. 48, S. 234 ff.; 50, S. 243 ff.; 52, S. 254 ff.; Marini, Nr. 82, 113—118.

[5]) Interessant ist, daß die älteste epistula traditionis, Marini, Nr. 113 (anno 504) noch vom Erwerber geschrieben ist, die späteren vom Veräußerer. Vgl. Nr. 115, 116. Gerichtet sind sie an den ravennatischen Magistrat.

hat, — zweifellos liegt sie in der Linie der Entwicklung des obligatorischen Kaufgeschäftes — sei hier dahingestellt. Aber erst als in beiden Reichshälften in späterer, byzantinischer Zeit, wohl gerade auf Veranlassung Justinians, das Erfordernis der traditio fortfiel, wie Riccobono [6]) überzeugend nachgewiesen hat, und durch Literalakt ersetzt wurde, entschied sich der Sieg des ägyptischen καταγραφή-Systems, indem jetzt die traditio chartae üblich wurde [7]).

XVII. In einem Teilgebiet des frühbyzantinischen Reiches bildet sich aus den gleichen Quellen wie im corpus iuris ein neues Recht. Im syrisch-römischen Rechtsbuch schließen sich dieselben Kräfte zu einer ganz anderen Gestaltung zusammen: Offenbar war in seinem Entstehungsgebiet das Notariat weit weniger kräftig entwickelt als in den westlicher gelegenen, der griechischen Kultur stärker erschlossenen Gebieten des Ostreiches. So ist die Urkundenpublizität dort nicht der beherrschende Gedanke des Übereignungsrechtes, nicht einmal für den Grundbesitz. Die καταγραφή ist rein fakultativ geworden. Das, worauf es ankommt, ist, wie § 64 der Londoner Handschrift (§ 109 der arabischen und § 107 der armenischen Version) beweist, einmal die Herkunft des Geldes aus dem Vermögen des Erwerbers [1]), — die armenische Überlieferung geht sogar so weit, daß sie dem, aus dessen Vermögen das Geld stammt, unbedingt das Eigentum zuspricht — und — wenigstens nach der Londoner Version — die Tradition. Das Erfordernis der Übergabe findet sich auch im Schenkungsrecht. (Lond. § 22; Paris § 7; arab. § 8). Ganz merkwürdig ist endlich die Bestimmung des § 24 Lond. = § 9 R. II [2]). Hier findet sich der Ausdruck „δωρεά" neben der καταγραφή. Es heißt dort, es sei eine Verfügung ungültig, wenn eine „δωρεά" oder καταγραφή, aber nicht die νομή gegeben werde. Das bedeutet eine Unterstreichung des Traditionsprinzips. Die καταγραφή und δωρεά sind Verkaufs- oder Schenkungsurkunden, ihre Übergabe genügt zur Übereignung nicht. Auffallend ist, daß die beiden Ausdrücke nebeneinander stehen. Diese Tatsache ließe sich vielleicht daraus erklären, daß die Schenkungsurkunde durch C. Theod. 8. 12. 1 §§ 1, 2 gesetzlich vorgeschrieben ist [3]), während die καταγραφή nur gewohnheitsrechtliches Traditionssurrogat [4])

[6]) ZSS. 33, S. 259 ff.; 34, S. 159 ff.

[7]) Vgl. Brunner, Zur Rechtsgeschichte der Urkunde I., Berlin, 1880, S. 90 ff. Die dort zit. Urkunden stammen alle aus der Zeit nach 553 p. Chr.

[1]) Vgl. Pringsheim, Kauf, S. 115 f.

[2]) Sachau, Syrische Rechtsbücher Bd. I, 1907, S. 57.

[3]) Vgl. Bruns-Sachau, S. 198.

[4]) Vgl. für καταγραφή als schriftlichen Akt leg. Const. Theod. Leon. I § 7, Sachau, Syr. Rechtsb. I, S. 7. δωρεά heißt in dieser Stelle anscheinend nicht „donatio propter nuptias', wie in § 31 Abs. 2, a. a. O., S. 17.

ist. Eine andere Erklärungsmöglichkeit wäre, daß die alte Gleichstellung von καταγραφή und πρᾶσις [5]) hier eine Rolle spielt; endlich aber ist es nach dem Text der Übersetzung nicht ausgeschlossen, daß hier gemeint ist, eine καταγραφή oder sonst eine δωρεά. Dann wäre die Entwicklung hier eine rückläufige: Von der Höhe der Abstraktion, die das griechische Notariat mit der Formulierung der abstrakten καταγραφή erreicht hat, schweift die primitivere, vorstellungsmäßige Anschauung der östlichen Völker zu dem bekanntesten unentgeltlichen Geschäft ab — in der bekannten Verwechslung abstrakt und unentgeltlich [6]) — zum Schenkungsgeschäft, und ein solches Übereignungsformular, in dem das Kausalgeschäft wiederholt wurde, und das dennoch abstrakt wirksam sein sollte, war unpraktisch und wurde nicht obligatorisch gemacht [6a]). So war hier der Boden bereitet für das einfachste Publizitätsprinzip, die körperliche Tradition. Diese hält denn auch ihren Einzug, wie sich etwa aus § 38 Lond. — Paris. § 18; arab. § 20, arm. § 14 — deutlich ergibt. Als Unterstützung dieser Ansicht läßt sich vielleicht der § 24 R. III [7]) verwenden, wenn man dort nicht „Urkunde", sondern „Vollmacht" mit καταγραφή übersetzt [8]). Dort ist nämlich offenbar der Tatbestand noch umgekehrt: Die Besitztradition (?) soll ungültig sein, wenn nicht eine „Vollmacht" übergeben ist. Hier findet also die Übereignung vermittels traditio chartae statt. Das Gleiche zeigt ferner R. II § 20 [9]). In diesem § 20 Abs. 3 = Lond. § 38 [10]) wird gesagt, daß im Falle des Selbsthilfeverkaufs durch einen Verkäufer, dem sein erster Käufer die Sache nicht abgenommen hat, der Verkäufer eine καταγραφή auf den Namen des ersten Käufers ausstellen solle, um auf diese Weise „puro modo" zu verkaufen. Aus dieser Bestimmung scheint hervorzugehen, daß die καταγραφή nicht dasselbe ist wie das instrumentum emptionis [11]). Wahrscheinlich ist sie vielmehr eben die im § 24 genannte „Vollmacht". Wie weit diese Vollmacht und der Begriff δωρεά miteinander übereinstimmen, bleibt allerdings zweifelhaft.

---

[5]) Vgl. B. Schwarz, a. a. O., S. 278, 293.

[6]) Vgl. Neuner, a. a. O., S. 11.

[6a]) [Eine Verwendung des Schenkungsformulars für andere Geschäfte findet sich auch im Westen. So enthält z. B. die Schenkung des Odoakar in Wahrheit eine datio in solutum für eine Darlehnsschuld.]

[7]) Sachau, a. a. O., S. 155.

[8]) Wie weit sich diese Schlußfolgerungen freilich dem syrischen Text gegenüber aufrecht erhalten lassen, vermag Verfasser nicht zu übersehen.

[9]) Sachau, a. a. O., S. 61.

[10]) Bruns-Sachau, a. a. O., S. 13.

[11]) Immerhin macht die Übereinstimmung von Lond. § 64 mit C. 4. 50. 5 (Bruns-Sachau, a. a. O., S. 228), diese Unterscheidung unsicher. Wie weit der obligatorische Kauf im syrichen Rechtsbuch durchgeführt ist, kann freilich zweifelhaft erscheinen.

Bemerkenswert ist ferner R. II § 109 [12]). Hier wird gesagt, daß im Falle des Besitzes des Käufers der Mangel der καταγραφή nicht schade, damit wird die traditio als allein erheblich festgestellt. Das ergibt sich aus dieser Bestimmung deshalb deutlich, weil die Vorschrift (laut Übersetzung!) passivisch gefaßt ist, es sei unschädlich, daß der Erwerber sich keine καταγραφή habe ausstellen lassen. Die καταγραφή scheint hier die Rolle einer privilegierten Beweisurkunde einzunehmen. In den beiden anderen Überlieferungen [13]) heißt die Übersetzung aktivisch, es sei unschädlich, daß der Erwerber sich keine καταγραφή gemacht habe. Ist das ein Zeichen des Verschwindens des Verständnisses für diesen Rechtsakt, was das Wahrscheinlichere sein dürfte, oder wirkt hier noch das alte Manzipationsformular nach? [13a]) In der armenischen Version § 107 [14]) wird die καταγραφή überhaupt nicht mehr genannt, sondern die Vorschrift dahin umgebogen, daß infolge des Surrogationsprinzips — res succedit in locum pretii — derjenige, der mit eigenem Geld gekauft und tradiert erhalten habe, Eigentümer wird [15]).

Abschließend kann gesagt werden, daß es im wesentlichen hellenistisches Rechtsgut ist, das sich im Corp. iur. als „römisches" Übereignungsrecht darstellt; daß der Praktiker, zumal der Notar, den Gesetzgeber gespielt hat, nicht zum Vorteil des Prinzips, dem jede Schärfe mangelt, nicht zum Vorteil der Völker, die mit einem solchen Recht bewidmet wurden.

17. Kapitel.

I. Die iusta causa traditionis bei den Byzantinern. II. Byzantinische iusta causa im allgemeinen. III. Byzantinische causa traditionis. IV. Iusta causa traditionis ist im byz. Recht nur Erfordernis der aequitas. V. Animus transferendi dominii. VI. Herkunft der animus-Lehre. VII. Ansätze im römischen und im klassischen griechischen Recht. VIII. Einflüsse der christlichen Anschauungen. IX. Schluß der Betrachtungen.

I. Während sich aus der byzantinischen Praxis sowohl die Einwirkung der καταγραφή wie das Erfordernis der Preiszahlung ableiten lassen, sind zwei andere Bestandteile der byzantinischen Lehre daraus nicht erklärbar. Neben Preiszahlungserfordernis und Trennung von Verpflichtungs- und Verfügungsgeschäft erfordern die byzantinischen Quellen nämlich den animus transferendi dominii und die iusta causa traditionis.

---

[12]) Sachau, a. a. O., S. 115

[13]) Lond. § 64 = arab. § 109, Bruns-Sachau, a. a. O., S. 19, 110.

[13a]) [Nicht unmöglich ist hier ein Zusammenhang mit der langobardischen und fränkischen „notitia", die ja ebenfalls vom Erwerber geschrieben wird.]

[14]) Bruns-Sachau, S. 141.

[15]) Hängt das noch mit der griechischen Surrogationsidee zusammen? So Pringsheim, Kauf, S. 115 f.

Was zunächst diese letztere angeht, so könnte man glauben, es hier mit einem von der Doktrin nur konservierten, überständigen Erfordernis zu tun zu haben. Pringsheim hat neuerdings in einer gedankenreichen Studie [1]) gezeigt, daß sich in Justinians Gesetzgebung auch starke archaisierende Strömungen nachweisen lassen. Man könnte zu dem Schluß kommen, daß dieser Tendenz die iusta causa traditionis ihre Erhaltung in der Kompilation verdankt. Wollte man das behaupten, so müßte man die Anschauungen von Pflüger und Beseler [2]) vor allem auch insofern zu entkräften suchen, als darin behauptet wird, daß die iusta causa-Lehre durch Justinian auch in sich Veränderungen erlitten habe. Vor allem wäre zu zeigen, daß die Stellen der Kompilation, die eine iusta causa verlangen, überhaupt wesentlich intakt geblieben seien. Das hat für eine dieser Stellen (D. 44. 7. 55) neuerdings beiläufig Riccobono [3]) behauptet, freilich ohne damit überzeugen zu können. Oben [4]) ist aber die Veränderung dieser Stelle und auch die von D. 41. 1. 31 pr. nachgewiesen worden. Diese Veränderungen können nun freilich zum Teil darin begründet liegen, daß die praktische Ausgestaltung des byzantinischen Systems sie erforderte. Aber dieser Möglichkeit gegenüber ist eine gewisse Zurückhaltung am Platze. Gerade die Institutionen, wo — wie Pringsheim gezeigt hat [5]) — die Byzantiner eine Neuformung des Übereignungsrechtes unternahmen, enthalten eine Erwähnung des alten Erfordernisses der iusta causa nicht. Was kann für die Byzantiner der Anlaß gewesen sein, sonst in den von ihnen veränderten Stellen das Wort iusta causa, das im klassischen Recht gerade auf die sachliche Vorprüfung durch einen Magistrat wies, also die „Glaubhaftmachung" enthielt, zu erhalten? Das byzantinische Prozeßsystem besaß ja diese vorläufige Prüfung, dies Verfahren in iure, woher der Ausdruck stammt, nicht mehr. Diese Frage hat die gemeinrechtliche Doktrin ins materielle Recht abgebogen. Während vorstehend geprüft wurde, was im klassischen Recht als iusta causa galt, insbesondere inwieweit das durch traditio erworbene Eigentum auf einem vorgängigen obligatorischen Geschäft beruhen mußte, fragte man im gemeinen Recht, was für ein materiellrechtlicher Oberbegriff die iusta causa sei. Das war eine Fragestellung, die dem klassischen Recht, wie gezeigt, nicht entsprach, die aber auch auf Justinian nicht anwendbar erscheint. Wer so fragt, verstrickt sich in jenes Gestrüpp, das gerade die ernsthaftesten Forscher zu den

[1]) Studi Bonfante I. (1930), S. 551 ff.

[2]) Vgl. oben, Kap. 15 Nr. II.

[3]) Studi Bonfante I. S. 144.

[4]) Vgl. oben S. 145.

[5]) Pringsheim, Kauf, S. 65 ff. Auf die neuen Arbeiten von Albertario, Meylan und Appleton, die mir bekannt sind, ist hier nicht der Ort einzugehn. Vgl. zu ihnen Pringsheim, ZSS. 50, S. 333 ff.

unannehmbarsten Formulierungen zwang [6]). Nur O. Maier [7]), der apriorisch zu einer Lösung zu gelangen suchte, hat damit Wichtiges zur Erkenntnis des justinianischen Rechts geleistet, das ja gerade ein höchst theoretisches war.

II. Will man erkennen, was die Byzantiner unter iusta causa traditionis verstanden, so wird man zwei Voraussetzungen aufstellen müssen: Die gefundene Definition muß sowohl der allgemeinen Idee der iusta causa in den byzantinischen Rechtsquellen wie auch der Idee der causa traditionis entsprechen. Für die Lösung der Aufgabe geben nun aber die Basiliken wenig aus, denn gerade die wichtigsten Stellen für unsere Lehre sind dort entweder überhaupt nicht oder wenigstens nicht an der entscheidenden Stelle kommentiert: Von D. 41. 1. 31 pr. ist nur eine fast wörtliche Übersetzung vorhanden, bei C. 3. 32. 24 fehlt die Übersetzung von iustus titulus praecedens und bei C. 7. 29. 4 wird zwar das Erfordernis des titulus übersetzt, es fehlt aber im Basilikentext sowohl die Erwähnung von iustus wie von praecedens. Ebenso ist in D. 24. 3. 20 iusta causa nicht mit übersetzt, in D. 6. 2. 3 § 1 nicht kommentiert [8]). So ist diese Quelle verschlossen. Bemerkenswert ist nur, daß die Bas. für iusta causa εὔλογος αἰτία sagen, was vernünftige, richtige causa bedeutet [8a]). Es bedarf der Erschließung anderer Quellen, um die Absicht der Kompilatoren zu erfahren. Dabei wird man in erster Linie die nachklassischen lateinischen Konstitutionen zu Hilfe nehmen. Und hier ergibt sich folgendes Merkwürdige: Während die klassischen Konstitutionen, wie oben gezeigt [9]), „iusta causa" im Sinne von giltige Veranlassung auffassen, bedeutet dieser Name den nachklassischen Kaisern soviel wie wichtiger Grund [10]). Ihnen ist die iusta causa also nicht

[6]) Statt aller: Exner, Rechtserwerb durch Tradition, S. 337: „Justa causa traditionis, wie wir sie verstehn, ist also etwas Negatives: Das Nichtvorhandensein gewisser verpönter Elemente unter dem Kreis von Verhältnissen und Tatsachen, aus dem die Veranlassung zur Tradition hervorging."

[7]) Die iusta causa, Erlangen 1871, S. 2 ff.

[8]) D. 41. 1. 31 pr. in Bas. 50. 1. 29 § 5 (Hb. V. S. 42); C. 3. 32. 24 in Bas. 15. 1. 104 (Zachariä, Suppl. S. 40). Auch das dazugehörige, verstümmelte Thaleläus-Scholion Nr. 227 scheint von der iusta causa praecedens nicht zu sprechen. C. 7. 29. 4 in Bas. 50. 5. 8 (Hb. V. S. 68); D. 6. 2. 3. § 1 = Bas. 15. 2. 3 (Suppl. Zach. S. 41.); D. 24. 3. 20 = Bas. 28. 8. 20 (Hb. III. S. 257).

[8a]) Daß die Forderung der iusta causa im just. R. allgemein gestellt wird, zeigen vor allem die beiden Urkunden SB. 5174 u. 5175, worin der Verkäufer erklärt, das verkaufte Grundstück ὑπὸ δικαίων καὶ εὐλόγων αἰτίων resp. ἀπὸ δικαίων καὶ νομίμων τιτλῶν erworben zu haben.

[9]) Vgl. oben S. 155 Anm. 19.

[10]) Vgl. C. 3. 28. 28 § 1, Konstantin von 321, wo iusta causa noch in klassischer Bedeutung erscheint, ebenso in C. Theod. II, 19, 5 (anno 321) „filius nulla ex iusta causa laesus" und C. Theod. XI. 31. 4 (anno 374) „ex iustis causis, quae .... constitutionibus comprehensae sunt" ...; zweifelhaft C. Theod. XI. 30. 36 (anno 374) „cum ex causis

mehr der gesetzlich vorgeschriebene und zureichende Grund, sondern, wie Justinians Antithese „lex vel iusta causa" deutlich zeigt, etwas, was im Gegensatz zur lex steht. Diese eigenartige Umbildung des Begriffes iusta causa läßt ihn in einen gewissen Gegensatz zum iustus titulus treten, der sich in vier diokletianischen [11]) und einer justinianischen [12]) Konstitution findet. Der iustus titulus scheint nämlich immer nur den Erwerbsgrund für Tradition oder Usukapion zu bezeichnen. Damit wird die Charakterisierung des iustus titulus im justinianischen Recht gerade Aufgabe dieses Abschnittes.

III. Es muß nun versucht werden, die Gleichung zwischen iusta causa als wichtiger Grund und der besonderen iusta causa traditionis oder dem iustus titulus aufzuzeigen. Inwiefern kann für die traditio ein „wichtiger Grund" verlangt werden, um einen Eigentumserwerb zu erreichen? Da ist vor allem auf den Bedeutungswandel des Wortes iustus zu verweisen. Wie Donatuti [13]) gezeigt hat, wird iustus von den Byzantinern vor allem in zwei Bedeutungen verwendet. Einmal ist iustus gleich aequus [14]), ferner wird es mit lobenswert [15]) übersetzt. Es handelt sich stets um eine moralische Wertung. Justa causa ist eine moralisch einwandfreie causa. Das im einzelnen auszuführen, erübrigt der Verweis auf Donatutis Untersuchungen. Iusta causa ist also mehr als von Rechts wegen gefordert werden kann. Billig und löblich sind miteinander verwandte Begriffe. Der wichtige Grund enthält zugleich einen billigen Entschuldigungsgrund nach außen und einen löblichen Inhalt [16]). Es ist nun wahrscheinlich, daß die iusta causa traditionis ebensolch billiger oder löblicher Grund für die Übergabe ist. So wie die iusta causa in den nachklassischen Konstitutionen ein billigerweise zu berück-

iustis aliquid repperietur incertum"; sicher byzantinisch C. Theod. VI. 27. 23 (anno 430), „qui plurimis iustissimisque causis matricula videntur exclusi"; ferner C. 5. 17. 8 §§ 1, 3 (Theodosius und Valentinian von 449), „sine iusta causa dissolvi matrimonium prohibemus" „iugalem sine iusta causa foris pernoctantem"; C. 11. 22. un. (dieselben, zwischen 448 u. 450) „propter multas iustasque causas decernimus"; Nov. Valentiniani 32 § 5 (452) „tam iustis praecedentibus causis"; C. 4. 1. 5 §§ 3, 4. (Leo et Anthemius von 472) „iusta excusationis causa"; „iusta causa paenitentiae". Ähnlich auch oft in den Dig. z. B. iusta causa erroris, die immer itp. ist, wie Donatuti nachgewiesen hat; vgl. Arch. giur. Bd. 86, 1921 fasc. 2. Eine gleichartige Terminologie zeigt schließlich die einzige iusta causa in den lateinischen Konstitutionen Justinians C. 3. 1. 13 § 9 (von 530) „litem usque ad terminum, nisi lex vel iusta causa impediat, adimplere".

[11]) C. 3. 32. 24; 5. 73. 4; 7. 21. 8; 7. 33. 4.

[12]) C. 7. 31. un. § 3a.

[13]) Justus, iuste, iustitia, Annali Perugia vol. 33, s. 4, vol. 3, 1921. Vgl. Kipp, Realenzyklopädie I, S. 598, 599 ff. s. v. aequitas.

[14]) A. a. O., Sonderdruck S. 7 ff. Cicero vertauscht freilich in De legibus beliebig iustus und aequus.

[15]) „lodevole" a. a. O., S. 32 ff.

[16]) Vgl. dazu bes. Donatuti, a. a. O., S. 32 über absentia ex iusta causa.

sichtigender, also „wichtiger“, Grund ist, wird sie zum „billigen Anlaß“ für die Übergabe. Daß dem so ist, zeigen vor allem auch die Stellen, wo sich Justinian ex professo über die Erfordernisse der traditio äußert. Dort, vor allem also in Inst. II. 1. 40 ff. und D. 41. 1. 9 § 3, wird eine iusta causa nicht ausdrücklich erfordert. Es wird vielmehr gesagt, „nihil enim tam conveniens est naturali aequitati quam voluntatem domini, volentis rem suam in alium transferre ratam haberi“. Dem ist gegenüberzustellen Gai. II 19 „nam res nec mancipi ipsa traditione pleno iure alterius fiunt“, wo jede Erwähnung der aequitas fehlt, und Gai. II 65 „. . . adparet, quaedam naturali iure alienari, qualia sunt ea, quae traditione alienantur, alia civili“. Auch hier fehlt die Beziehung auf die aequitas [17]). Während Gaius sagt, die traditio sei die naturgemäße Form des Erwerbes, legen die Byzantiner ihre aequitas in den Begriff des ius naturale hinein. Sie empfinden die Befreiung von der mancipatio als einen Sieg des formfreien und darum billigen Rechtes [18]). Nun ist diese Erörterung aber bedeutsam insbesondere im Zusammenhang mit der byzantinischen Gleichstellung von iustus und aequus. Soweit die Byzantiner die iusta causa für die traditio aufrecht erhalten haben, wird sie nur als ein Erfordernis der Billigkeit betrachtet worden sein. Das zeigt sich auch, wenn man Justinians Erörterungen über die Usukapion (Inst. II. 6) betrachtet, wo das Erfordernis der iusta causa nur im principium, als der Vergangenheit angehörig, erwähnt wird. Justinian spricht (im § 11) nur von der „causa possessionis“. Ihm ist der alte Sinn der iusta causa in diesem Zusammenhange nicht deutlich [19]). Überhaupt steht Justinian der Usukapion mit großen Bedenken gegenüber, wie vor allem C. 7. 31. 1 zeigt. Er hütet sich deshalb im ganzen gern, hier den terminus „iustus“ zu gebrauchen.

Nun ergibt sich ferner aus dem Vergleich von Inst. II. 1 §§ 40 ff. mit Inst. II. 6 § 11, daß die traditio zu Eigentum eines vorgängigen gültigen Rechtsgeschäfts zur Wirksamkeit nicht bedurfte. Es ist also schwer, die gelegentlich verlangte iusta causa mit dem vorgängigen, obligatorischen Geschäft zu identifizieren. Doch ist bereits im 1. Kapitel dieser Untersuchung (unter VI) darauf hingewiesen worden, wie sich für abstrakte und kausale Übereignung sprechende Quellen in fast gleichgroßer Anzahl in der Kom-

[17]) Meylan, Studi Bonfante, I, S. 450 ff. sucht vergeblich eine entscheidende Ähnlichkeit zwischen Gai. II. 65, 66 und Inst. II. 1 § 40 f. zu konstruieren. Einzelnes mag freilich harmonieren, dem Sinne nach verträgt sich der klassische Text mit dem byzantinischen nicht. Der Widerspruch ius naturale — naturalis aequitas belastet übrigens das byzantinische Fragment auch in sich schwer.

[18]) Vgl. dazu Pringsheim, ZSS. 42 (1921), S. 645 ff., 648.

[19]) Anders wäre es vielleicht bei iustus titulus gewesen, doch nennt Justinian den titulus auch hier (§ 14) nicht „iustus“, obwohl damit der Erwerb vom fiscus bezeichnet wird.

pilation aufzeigen lassen. Scheinbar hat also Justinian geschwankt, ob er auf das vorgängige Rechtsgeschäft für die Wirksamkeit der Eigentumstradition verzichten solle oder nicht. Es ist nun aber mehr als der Versuch einer Harmonisierung, wenn man aus rechtsphilosophischen Gedanken eine Angleichung der verschiedenen Systeme versucht [20]). Es sind Gedanken des Naturrechts, welche im Gewande der iusta causa traditionis auftauchen, Gedanken eines positivistischen Naturrechtes, das unzufrieden ist mit der Begründung des Rechtes überhaupt als eines naturnotwendigen Institutes und vielmehr die einzelnen materiellen Rechte als solche für naturnotwendige erklärt. Nur die formale Durchsetzbarkeit der einzelnen materiellen Rechte überläßt es der jeweiligen Rechtsordnung. Unter diesem Gesichtspunkt arbeitet die byzantinische aequitas.

Gleicht man so die iusta causa der Byzantiner der anders gerichteten byzantinischen causa traditionis an, so wird sich etwa folgendes als ihr Inhalt ergeben:

IV. Iusta causa ist auch im byzantinischen Recht das zugrundeliegende Kausalgeschäft. Indem sie aber von den Byzantinern als ein naturali aequitate geforderter Bestandteil der Eigentumstradition bezeichnet wird, wird dadurch zum Ausdruck gebracht, daß es ein anderes ist, ob die Übereignung nach ius strictum wirksam wird, d. h. ob mit der condictio der übereignete Gegenstand zurückzufordern ist anstatt mit der vindicatio, oder ob die Übereignung nach ius aequum wirksam bleibt und für immer von seiten des Veräußerers unanfechtbar ist.

Solcher souveränen Stellungnahme der byzantinischen Juristen gegenüber dem positiven Recht entspricht auch durchaus die Schaffung der vindicatio utilis, die Zulassung der Anstrengung einer Reihe von Kondiktionen durch den Eigentümer (z. B. condictio ex iniusta vel turpi vel sine causa, condictio ex lege) und die Schaffung jener allgemeinen condictio generalis, die an Stelle jeder anderen Klage angestellt werden kann [21]).

Der Gedanke, daß neben der positiven, formalen Rechtsordnung gewisse Rechte den Menschen ewig und unabdinglich sind, ist allgemein antikes Kulturgut. Er war es, der Aristoteles veranlaßte, aus der Sammlung der νόμοι βαρβαρικοί und der πολιτεῖαι die Grundlagen des natürlichen — und damit besten — Staates herauszuschälen [22]), und sie nicht apriorisch zu

[20]) Als mißglückt muß aber der Versuch von Sokolowski, Philosophie im Privatrecht II, S. 198 — vgl. Dernburg-Sokolowski, System I, S. 360 Anm. 5 — bezeichnet werden, der für iusta causa den dinglichen Vertrag erklärt.

[21]) Vgl. dazu insbes. Longo, BIDR. 17 (1905), S. 58 f., 60 f.

[22]) Vgl. Christ-Schmid, Griech. Literaturgesch. I, S. 751.

entwickeln, wie es noch Plato in seiner Politik getan hatte [23]). Es ist auch wohl unzweifelhaft, daß der Gedanke einer naturalis aequitas bereits die klassischen Juristen beeinflußt hat [24]). Der Gedanke ist aber in der Form, wie er in dem Übereignungsrecht des corpus iuris wirkt, sicher unklassisch. Hier zerstört und erweicht er alle scharfen Rechtsbegriffe, die die römische Jurisprudenz geprägt hatte, zumal den Unterschied zwischen dinglicher und persönlicher Klage. Daß diese Konstruktion ein Geschöpf der Doktrin ist, ergibt sich aus ihrer — in erster Linie — rechtsphilosophischen Bedeutung.

V. Die byzantinische Wissenschaft hat ferner der Theorie der translatio dominii den Teil hinzugefügt, der die schwerste „romanistische" Belastung des geltenden deutschen Übereignungsrechtes geworden ist. Es ist der animus transferendi dominii. Nur andeutungsweise kann dieser Einschlag in seiner Entwicklung hier verfolgt werden [1]). Nur der Anfangs- und Endpunkt der Entwicklung sollen genauer dargelegt werden; im übrigen seien nur besonders bezeichnende Zitate aus der theologischen Literatur des 5. Jahrh. beigebracht.

Im byzantinischen Recht scheint nur des animus transferendi dominii Erwähnung zu geschehen. Der animus accipiendi scheint zu fehlen. Das zeigt vor allem das allein vorhandene Interesse der Praktiker des Ostreiches für die Handlung des Veräußerers. Auch ergeben die von Windscheid [2]) herangezogenen Quellenstellen bezüglich des angeblichen dinglichen Vertrages nichts für den Erweis des animus accipiendi. Es ist zu zeigen, daß die Byzantiner diesen Willen auch nicht in den außerhalb des Corp. iur. überlieferten Texten fordern:

Zunächst ist zu erwähnen, daß die deutsche gemeinrechtliche Lehre vom Übereignungsvertrag sich nur dadurch hält, daß sie einen wichtigen Fall des derivativen Erwerbs, das Vindikationslegat aus ihrem System der Übereignung ausschaltet. Dieses würde sich bei der hier vorgetragenen Ansicht vom Eigentumsübergang als dem Verzicht zugunsten des Erwerbers dem Gesamtsystem homogen einfügen. Die Gleichstellung des Legats und

---

[23]) Vgl. Christ-Schmid, a. a. O. S. 687 ff.

[24]) Vgl. Riccobono, Mélanges Cornil II, S. 237 ff. Entgegen Riccobono muß daran festgehalten werden, daß die römischen Juristen mit juristischen Mitteln billige Resultate zu erzielen bestrebt waren. Die aequitas der Entscheidung ist das erstrebte Ziel der klassischen römischen Jurisprudenz. Für die schlaffere byzantinische Rechtsprechung und Rechtslehre ist sie Mittel. Gerade der Zurückhaltung der klassischen Rechtswissenschaft widerspricht es, ihre Ziele laut zu betonen.

[1]) Zur Willenslehre der Beryter Gelehrten gibt theologische Miszellen Partsch, ZSS. 42, S. 227 ff., vgl. speziell S. 256, Anm. 2; 259 Anm. 1; 260 Anm. 4; 261 Anm. 2; 265 Anm. 1. Zur Willenslehre des klassischen Griechentums vgl. R. Maschke, Die Willenslehre, Berlin 1926.

[2]) Pand. Bd. I, § 171 Anm. 1.

der donatio mortis causa ließe sich so mit einem besseren Grunde als der Ähnlichkeit des Erfolges rechtfertigen.

Der Ausdruck animus dominii transferendi fehlt ebenso wie der umfassendere dominii transferendi et accipiendi in den lateinischen Quellen ganz. Nach Pernice [3]) wurde er zuerst von Bernhöft [4]) geprägt. Antik, und auch dem römischen Recht bekannt ist — wenngleich die Formulierung eine byzantinische Bildung verrät [5]) — der von Sokolowski [6]) geschilderte animus rem sibi habendi, der Besitzwille, der ja aber durchaus nur Vorstellung ist, gleichartig beim Besitz wie beim Eigentumserwerb.

In den griechischen Quellen dagegen findet sich der animus transferendi dominii sowohl umschrieben wie auch wörtlich zitiert, während freilich der animus accipiendi dominii, sein Gegenspiel, sich nicht nachweisen läßt, jedenfalls soweit es sich um die Rechtsliteratur der Byzantiner handelt. Der Ausdruck „animus transferendi dominii“ bedeutet stets das, was man neuerdings den „typischen Geschäftswillen“ genannt hat [7]), den Willen, gerade dieses Rechtsgeschäft, die Übereignung, zustande zu bringen.

Über einzelne Erscheinungen dieses Willens und über diese Konstruktion insgesamt ist in neuerer Zeit besonders häufig und eingehend gehandelt worden [8]).

Bezüglich dieses typischen Geschäftswillens gelten Otto Lenels Worte [9]), daß bei den Byzantinern „... die Verweisung auf den animus eine große

[3]) ZHR. 25, S. 109.

[4]) Besitztitel, S. 4.

[5]) Pringsheim, ZSS. 42, S. 283 f.

[6]) Philosophie im Privatrecht II, S. 153 ff.; vgl. Rotondi, Scritti III, S. 94 ff., 257 ff.

[7]) Partsch, Vom Beruf des röm. Rechts, 1920, S. 37 f.; Manigk, Willenserklärung und Willensgeschäft, Berlin 1907.

[8]) Vgl. insbesondere Pringsheim, ZSS. 42, S. 273 ff. und die dort zitierten, insbesondere S. 283 f. Ferner Albertario, Animus furandi, Annali d. univ. sac. cuore, Mailand, ser. II, vol. I. Heft 2; derselbe, Riv. di dir. commerc. 1924, S. 493, 499; Beseler, ZSS. 45, S. 253; Czyhlarz-San Nicoló, Instit. 18. Aufl., S. 262 Anm. 1; Donatuti, Studi Perozzi, 1924, S. 14, dazu Levy ZSS. 46, S. 419; Ebrard, Viertelj.-Schr. f. Soz. u. Wirtsch.-Gesch. 1926, S. 189 Anm. 1; Guarneri-Citati, BIDR. 1924, S. 204; derselbe, Reviviscenza e quiescenza, Messina 1927, S. 87 ff.; Huvelin, NRH. 1918, S. 73 ff.; Joers, Röm. R., S. 59; Koschacker, Festschrift f. Hanausek, Graz 1925, S. 158 Anm. 3; Lenel, Rechtswiss. d. Gegenw. I, S. 11; Levy, Ehescheidung, S. 97 ff.; Longo, BIDR. 31, S. 40, dazu Rabel, ZSS. 46, S. 467; Lewald, ZSS. 33, S. 590 ff., dazu Rotondi, Scritti III, S. 9; Partsch, Arch. Pap. F. VII, S. 278; Rotondi, Scritti II, S. 266; ders. Scritti III, S. 167, 202; derselbe, Scritti I, S. 440 f.; Riccobono, ZSS. 43, S. 289 Anm. 2; derselb., Mél. Cornil II, 1926, S. 354, Anm. 1, 357 ff.; Scialoja, Studi Perozzi, S. 413; Solazzi, Ägypt. V., S. 11 Anm. 1; Messina-Vitrano, Annali Palermo VI, S. 195—204; Haymann, Iherings J. 77, S. 221; Solazzi, BIDR. 1925, S. 317 Anm. 4; Siber, Nat. obl. S. 77.

[9]) Rechtswissenschaft d. Gegenwart I, S. 11.

Rolle spielt", daß aus diesem Grunde „... anstelle der allein der Auffassung des Lebens entsprechenden römischen Lehre von der traditio ex iusta causa die Fiktion der dinglichen Einigung getreten ...", es ist diese Lehre, von der Pringsheim [10]) sagt: „... Der Versuch, den heute zuweilen eine nicht genügend freie und selbstbewußte Rechtsprechung macht, in den Vertragsschluß einen Rechtswillen hineinzulegen, anstatt aus dem wirtschaftlichen Willen die juristische Gestalt herauszubilden — er findet seinen Vorläufer in dem Bestreben dieser (sc. der byzantinischen) Zeit, dem animus der Parteien die Lösung der Frage anzuvertrauen, welcher Vertrag gegeben sei." Es handelt sich hier nicht um die Frage nach der Berücksichtigung des erklärten oder des wirklichen Willens, es handelt sich um die Berücksichtigung eines bei den Parteien nicht vorhandenen, aber ihnen untergeschobenen und beurkundeten [11]) rechtsgeschäftlichen Willens. Diese Fiktion eines Willens ist byzantinische Lehre. Aber nicht nur diese fiktive Richtung des Parteiwillens auf den Rechtserfolg, sondern auch die Tatsache, daß der Wille auf reine und unanfechtbare Weise zustandegekommen sei, daß er reine und unanfechtbare Ziele — auch außerhalb des Rechtserfolges — bezwecke, wird von den Byzantinern beurkundet. Daß auch diese Frage byzantinische Erfindung ist, daß das Erfordernis der καθαρὰ προαίρεσις, auf christliche Anschauung zurückgeht, ist sehr wahrscheinlich [12]).

Und dieser typische Geschäftswille wird, wie oben [13]) gezeigt wurde, von den früheren Scholiasten in den Basiliken regelmäßig nur vom Veräußerer verlangt, findet sich niemals bei dem Erwerber. In dem Sinne des typischen Geschäftswillens des Veräußerers seien hier die zwei bezeichnendsten byzantinischen Stellen angeführt, die diese Ausführungen verdeutlichen mögen:

Der Wille des Veräußerers, der den typischen Charakter tragen muß, wird von Kyrillus in Sch. 1 zu Bas. 60. 10. 12 pr. (Hb. V. S. 437) wie folgt bezeichnet: διάθεσις ἐκχωρῆσαι τὸ πρᾶγμα, wobei daran erinnert werden kann, daß „ἐκχωρεῖν" technischer Ausdruck für die καταγραφή ist.

Außerdem wird der typische Geschäftswille des Veräußerers auch in dem wichtigsten dogmatischen Traktat der Byzantiner, in der Institutionenparaphrase des Theophilus [14]) als Erfordernis erwähnt und genau bezeichnet. Es finden sich dort — übrigens konform mit dem Gedankengang der Institutionen — folgende Ausführungen:

---

[10]) ZSS. 42, S. 289.

[11]) Vgl. Pringsheim, a. a. O., S. 286 ff.

[12]) Vgl. Partsch, ZSS. 42, S. 241.

[13]) Vgl. oben, Kap. 16 Nr. XIII.

[14]) Ed. Ferrini, S. 115, zu Inst. II. 1 § 40 = D. 41. 1. 9 § 3.

... εἰς δὲ τὸ διὰ τραδιτίονος μεταθεῖναί με τὴν δεσποτείαν δεῖ ταῦτα συνδραμεῖν· ὥστε δεσπότην εἶναι τὸν τραδιτεύοντα καὶ ψυχῇ τοῦ βούλεσθαι μεταθεῖναι τὴν δεσποτείαν ποιεῖσθαι τὴν τραδιτίονα καί ...

Hier findet sich also, deutlicher noch als in dem Basiliken-Scholion des Kyrillus, bei dessen Zeitgenossen die ψυχὴ τοῦ βούλεσθαι μεταθεῖναι τὴν δεσποτείαν, der animus transferendi dominii, als notwendiges Erfordernis für den Eigentumsübergang. Daß es sich um den typischen Geschäftswillen handeln muß, wird später noch deutlich umrissen, er wird von dem Willen, einen Nießbrauch zu übertragen, geschieden. Ein animus accipiendi dominii, im Sinne der Theorie des abstrakten dinglichen Vertrages, findet sich nicht. Die einzige Beteiligung des Erwerbers ist die Preiszahlung — oder ein Surrogat dafür — beim Kauf.

VI. Es ist zweifellos, daß diese Willenstheorie hellenistischen Ursprunges ist. Originär römisches Gepräge trägt sie nicht [1]). Ebenso ist sie sicher eine Erfindung der Doktrin, denn die Praxis — das lehrt unsere heutige Gerichtspraxis angesichts der Belastung des BGB. mit unzähligen Willenserfordernissen — kann mit solchen Bestimmungen über das Seelenleben der Parteien nichts anfangen, ja die byzantinische Praxis scheint diese Willenstheorie durch sich selbst überwunden zu haben, indem sie das Vorhandensein jedes erdenklichen Willens beurkundet, eine Berufung auf sein Nichtvorhandensein damit, wenn auch nicht ausschließend, so doch erschwerend.

Verdeutlicht wird der Ursprung der Theorie aus der byzantinischen Lehre vor allem auch durch das Stephanus-Scholion ὁ δεῖνα ... zu Bas. 11. 1. 7 § 12 (Hb. I. S. 571):

... ταῦτα οὖν τὰ τυπικὰ τῶν συμβολαίων ῥήματα τὰ λέγοντα, ὅτι καὶ ἐπερωτηθεὶς ὁ δεῖνα ὡμολόγησεν ἕκαστον ἀκολούθως, οὐ τίκτει τὴν ἐξ στιπουλάτου, ἐὰν δειχθῇ τὸ ἐνάντιον, ὅτι οὐκ ἔσχον διάθεσιν τῶν ἐπερωτημένων οἱ πακτεύσαντες.

Ebenso sprechen sich zu der gleichen Stelle Kyrill und der Enantiophanes aus [2]). Gewiß handelt es sich in diesem Falle um ein besonders anstößiges Rechtsgebilde: das sinnlose Aufnehmen der Stipulationsklausel in jedes Vertragsdokument erforderte die schärfsten Mittel. Es ist aber doch bezeichnend, daß die Wissenschaft sich nicht dazu aufrafft, diese Floskel für rechtlich bedeutungslos zu erklären — trotzdem doch noch an der Mündlichkeit der stipulatio festgehalten wird, einer Mündlichkeit, die bisweilen sogar von den hinzugezogenen Zeugen ausdrücklich bestätigt

---

[1]) Vgl. Egon Weiß, a. a. O., S. 239; Partsch, Vom Beruf, S. 37 f.; derselbe, Gött. gel. Anz. 1915, S. 429, 434; Pringsheim, ZSS. 42, S. 286.

[2]) Stephanus bemerkt noch zum Schluß seiner Ausführungen, der Leser solle dies genau behalten, es werde ihm gute Dienste leisten (ein interessanter Einblick in die Praktiken der byzantinischen Anwaltschaft).

wird—, sondern daß sie den animus der Parteien dahingehend prüft, ob er das Rechtsgeschäft der stipulatio oder ob er ein pactum nudum abschließen wollte.

VII. Welches waren die Quellen dieser Willenstheorie? Welches ist ihre Entwicklung bis hin zu der Ausprägung, die sich bei Justinian im 6. Jahrhundert und übereinstimmend im BGB. im 20. Jahrhundert findet? Eine Lösung dieser Frage kann hier nicht gegeben, nur einige Anhaltspunkte können aufgezeigt werden: Die römischen Ursprünge lassen sich nicht deutlich erkennen; das römische Recht hat in seinen Ursprüngen und fast noch bis zum Ausgang der Republik anscheinend den Willen der Parteien nur berücksichtigt, wenn er in formal einwandfreier Weise erklärt war; es war ein formales Recht [1]). Einer der ersten Zusammenstöße mit der Willenstheorie, die damals zweifellos aus Griechenland mit Hilfe der Rhetorik eingeschleppt wurde, scheint der Prozeß des Curius [2]) im Jahre 91 v. Chr. gewesen zu sein, eine Auseinandersetzung, die neuerdings von Stroux [3]) zum Ausgangspunkt seiner Untersuchungen über den Einfluß der Rhetorik auf die römische Rechtswissenschaft gemacht worden ist. Der große Eindruck, den dieser Prozeß und insbesondere die Niederlage des Juristen gegenüber dem Rhetor machte, läßt es als wahrscheinlich erscheinen, daß die Entscheidung mindestens damals noch eine durchaus neuartige und unerwartete gewesen ist. Die Frage der Diskrepanz zwischen Wille und Erklärung ist auch seither ein beliebtes Thema der römischen Rhetorik gewesen. Die römischen Juristen sahen sich daher mehrfach gezwungen, sich auch ihrerseits mit diesen Fragen auseinanderzusetzen [4]). Aber selbst derjenige unter ihnen, der mit einigem Recht als ein Vorläufer der byzantinischen Willenstheoretiker bezeichnet werden kann, Paulus [5]), erkennt die Fragestellung nur dann als berechtigt an, wenn sich eine Unklarheit, eine Zweideutigkeit in der Erklärung findet [6]). Eine Berufung auf einen in der Erklärung nicht

---

[1]) Vgl. Ihering, Geist Bd. II, 4. Aufl. S. 449 ff.; Mitteis, RPR., S. 65 f., 255 ff., 279 ff., 289 f.; Joers, Röm. Privatrecht, S. 59; Rabel, Grundzüge, S. 499; Kipp, Pauly-Wissowa, Realenzykl. Bd. I. s. v. aequitas Nr. 1.

[2]) Vgl. Münzer, Pauli-Wissowa, Realenzykl. Bd. IV, 2 s. v. Curius Nr. 5.

[3]) Stroux, Summum ius—summa iniuria, Leipz. 1926, dazu neuestens Levy, ZSS. 48, S. 668, der vielleicht noch stärker auf die juristischen Vorgänger von Stroux hätte hinweisen sollen.

[4]) Vgl. Joers, a. a. O., S. 60 Anm. 2 mit Nachweisungen. Daß auch Juristen ihre Ausbildung bei Rhetoren suchten, zeigt der Bildungsgang des Gellius, vgl. Friedländer-Wissowa, Darstellungen aus der Sittengeschichte Roms, Bd. IV, S. 284 ff., Abhandl. Nr. XXI.

[5]) Vgl. Rabel, Grundzüge, S. 499; Rotondi, Scritti III, S. 160 ff.; Levy, Ehescheidung, S. 97 Anm. 3.

[6]) D. 32. 25. § 1.

erkenntlich zum Ausdruck gebrachten Willen läßt auch Paulus nicht zu. Ferner erkennt ein dem Ulpian [7]) zugeschriebener Text — auch Paulus? [8]) — den Irrtum über wesentliche Eigenschaften als erheblich an, wohl unter Einfluß der aristotelischen Schule [9]). Diese Stellen sind aber sachlich und formal von Lenel [10]) mit guten Gründen angefochten worden, eine Berufung auf sie als Beweis für die Existenz einer ausgebildeten Willenslehre bei den Spätklassikern ist bedenklich. Im ganzen wird man nicht mit Bestimmtheit sagen können, wie weit die Lehre von der Berücksichtigung des wirklichen Willens am Ende der klassischen Jurisprudenz entwickelt ist, eine Frage, die immer auch rechtspolitisch dahin gestellt werden muß, wie weit die Berücksichtigung des wirklichen Willens gerecht ist. Deutlicher scheint, daß diese Lehre überall, wo sie etwa als klassisch anzuerkennen ist, doch griechischen Ursprung verrät.

Bei den Griechen findet sich nämlich bereits in ganz früher Zeit eine Berücksichtigung des Parteiwillens. Die durch gewaltsame — oder sonstige — Beeinflussung des Willens entstandene Erklärung wird bereits im Gesetze des Solon für unwirksam erklärt, ebenso ist der Geisteskranke schon damals nicht handlungsfähig [11]). Liegenschaftsgeschäfte sollen — so verlangt Theophrast [12]) — nur ἐκ προαιρέσεως abgeschlossen werden, und dieser Ausdruck bezeichnet — wird er auch an der angegebenen Stelle nur zur Erklärung des ordnungsmäßigen Abschlusses gebraucht — seit Aristoteles den tugendhaften Willen [13]).

Anders liegt es nach griechischem Recht mit dem — freiwillig — simulierten Willen der Parteien, kurzum mit der Frage, ob zu dem Geschäft der typische Geschäftswille gehöre. Ein simuliertes Geschäft ist in den beiden vorgenannten Rechtsordnungen — sowohl nach griechischem wie nach römischem Recht — unzweifelhaft gültig [14]). Das griechische Recht hat aber bereits einen Ansatz zur Entwicklung des typischen Geschäftswillens, wenn es sich mittels des von den Parteien abzulegenden Eides über die Echtheit

---

[7]) D. 18. 1. 9 § 2; 18. 1. 11 § 1; 18. 1. 14 (Lenel, Paling. Ulpian 2714); vgl. dazu Beseler, Byzant.-neugriechische Jahrb. Bd. I, S. 343 f.

[8]) Vgl. Rabel, Grundzüge, S. 500 Anm. 1.

[9]) Vgl. Rabel, Grundzüge, S. 500. Zur Irrtumslehre vgl. neuestens Lauria, Rivista di dir. civ. 1927, Heft 3.

[10]) Vgl. Arch. ziv. Pr., neue Folge, Bd. III, 1925, S. 174—186.

[11]) Vgl. E. Weiß, Griech. Priv. R., S. 235 ff.

[12]) Vgl. E. Weiß, a. a. O., S. 237 Anm. 54.

[13]) Vgl. E. Weiß, a. a. O., S. 238. Dieser Gedanke erinnert deutlich an den Willensschutz, den das BGB. § 313 durch die Formalerfordernisse zum Zwecke der Verhütung von Wirtshausgeschäften eingeführt hat.

[14]) Vgl. Partsch, ZSS. 42, S. 245.

des Geschäftes [15]) bei Liegenschaftsrechten vor der Publizierung von Scheingeschäften zu schützen sucht. Immerhin überläßt es aber die Beeinflussung der Seelen den Göttern. Erst eine Zeit, die selbst auf die Seelen der Menschen durch menschliche Mittel zu wirken versuchte, wie es die frühbyzantinische Epoche tat, konnte auf die Notwendigkeit der Gleichheit der Willensrichtung für die Gültigkeit eines Geschäftes verfallen, indem sie Seelen, die nicht den erforderlichen animus (Willen, διάθεσις), d. i. die für diesen Geschäftsabschluß notwendige Haltung aufbrachten, nicht als geeignete Vertragsparteien anerkannte. Erst eine solche Zeit konnte neben der erscheinenden, körperlichen διάθεσις, dem formulargemäß geschriebenen oder gesprochenen Wort, die seelische διάθεσις, die formulargemäße Richtung des Willens verlangen.

VIII. Andererseits brachte es dann das Streben nach der καθαρὰ ἀλήθεια mit sich, daß man das simulierte Geschäft konvertierte [1]), sofern beide Parteien die seelische διάθεσις für ein anderes Geschäft besaßen, entsprechend der Regelung im BGB. § 117. Es handelt sich also hier anscheinend um eine eigene Erfindung der berytinischen Jurisprudenz, unter dem Einfluß der christlichen Dogmatik im oströmischen Reich entstanden, die in das Corp. iur. und aus ihm ins moderne deutsche Gesetzbuch gedrungen ist. Daß die Lehre auch auf andere vom Corp. iur. beeinflußte Kodifikationen eingewirkt hat, zeigt Partschs Aufsatz [2]). Zur Illustration der Behauptung von der Einwirkung der theologischen Fragestellung auf die byzantinische Jurisprudenz sei gestattet, einige Stellen aus Eusebius Demonstratio evangelica [3]) und einige Zitate aus den Akten des ephesinischen Konzils zu zitieren [4]):

1. Aus dem Brief des Kyrillus an Nestorius (431 p. Chr.) [5]) ...

... οὐκ ἀρκέσει δὲ τῇ σῇ εὐσεβείᾳ τὸ συνομολογῆσαι μόνον τὸ τῆς πίστεως σύμβολον τὸ ἐκτεθὲν κατὰ καιροῖς ἐν ἁγίῳ πνεύματι παρὰ τῆς ἁγίας καὶ μεγάλης συνόδου τῆς κατὰ καιροῖς συναχθείσης ἐν τῇ Νικαέων. νενόηκας γὰρ καὶ ἑρμηνεύησας οὐκ ὀρθῶς αὐτό. διεστραμμέννως δὲ μᾶλλον κἂν ὁμολογῇς τῇ φωνῇ τινι λέξιν.

Nestorius hat nach vielen Kämpfen dem Nicaenum zugestimmt, nachdem er zunächst dem römischen Bischof ein abweichende Punkte enthaltendes

---

[15]) Vgl. Latte, Heiliges Recht, S. 97.

[1]) Vgl. das Thalelaios-Scholion II zu Bas. 11. 2. 58 (Hb. I. S. 724), Partsch, ZSS. 42, S. 261 Anm. 2.

[2]) ZSS. 42, S. 217 ff.

[3]) Griech. christl. Schriftsteller, Bd. 23, Bln. 1913, ed. J. A. Heikel.

[4]) Die Hinweise verdanke ich Herrn Lic. theol. Abramowski in Riga, dem ich auch an dieser Stelle meinen Dank sage. Eine gründliche Ausschöpfung der theologischen Quellen zur Willenslehre soll in einer besonderen Arbeit folgen.

[5]) Pariser Konzilienausg. edd. P. N. Labbeus und J. Cossartius S. J. III, S. 398, Conc. Ephes.

Bekenntnis zugesandt hatte. Kyrillus wertet seine Zustimmung dahin, daß sie auch jetzt noch nicht genüge: Seine Antwort lautet, Nestorius habe nur τῇ φωνῇ nicht κατὰ νοῦν zugestimmt.

„Νενόηκας οὐκ ὀρθῶς", und eine solche Erklärung ist nichts wert, sie genügt nicht zur Rechtfertigung des Nestorius.

2. Actio I Concilii Ephesini [6]) ... καὶ κατεψεύσατο μὲν τῆς γραφῆς ... Ein Ausdruck, den die Herausgeber übersetzen: ..... ipsi quoque divinae scripturae sententiam hanc falso adscripsit .... d. h. selbst bei dem göttlichen Wort gilt es, den wahren Willen des Schöpfers zu erforschen; das Gotteswort kann von dem Häretiker zur Lüge mißbraucht werden, es kann, dem Wortlaute nach dem biblischen Text entsprechend, doch eine Irrlehre, einen schlechten, unchristlichen Willen ausdrücken.

3. Eusebius [7]) erklärt, man solle Gott verehren .....

δόγμασι δὲ ὀρθοῖς ἀληθοῦς εὐσεβείας, ψυχῆς δὲ διαθέσει κεκαθαρμένης καὶ προσέτι τοῖς πρὸς ἀρετὴν ἔργοις τε καὶ λόγοις

mit dem rechten Bekenntnis wahrer Frömmigkeit und mit der διάθεσις, dem animus, den eine geläuterte Seele verleiht, sowie mit tugendhaften Werken und Worten. Der animus ist also anscheinend eine Eigenschaft, die die Läuterung der Seele im Menschen hervorruft.

4. Eusebius [8]) über die Grundlagen des Glaubens an die Überlieferung seitens der Apostel:

πῶς οὐ φιλαυτίας μὲν ἁπάσης καὶ ψευδολογίας ἐκτὸς γεγονέναι ἐνδίκως μὲν ὁμολογοῖντο φιλαληθοῦς δὲ διαθέσεως σαφῆ καὶ ἐναργῆ τεκμήρια παρεσχηκέναι ...

Es müssen die psychologischen Grundlagen der Aussagen der Apostel durchforscht werden. Auf Grund der Tatsache, daß die sich selbst in ihren Schriften der Eigenliebe und Verleugnung beschuldigen, wird ihre φιλαληθὴς διάθεσις erkannt, auf Grund deren sie Glauben verdienen. Die ψευδολογία ist bedeutungslos angesichts der φιλαληθὴς διάθεσις, der wahrheitsliebenden Grundeinstellung, wie die zum Schein abgegebene Erklärung angesichts des wirklichen animus.

5. Eusebius [9]):

... οὐ γὰρ τοῖς λόγοις πεισθέντες ἀλλὰ τοῖς ἔργοις προκαταληφθέντες ῥᾴδιον ἐποιοῦντο τὴν ἐν τοῖς λόγοις διάθεσιν ...

Also nicht die Befolgung des Wortes, sondern die Befolgung der hinter dem Worte liegenden besonderen διάθεσις, hier auffallenderweise deutlich gleich Willen, wird gefordert.

---

[6]) a. a. O., S. 495.
[7]) a. a. O., S. 39.
[8]) a. a. O., S. 128.
[9]) a. a. O., S. 144 f.

Mehr noch als auf diese wenigen, nur beispielsweise angeführten Stellen stützt sich die vorgetragene Ansicht auf eine Äußerung von Eduard Schwartz [10]). Er sagt, Diodor von Tarsos und Theodor von Mopsuhestia „unterschieden peinlich zwischen dem, was Christus als Mensch und was er als Gott gesprochen und getan hatte und trennten den göttlichen Logos streng von der Menschheit, die er angenommen hat". Bei dieser theologischen Spekulation erscheint der gemeinsame Anknüpfungspunkt der juristischen und der theologischen Betrachtung in der aristotelischen Substanzlehre [11]). Diese scheint also nicht nur im Gebiet der Rechtsobjekte, sondern auch in dem der Rechtssubjekte auf dem Wege über die frühchristliche Schulweisheit ihre Rolle zu spielen: Ebenso wie von den Gegenständen ein besonderes Wesen verlangt wird, wie der Irrtum über wesentliche Eigenschaften einen Anfechtungsgrund gibt, ebenso wird subjektiv von der Seele der Parteien eine besondere Form verlangt und gibt ein Abweichen von dieser Form den Anlaß für die Unbeachtlichkeit der Erklärung. Auf die Zusammenhänge der antiochenischen Theologen- und der berytinischen Juristenfakultät und auf den häufigen Wechsel aus einer dieser Fakultäten in die andere hat Partsch [12]) bereits hingewiesen. Der antiochenischen Schule gehörten Diodor von Tarsos und Theodor von Mopsuhestia und — freilich der älteren — auch Eusebius an [13]).

Hier vielleicht — in der theologischen Schulmeinung der Exegetenschule in Antiochia — liegt der Ursprung der Lehre vom besonderen Geschäftswillen.

Doch ist folgendes zu beachten: Die Juristen — wenigstens im Corp. iur. — gehen bei der allgemeinen Betrachtung der Willenslehre davon aus, daß die Erklärung als solche rechtliche Bedeutung habe, daß sie nur eventuell durch einen entgegenstehenden Willen entkräftet werden könne. Den Theologen ist die Frage nach dem objektiven Inhalt der Erklärung überhaupt kein Problem, sie fragen vielmehr lediglich nach dem Willen in der Erklärung. Ohne in dem neuerlich entbrannten Streit über die Willenslehre im klassischen Recht Stellung nehmen zu können, mag diese Tatsache, die für eine Angleichung einer älteren Lehre an die christliche Doktrin in der frühbyzantinischen Epoche spricht, hier beigetragen werden.

IX. Fünf Quellen sind es, die sich in der Regelung der Übereignung im Corpus iuris feststellen lassen. Zu einem einheitlichen Ganzen vermochte

---

[10]) ZSS. 42 (kan. Abtlg.), S. 217 f.

[11]) Vgl. Lenel, Arch. ziv. Pr. neue Folge III, S. 175 f.

[12]) ZSS. 42, S. 260 Anm. 4 u. ö., Arch. f. Pap.-Forschung VII, S. 278; vgl. auch Pringsheim, ZSS. 42, S. 326.

[13]) Vgl. Ed. Schwartz, a. a. O.

die Kompilation sie nicht zu verschmelzen. Jede einzelne ist im großen Ganzen des justinianischen Gesetzeswerkes noch erkennbar. Neben dem römischen Recht, das im wesentlichen den Gedanken der Absolutheit des Eigentums und die Terminologie lieferte, stehen die beiden Forderungen der byzantinischen Praxis, die Preiszahlung beim Kauf und die καταγραφή, die die Abstraktheit der Übereignung brachte, und die beiden Prinzipien der byzantinischen Doktrin, der animus transferendi dominii und die iusta causa: Animus und aequitas.

Fortgewirkt hat diese Regelung bis auf die moderne deutsche Gesetzgebung. Befriedigend ist das Resultat dieser Einwirkung nicht. Es wird notwendig sein, unser Recht von derartigen begriffsjuristischen Konstruktionen zu befreien.

Quellenregister.

I. Juristische Quellen:

Codex.

Novellae

Theophili paraphrasis.

Basilika.

Syrische Rechtsbücher:

Syr. röm. Rechtsb.

Leg. Const. Theod. Leon.

R. II.

R. III.

Literarische Quellen.

Griechische Inschriften und Papyri.

Lateinische Papyri

Mittelalterliche und moderne Quellen.

Berichtigungen.

S. 51 Zeile 5 v. u. lies certa statt curta.
S. 53 A. 39 lies ZSS. statt ZZG.

Römische Rechtsgeschichte. Von Otto Karlowa. 2 Bände. I. Teil. Royal-Oktav. 66.—

I. Band: Staatsrecht und Rechtsquellen. VIII, 1031 Seiten. 1885. 26.—

II. Band: Privatrecht und Zivilprozeß. Strafrecht und Strafprozeß. 1. Teil: Privatrecht. VIII, 1416 Seiten. 1901. 40.—

Corpus juris civilis. Ad fidem codicum manuscriptorum aliorumque subsidiorum rec. commentario perpetuo, instruxit E. Schrader. In operis societat. acc. T. L. F. Tafel, G. F. Clossius, post hujus disc. C. J. C. Maier. Tom. I. Quart. XXII (I), 840 (I) Seiten. 1832. 8.—

Zur Geschichte der Ehescheidung vor Gratian. Von Heinrich Geffcken. Groß-Oktav. 82 Seiten. 1894. 2.50

L'Étude du droit romain compare aux autres droits de l'antiquité. Von J. Gilson. Groß-Oktav. 295 Seiten. 1899. 4.—

Die Persönlichkeit der herrenlosen Sklaven. Ein Stück aus dem römischen Sklavenrecht. Von Fr. Affolter. Groß-Oktav. VIII, 224 Seiten. 1913. 8.—

Die longi temporis praescriptio im klassischen römischen Rechte. Von J. Partsch. Groß-Oktav. X, 180 Seiten. 1906. 7.—

Der Majestätsgedanke im römischen Recht. Eine Studie auf dem Gebiet des römischen Staatsrechts. Von Erich Pollack. Groß-Oktav. XX, 208 Seiten. 1908. 6.—

Syrische Rechtsbücher. Herausgegeben und übersetzt von Eduard Sachau.

Band 1. Leges Constanti Theodosii. Aus der römischen Handschrift. Groß-Oktav. XXIV, 224 Seiten. 1907. 16.—

Band 2. Richterliche Urteile des Patriarchen Chenâmschê. Gesetzbuch des Patriarchen Timotheos. Gesetzbuch des Patriarchen Jesubarnu. Aus der römischen Handschrift. Oktav. XXXIX, 212 Seiten. 1908. 16.—

Band 3. Corpus juris des persischen Erzbischofs Jesubocht. Erbrecht oder Canones des persischen Erzbischofs Simeon. Eherecht des Patriarchen Mar Abhâ. Aus der römischen Handschrift. Groß-Oktav. XXXV, 385 Seiten. 1914. 25.—

Magdeburger Schöffensprüche. Im Auftrage und mit Unterstützung der Savigny-Stiftung herausgegeben und bearbeitet von Victor Friese und Erich Liesegang. Band I. (Abteilung I—IV.) Oktav. X, 872 Seiten. 1901. 20.—

Corpus iuris Germanici antiqui ex optimis subsid. collegit edidit et locupletissimos indices adjecit F. Walter. 3 Vol. Oktav. I: XVI, 838 Seiten. II: VIII, 868 (I) Seiten. III: VIII, 803 (I) Seiten. 1824. 12.—

Nordgermanisches Obligationsrecht. Von Dr. Karl von Amira, o. Professor an der Universität München. 2 Bände. Groß-Oktav. 55.—

I. Band: Altschwedisches Obligationsrecht. XIV, 788 Seiten. 1882. 25.—

II. Band: Westnordisches Obligationsrecht. XVI, 964 Seiten. 1895. 30.—

Deutsche Rechtsquellen des Mittelalters. Gesammelt und herausgegeben von Herrmann Wasserschleben. Groß-Oktav. VI, 306 Seiten. 1892. 8.—

Schuldvertrag und Treugelöbnis des sächsischen Rechts im Mittelalter. Ein Beitrag zur Grundauffassung der altdeutschen Obligation. Von Dr. Paul Puntschart, o. ö. Professor an der Universität Graz. Groß-Oktav. XVIII 516 Seiten. 1896. 14.—

Der Fronbote im Mittelalter. Nach dem Sachsenspiegel und den verwandten Rechtsquellen. Ein Beitrag zur deutschen Rechtsgeschichte. Von Christian Eckert. Groß-Oktav VI, 121 Seiten. 1897. 3.50

Beiträge zum pommerschen Lehnrecht. Von G. von Wilmowsky. Groß-Oktav. VIII, 154 Seiten. 1870. 2.40

Lübisches Recht in Pommern. Von G. von Wilmowsky. Groß-Oktav. VII, 228 Seiten. 1867. 4.50

Die Goslarischen Statuten mit einer systematischen Zusammenstellung der darin enthaltenen Rechtssätze und Vergleichung des Sachsenspiegels und vermehrten Sachsenspiegels. Von O. Goeschen. Oktav. XVIII, 579 Seiten. 1840. 4.—

Das sächsische Privatrecht. In seinen Grundzügen systematisch dargestellt von Otto Müller. 1. und 2. Abteilung. Groß-Oktav. 7.90

1. Abteilung: Allgemeine Bestimmungen. Seite 1—196. 1892.

2. Abteilung: Das Forderungsrecht. Seite 197—332. 1895.

Entwicklung und Bedeutung des Grundsatzes anteiliger Gläubigerbefriedigung im älteren deutschen Rechte. Von Robert Oertel. Groß-Oktav. 83 Seiten. 1895. 2.20

Der Prozeß Heinrichs des Löwen. Kritische Untersuchungen. Von Ferdinand Güterbock. Oktav. X, 210 Seiten. 1909. 5.—

Gerichtsbuch der Stadt Cassel aus 1505 und 1506. Von Adolf Stoelzel. Groß-Oktav. II, 56 Seiten. 1913. 2.50

Deutsche Rechtsaltertümer in unserer heutigen deutschen Sprache. Von Dr. L. Günther. Oktav. VII, 160 Seiten. 1903. 2.50

Der gerichtliche Zweikampf im altfranzösischen Prozeß. Von A. Coulin. I. Teil: Der gerichtliche Zweikampf. Vorwort von Josef Kohler. Groß-Oktav. XVIII, 169 Seiten. 1906. 3.50

Die Rechtsphilosophie des Jean Jacques Rousseau. Von Dr. M. Liepmann, o. Professor an der Universität Hamburg. Groß-Oktav. 144 Seiten. 1898. 3.50

Das mosaische Strafrecht in seiner geschichtlichen Entwicklung. Von Gerhard Foerster. Groß-Oktav. 91 Seiten. 1900. 2.80

Die attischen Geschworenengerichte. Ein Beitrag zum attischen Staatsrecht. Von Max Fränkel. Oktav. VI, 112 Seiten. 1877. 1.60

Zur Personalexekution im Recht der Papyri. Von Hans Lewald. Groß-Oktav. IV, 76 Seiten. 1910. 2.50

Beiträge zur Kenntnis des römisch-ägyptischen Grundrechts. Von Hans Lewald. Groß-Oktav. VI, 100 Seiten. 1909. 3.50

Die Verfügungsbeschränkungen des Verpfänders, besonders in den Papyri. Mit einem Anhang: Eine unveröffentlichte Basler Papyrusurkunde. Von Ernst Rabel. Groß-Oktav. XII, 116 Seiten. 1909. 4.—

Armenisches Rechtsbuch. Mit Unterstützung der Königlichen Akademie der Wissenschaften zu Berlin.

I. Band: Sempadscher Kodex aus dem 13. Jahrhundert oder Mittelarmenisches Rechtsbuch. Nach der Venediger und der Etschmiadziner Version unter Zurückführung auf seine Quellen herausgegeben und übersetzt von Josef Karst. Groß-Quart. XXXII, 224 Seiten. 1905.

II. Band: Sempadscher Kodex aus dem 13. Jahrhundert in Verbindung mit dem Großarmenischen Rechtsbuch des Mechithar Gosch (aus dem 12. Jahrhundert). Unter Berücksichtigung der jüngeren abgeleiteten Gesetzbücher erläutert von Josef Karst. Groß-Quart. VIII, 424 Seiten. 1905.

Preis für beide Bände zusammen 40.—

Lehrbuch der deutschen Rechtsgeschichte. Von Richard Schröder, weil. Professor der Rechte a. d. Universität Heidelberg. Sechste, verbesserte Auflage, fortgeführt von Eberhard Frhr. von Künßberg, Professor der Rechte a. d. Univers. Heidelberg. Mit einer Abbildung im Text, 5 Tafeln und einem Bildnis. Groß-Oktav. X, 1124 Seiten. 1922. 26.—, geb. 30.—

Zeitschrift für ausländisches öffentliches Recht und Völkerrecht. Im Auftrage des Instituts für ausländisches öffentliches Recht und Völkerrecht herausgegeben von Dr. Viktor Bruns, Professor an der Universität Berlin, Leiter des Instituts.

Band I, Teil 1: Abhandlungen. XXVIII, 657 Seiten. 1929. 43.—

Band I, Teil 2: Urkunden. XVI, 858 Seiten. 1929. 54.—

Der neuen Zeitschrift für ausländisches öffentliches Recht und Völkerrecht ist es als Aufgabe gesetzt, die wichtigsten, die Wissenschaft und die Praxis beschäftigenden Probleme des Völkerrechts und des außerstaatlichen öffentlichen Rechts zu behandeln. Sie wird zu all diesen Fragen eingehend Stellung nehmen und über alle wichtigen Ergebnisse der Gesetzgebung und der Rechtsprechung auf diesem Gebiete im In- und Ausland eingehend berichten. Der I. Jahrgang der Zeitschrift wurde in zwei Bänden herausgegeben; künftig erfolgt das Erscheinen vierteljährlich.

Zeitschrift für ausländisches und internationales Privatrecht. Zeitschrift des Instituts für ausländisches und internationales Privatrecht. Herausgegeben in Gemeinschaft mit Ernst Heymann, Heinrich Titze, Martin Wolff, ordentliche Professoren an der Universität Berlin, wissenschaftliche Berater des Instituts, Max Pagenstecher, ordentlicher Professor an der Universität Hamburg, Franz Schlegelberger, Ministerialdirektor im Reichsjustizministerium, Honorarprofessor an der Universität Berlin, von Ernst Rabel, ordentlicher Professor an der Universität Berlin, Direktor des Instituts. Jährlich 6 Hefte im Umfang von etwa 65 Bogen.
Preis des dritten Jahrganges 50.—

Die Zeitschrift ist das deutsche Zentralorgan für ausländisches und internationales bürgerliches Recht, Handelsrecht, Zivilprozeß- und Konkursrecht, internationales Privatrecht und privatrechtliche Bestimmungen der Staatsverträge, grundsätzlich mit Einschluß aller Sonderdisziplinen. Sie übernimmt den der Privatrechtsvergleichung gewidmeten Teil aus der Tätigkeit der „Rheinischen Zeitschrift für Zivil- und Prozeßrecht des In- und Auslandes" und tritt an die Stelle des „Auslandsrecht" und der „Blätter für vergleichende Rechtswissenschaft und Volkswirtschaftslehre".

Sitzungsberichte und Abhandlungen der Preußischen Akademie der Wissenschaften zu Berlin

Der Rechtsgelehrte und Taktiker Paternus, ein Zeitgenosse der Antonine. Von H. E. Dirksen. Quart. 1856. 1.—

Ein Beitrag zur Auslegung der epigraphischen Urkunde einer Städteordnung für die latinische Bürgergemeinde zu Salpensa. Von H. E. Dirksen. Quart. 1857. 1.—

Die römisch-rechtlichen Quellen des Magister Dositheus. Von H. E. Dirksen. Quart. 1857. 1.—

Die Quellen der römisch-rechtlichen Theorie von der Auslösung der in fremde Gefangenschaft geratenen Personen. Von H. E. Dirksen. Quart. 1858. 1.—

Der Rechtsgelehrte Aulus Cascellius, ein Zeitgenosse Ciceros. Von H. E. Dirksen. Quart. 1859. —.80

Die römisch-rechtlichen Mitteilungen in des Tacitus Geschichtsbüchern. Von H. E. Dirksen. Quart. 1860. —.80

FSC
www.fsc.org
MIX
Papier | Fördert gute Waldnutzung
FSC® C083411

Kolibri 360 GmbH
Ferdinand-Jühlke-Straße 7
99095 Erfurt, Deutschland
produktsicherheit@kolibri360.de